JN443724

국제평화활동개론

– 현대 무력분쟁에서의 평화활동 –

PAUL F. DIEHL 지음
권구순, 박순향 옮김

현우사

역자서문

이 책은 2차 세계대전 이후 발발한 분쟁과 관련하여 전개되었던 유엔주도의 평화활동을 포괄적으로 다루고 있다. 이러한 국제평화활동은 유엔의 설립에 단초가 되었던 집단안보체제가 냉전의 도래와 국익을 기반으로 한 냉엄한 국제체제의 한계를 극복하지 못하고 표류하던 가운데 조직되고 운영되어왔다. 유엔헌장에도 규정되지 않았을 뿐더러 유엔의 존립가능성에 회의를 품었던 비관주의자들의 냉소에도 아랑곳없이 평화활동은 국제평화와 안보의 생태계에서 이해관계자들 간의 갈등과 개혁의 파고를 넘나들며 진화를 계속해왔다. 그 결과, 내용에서도 언급되지만 유엔의 국제평화활동은 세계의 평화와 안보에 기여한 공로로 개인과 단체를 포함하여 총 3차례의 노벨평화상을 수상한 바 있다.

원저자이자 국제평화활동에 대한 현실주의적 주석가인 폴 딜(Paul h. Diehl) 교수는 이 책에서 유엔주도의 평화활동을 다양한 관점에서 분석하였다. 우선, 제1장은 평화활동과 관련된 용어들을 정의하고 임무의 분류와 수행단계 등을 통해 개념화하고 있다. 제2장은 평화활동의 역사적 배경과 함께 내 · 외부적 환경에 의해 변화하고 발전하는 양상을 연대기적으로 설명하였다. 제3장은 평화활동의 조직적 체계, 즉 수행기관 별 제도화된 방식과 운영의 핵심적 요소인 병력공여와 재원조성에 대한 문제점과 개선을 위한 제안들을 열거하고 있다. 제4장에서는 평화활동의 효율성과 성과평가와 관련해서 어떻게, 그리고 어느 이해관계자의 입장에서 판단해야 할지 여부에 대해 문제를 제기하고 성패의 원인이 되는 주요요소들을 추출하였다. 마지막으로 제5장에서 향후 국제사회가 평화활동에 대한 정책선택과 개선을 위해 필히 염두 해야 할 10가지 과제들을 제시하였다.

이러한 국제평화활동에서 한국은 얼마만큼 기여를 하고 있는가?

일제강점기를 거쳐 한국전이라는 암울한 근현대사의 굴레를 극복하고 괄목할만한 경제적 성장을 거듭한 결과, 90년대를 기점으로 원조의 수원국에서 공여국으로 성장하여 이제는 국제사회로부터 그에 걸 맞는 세계평화와 안보의 책무를 요구받고 있다. 여기에는 국제평화활동을 운영하기 위한 재정적 지원과 잘 훈련된 병력들을 적기에 분쟁의 현장에 파견하는 역할뿐만 아니라 한국군을 비롯하여 민간에도 국제평화활동에 대한 이해를 증진시켜 저변을 확대하고 유엔 평화임무단에서 활동할 역량 있는 민-군 전문가들을 발굴하여 육성하는 것도 중장기적으로 필요하다고 본다.

따라서 이 책은 우선, 유엔평화임무단에 파견될 예정인 참모장교나 옵저버 요원, 그리고 부대단위 파병에 있어 지휘관과 참모들에게 필독서가 될 것이다. 또한 국제정치, 안보학, 평화학 등을 공부하는 학생들이나 평화활동의 효과성과 당면과제를 연구하는 학자들에게도 좋은 참고자료로 활용할 수 있을 것이다. 마지막으로 국제기구직원으로서 유엔평화활동에 참여하고자 희망하는 민과 군의 인재들에게 이 책은 더할 나위 없는 수험서가 될 것으로 확신한다.

이 책을 번역하여 출간하기까지 여러 사람의 도움이 함께 했다. 번역을 허용해 준 Polity출판사와 Sarah Dobson에게 감사를 드리고 한국에서는 불모지와 같은 이 분야에 선뜻 번역서 출간을 응해준 현우사의 배영환 사장님과 교정에 많은 도움을 준 김지훈 차장님의 노고에 고마운 마음을 전한다. 끝으로 역자들에게 강의와 연구의 기회를 허락함으로써 유엔평화활동을 분석하고 연구할 수 있도록 배려해 준 서울사이버대학교와 국방대학교 국제평화활동센터에 심심한 사의를 표하고자 한다.

추천사

1950년 전쟁의 포화 속에서 유엔 및 국제사회의 도움과 잘 살 수 있다는 꿈과 비전으로 달려온 60여년이 오늘의 영광스러운 대한민국을 있게 했습니다. 국제사회의 도움을 받던 국가에서 도움을 주는 유일한 국가로 성장하게 되었습니다. 세계 7번째로 인구 5천만 이상 국민소득 2만 달러인 20~50클럽에 가입할 수 있는 영광을 누리게 되었고, 2010년 세계경제 현안에 대한 해결책을 모색하고자 한 'G20정상회의'와 2012년 핵 테러 차단을 위한 국제공조를 모색하고자 '핵 안보정상회의'를 개최하는 등 세계 경제, 안보 문제해결을 위한 중심축으로서 책임있는 역할을 수행하는 국가가 되었습니다.

이러한 성장과 함께 2013년은 한국군 평화활동 20년이 되는 뜻 깊은 해입니다. 1991년 160번째 유엔회원국이 된 이후 1993년 최초로 소말리아에 평화유지군을 파병한 이래 서부사하라, 앙골라, 동티모르, 레바논, 아이티, 남수단등 아프리카, 중동, 아시아에서 분쟁과 가난으로 고통받는 지구촌 도움이 필요한 이들에게 치안확보와 인간다운 삶의 여건을 보장해주기 위한 20년의 노력이었습니다.

이러한 차제에 '국제평화활동개론'의 역서 발간은 유엔 평화활동에 대한 전반적 이해를 높이고 이를 더욱더 발전시켜야하는 측면에서 큰 의미가 있다고 봅니다. 유엔평화활동이 최초 시작된 1948년 유엔 예루살렘 정전감시단(UNTSO)과 2013년 설립된 말리 다차원적 통합임무단(MINUSMA)을 비교해 보면 위임명령(mandate), 평화유지요원의 구성 , 기능, 조직 등 많은 차이를 보이고 있습니다. 이는 딜교수가 이 책에서 언급하고 있는 평화활동의 도전과제를 어떻게 효과적으로 극복하느냐에 따라 평화활동의 성공과 실패가 좌우된다고 볼 수 있습니다. 따라서 앞으로 우리의 평화활동 방향에 시사하는 바가 크다고 볼 수 있으며 이에 대한 대비 또한 서둘러야 한다고 봅니다.

이런 측면에서 제가 주측이 되어 발의한 '국군의 해외파견활동 참여에 관한 법률안'도 평화활동의 제도적 미비점을 보완하고 보다 더 효과적으로 평화활동 여건을 구축할 수 있는 계기가 된다고 봅니다. 모쪼록 본 역서가 평화활동의 과거 현재 그리고 미래를 조망하는 지침서가 되기를 바라며 이를 토대로 평화활동에 대한 관심과 폭넓은 논의가 지속적으로 이어지기를 바랍니다.

국회의원 송영근

추천사

한국이 유엔 안보리 결의안 제733호(92.1.23)에 의거 소말리아에 상록수부대 파병을 시초로 유엔이 주도하는 국제평화활동에 참여한지 어언 20년이 지났습니다. 예측하기 어려운 남북 관계와 동북아안보에 있어서의 지정학적 변수에 자유로울 수 없었음에도 불구하고 한국은 이제까지 세계평화와 안보에 대한 국제사회의 요구에 대해 재정지원과 한국군 파병을 통해 꾸준히 부응해왔습니다. 더불어 2010년 12월, '국제연합 평화유지활동 참여에 대한 법률'이 제정됨으로써 적기에 병력을 파견할 수 있는 법적 기반을 구축한 것도 큰 진전이라 할 수 있겠습니다.

반면 단기간에 이룬 양적 성장과 제도화에 비해 개선해야 할 부분도 있습니다. 우선, 국제평화활동에 대한 학계의 체계적이고 심도 있는 연구가 부족하고 재정기여와 병력공여의 규범적 당위성에 대한 국민의 이해와 지지기반도 약하다는 것입니다. 또한, 군 차원에서 평화활동에 대한 호응도가 낮음에 따라 파병에 대한 정당한 평가가 이뤄지지 않는 점도 주목해야 할 필요가 있습니다.

이렇게 국제평화활동에 대한 지식전달과 인식개선이 요구되는 이 시기에 본 역서의 출간은 매우 시의적절하다고 생각합니다. 비록 개론이라고 하지만 전체론적 관점에서 평화활동을 조망하였고 과거 활동에 대한 체계적인 분석을 토대로 향후 평화활동이 직면할 도전을 예견했다는 점에서 독자들로 하여금 맥락을 이해하는데 도움이 될 뿐만 아니라 학문적 호기심을 불러일으키기에도 충분해 보입니다. 따라서 이 책은 학계와 더불어 국제평화활동을 기획하고 추진하는 정부관계자와 실제로 활동에 파견되는 군관계자들에게 좋은 지침서가 될 것입니다.

아무쪼록 이 책이 국제평화활동에 대한 이해와 저변을 넓히고 더 나아가 관련연구를 활성화하는 마중물이 되기를 진심으로 바랍니다.

한국국방연구원 원장 방효복

Contents

역자서문 ······ 2

추천사 ······ 4

PART 01 서론 ······ 11

PART 02 평화활동의 역사적 발전과 성과 ······ 45

PART 03 평화활동의 조직 ······ 93

PART 04 평화활동의 성패 ······ 153

PART 05 향후 평화활동의 10대 과제 ······ 187

부록(평화활동 현황 : 1948~2006) ······ 217

참고문헌 ······ 230

찾아보기 ······ 238

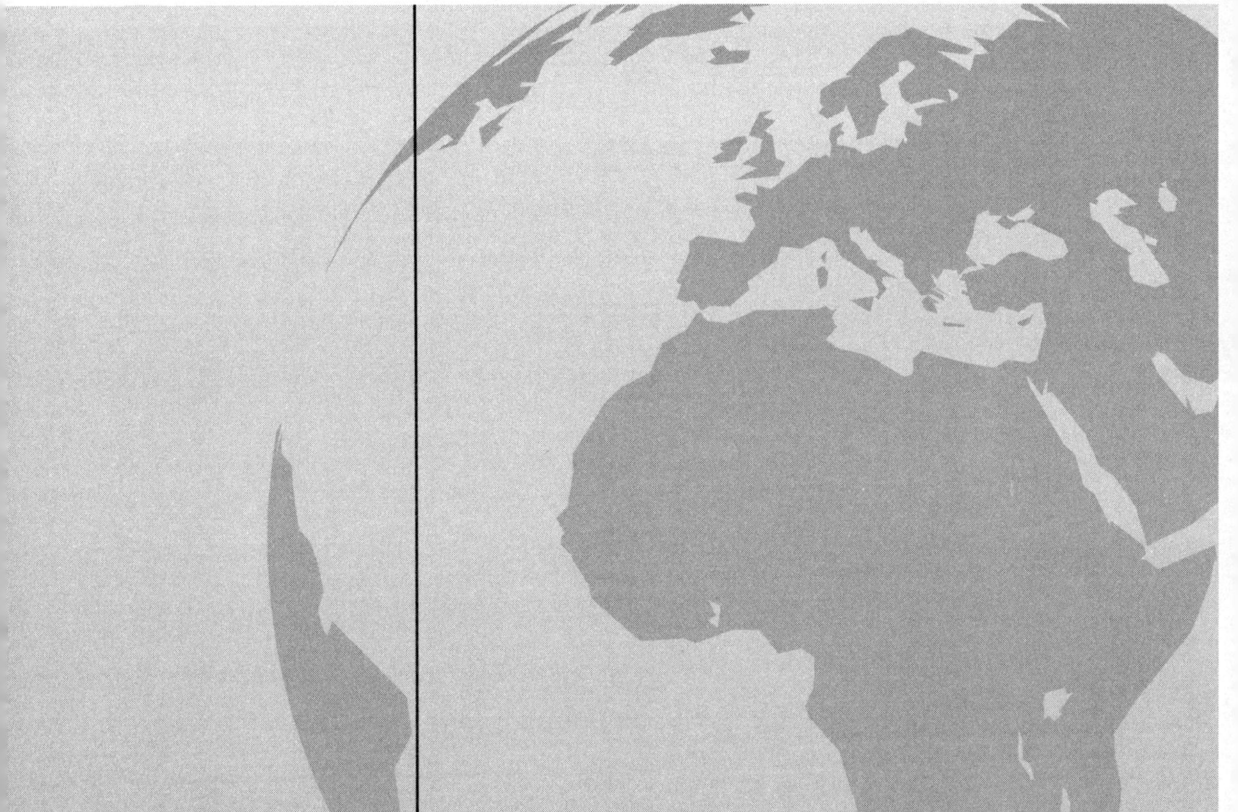

PART 01

서론

Introduction

서론

1864년 베스트팔렌 조약 이후 현대 국가 체제의 역사가 이루어지는 동안, 아니 그 이전부터 분쟁을 다루는 주요한 기제는 제한적이었다. 외교가 비록 충분히 활용되지는 않았지만, 항시 가용한 옵션이었기에 국가 간 교섭을 통한 합의는 늘 있었다. 그러나 너무 빈번하게 국가 간 외교는 전쟁을 예방하는 단계에서보다는 전쟁을 종결짓는 단계에서 더 효과적이었다. 일반적으로 국가가 평화와 안정에 대한 위협을 해결하는 데에 사용한 우선적 기제는 강압적 조치들이었다. 전쟁억제와 동맹형성, 그리고 군사력의 직접적인 운용에 기초를 둔 전략들은 개별 국가들이 어떻게 그들의 안전을 보장받고 그들의 이익을 증진시켜나갈 수 있는가에 대한 중요한 문제였다.

20세기에 국가 간 외교와 무력에 의한 강압은 외교의 정책결정자 및 수립자들에게 가장 두드러진 도구로 사용되었으며, 국제기구의 부상이 이러한 선택의 범위와 형태를 확장시켰다. 가장 두드러진 것으로 *평화 유지(peacekeeping)*의 발전이 있으며, 이는 국내 정부가 아닌 국제기구에 의해 주로 이루어져 비전통적 역할을 수행하는 군사력의 새로운 운용이라고 할 수 있다. 평화유지는 점차적으로 다른 분쟁관리 임무와 기술의 폭넓은 범위를 포함하기 위하여 발전했고, 평화활동(peace operations)이라는 이름으로 통합되었다[1].

이 책은 평화활동의 발전과 운영, 그리고 효과성을 포괄하는 주요 논제들에 대한 개관을 제시하고 있다. 먼저 '평화활동이 군사력의 강압적 사용으로부터 어떻게 발전했는가?', '전통적 평화유지 임무가 언제부터 좀 더 광범위한 평화활동으로 이양되었는가?' 이러한 질문들과 관련하여 제2장은 유엔(UN)의 탄생과 분쟁관리의 극적인 변화와 함께 20세기 초 시작된 평화유지활동에 관한 많은 역사적인 내용을 다룬다. 또한, 초기 평화활동의 개관을 보여준다. 즉 냉전시기의 전통적 평화유지와 1990년대 초반 이후 평화유지 임무단의 종합 등 시간과 공간을 초월한 유형들을 설명한다. 평화활동은 전 세계의 모든 분쟁에 대해 군사적으로 대응하는 것은 아니다. 따라서 제2장 후반부는 평화활동이 언제, 어디서, 어떻게 전개되었는지에 관한 경험적 요인들을 설명한다.

'누가 평화활동들을 조직하고 그것들은 또 어떻게 관리되는가?' 현재의 평화활동은 각기 다른 조직이나 기관에 의해 다양한 방식으로 조직된다. 제3장은 평화활동을 구성하는 다양한 종류의 조직 운영계획을 기술한다. 여기에서는 유엔, 지역기구, 다국적 조직, 그리고 다른 제도화된 방식에 의해 조직된 평화활동이 가지는 상대적 유 · 불리점 등에 대한 분석을 포함한다. 일반적으로 평화활동이 공여국의 병력과 재원으로 이루어진다는 제한점과 그 과정을 세부적으로 다룬다. 그러한 방식을 최선이라고 말하는 분석가들은 거의 없지만, 정치적 제약과 다른 요인으로 인해 이러한 체계는 반드시 필요하다. 또한,

1) 이 책 전반에서 '평화유지'라는 구어체보다 '평화활동'이라는 용어를 사용할 것이다. 그러나 임무단에 상관없이 평화활동의 병력들을 언급할 때에는 평화유지요원이라는 단어를 사용하겠다.

제3장에서 조직과 재원조성의 방식에 대한 다양한 대안을 설명하고 그에 대한 평가를 다룬다.

평화활동이 성공한다는 것은 어떠한 의미이며 그 성공을 위해서는 어떠한 조건들이 필요할까? 제4장은 분쟁 중에 다른 이해 관계자 – 즉, 분쟁 당사자, 분쟁지역 주민, 조직기관, 그리고 국제사회 등 – 들에 따라 달라지는 다른 기준과 작전상의 지표들을 다룬다. 또한, 평화활동의 효율성에 관한 연구를 요약하고, 그 원인 요소를 작전적, 정황적, 행위적인 영향력으로 나누어 중점적으로 다룬다.

평화활동의 미래 모습은 어떠해야 할까? 평화활동은 지난 50년의 기간 동안 분쟁 환경의 변화에 따라, 그리고 의사결정자들의 과거 실수로부터의 교훈을 통해 많은 발전을 이룩하였다. 마지막 장은 분쟁의 양상을 살펴보고 21세기 평화활동을 위한 10가지 과제들을 살펴본다. 이러한 질문들에 답하기 전에, 이 연구의 목적을 정의할 필요가 있다. 평화활동이라는 용어는 명백해 보일 수 있으며, 이 용어를 들었을 때 대다수의 사람은 마음속에 블루헬멧을 쓴 군인의 이미지를 그릴 것이었다. 아직까지 평화활동은 각기 다른 다양한 현상을 포함하고 있으며, 그러한 차이들은 국제사회가 만들어나가야 할 정책적 선택에 있어 중요할 수 있다.

평화활동의 개념

평화활동을 논의함에 있어서 많은 개념적 혼란을 겪고 있다. '평화유지', '평화구축', '평화강제', '평화조성'이라는 다수의 용어가 서로 혼재되어 사용되는 것이 다반사이다. *북대서양조약기구(NATO)*의 유럽지역 최고연합군사령관인 존 크래독(John Craddock) 장군은 이러한 현상을 "평화유지는 아주 애매모호한 용어이다."라고 표현했다[2]. 사실 UN은 특정 기간 동안 시행된 광범위한 활동체계를 '평화유지'로 명명했고, 비록 이 용어는 유사한 특성을 가지고 있지만 평화유지활동에는 많은 차이를 나타내고 있다.

서로 상이한 종류의 평화활동 간 개념상 차이점들을 명확히 하는 것은 평화활동이 시간의 흐름에 따라 어떻게 변해 왔는지를 이해하고, 궁극적으로 그러한 활동이 성공하는 데 있어 실질적인 한계들을 이해하는 데에 필수적이다. 한 가지 좋은 출발점으로는 '전통적' 평화유지라고 불리는(또한 '냉전' 평화유지라고 언급되는) 개념을 기본범주로 활용하는 것이다. 대부분 평화활동의 다른 형태들은 이러한 기본적 개념으로부터 발전했다. 전통적 평화유지활동에 대한 정의에서 이것을 기본 군사작전과 비교함으로써 '전통적 평화유지가 무엇이고, 그 이외의 것은 무엇인지'를 구분할 수 있다.

2) 홍과 코에블(Hong and Koelbl 2007), www.un.org/Depts/dpko/dpko/.

전통적 평화유지란 무엇인가?

전통적 평화유지군은 여러 가지 목적을 달성하기 위하여 전쟁으로 폐허가 된 지역에 파병된다. 분명 평화유지군은 해당 지역에서 발생한 폭력적 분쟁을 해결하고자 노력한다. 이러한 활동의 주요 메커니즘은 휴전에 이어 전투원을 분리하는 중재 또는 완충군으로서의 군대파병이다. 아래에서 언급하겠지만, 평화유지군의 규모, 교전규칙, 그리고 군사적 능력은 적대관계에 있는 당사자 간 교전을 중단시키기에는 역부족이다. 예로 이스라엘군은 1982년 레바논의 남부지역을 침공함으로써 평화유지선을 위반했다. 그렇다면 이 상황에서 평화유지군은 어떻게 평화를 증진시킬 수 있을까? 물리적인 거리만큼 전투원을 이격시킴으로써 평화유지군은 적과의 돌발적인 교전을 예방하게 되며, 이렇게 함으로써 전쟁 재발로 격화될 수 있는 소규모 분쟁을 억제할 수 있다. 또한, 평화유지군은 휴전협정 위반사항을 쉽게 추적할 수 있기 때문에 해당 협정의 고의적 위반을 예방하게 된다. 전투 가담자를 물리적으로 분리시킴으로써 어떠한 공격에 대해서도 조기 경보를 해주고, 이로써 기습공격으로 인해 발생할 수 있는 전술적 이점들을 경감시키게 된다. 평화유지군에 의해 침략자가 누구인지 확인되면서 평화유지군을 주요 공격 대상으로 발생한 교전은 국제적인 비난을 면할 수 없다. 평화유지군의 신속한 조치는 다소 미흡하지만 국제적 노력과 여러 대안으로 분쟁을 해결하고 억제할 능력은 충분하다(Fortna 2004b).

전통적 평화유지는 제한적이기는 하지만 분쟁해결을 위한 환경을 조성하는 데 일조를 하고 있다. 비록 지원기관(예를 들면 유엔) 소속 인원들은 그럴 수 있겠지만, 평화유지군 자체는 어떠한 외교적 의도를 가지고 있지 않다. 그보다 평화유지군은 분쟁 당사자들이 그들 사이의 견해차를 해결하는 데 도움이 될 수 있는 상황을 만들기 위해 노력한다(이러한 주장은 제4장에서 다루고 있음). 왜 격렬한 분쟁이 중재와 협상에 유리하지 않고 휴전은 중재자들이 반대측과 협상이 가능하게 되는 상황 하에서 증진되는지에 대한 몇 가지 이론적 설명이 있다.

첫째, 휴전으로 형성된 냉각기를 통해 분쟁 가담자들 간 적의가 경감되고 신뢰가 형성될 수 있다. 무력충돌 시 지도자와 국민은 분쟁에 익숙해지게 된다. 그들은 심리적으로 분쟁에 전념하게 되고, 국민 중 일부 그룹들은 그런 교전으로부터 정치적, 경제적 이익을 얻기도 한다. 따라서 외교적 노력이 성공을 거두기 전에 그러한 과정이 해소되거나 중단되어야 하며, 이는 평화유지군이 휴전을 유지함으로써 효과를 거둘 수 있다.

둘째, 격렬한 분쟁은 평화 협정을 체결하려는 지도자에게 국내적인 정치적 압박을 받게 된다. 적대행위가 만연한 때 적과 협상하는 것은 상당한 정치적 대가를 수반할 수 있다. 협상과 외교적 노력을 위하여 공격을 중단하거나 휴전을 요청하는 것은 이런 기저의 논리와 잘 부합한다. 물론 이는 적대행위가 상당한 희생을 치르며 고전하는 분쟁 당사자들 간에 화해를 도출한다기 보다 오히려 해당국의 협상 지위와 태도를 완강하게 할 수 있다는 것을 의미하기도 한다.

셋째, 약간 다른 상황에서 본다면 격렬한 분쟁은 (단기적 우려로서) 의사결정자들로 하여금 진행 중인 적대행위에 집중하도록 하며 그 결과 (장기적 우려로서) 그들은 분쟁해결의 현안들을 우선적 의제로 두지 않게 된다. 바꾸어 말하면 무력충돌이 고조된 상황에서 정치적, 외교적 관심은 교전행위와 더 나아가 휴전상태 유지와 같은 즉각적인 분쟁 관리에만 충실해진다는 것이다.

넷째, 국제사회가 평화유지요원을 분쟁지역에 파병하는 것은 분쟁 해결을 위해 필요한 추가적 자원을 제공할 수 있다는 국제사회의 의지로서 분쟁 당사자들에 대한 암시일 수도 있다.

전통적 평화유지와 군사작전의 차이점

전통적 평화유지 전략에서 보면 명백히 평화활동과 군사작전은 다르다. **표 1-1**에서 요약된 것처럼 평화유지와 군사작전은 여러 가지 차원에서 상이하다.

표 1-1 전통적 평화유지와 군사작전의 비교

차원	전통적 평화유지	군사작전
해당국 동의	필요	불필요
공평성	필요	불필요
무력 사용	자위용	공격용
규모	소규모	대규모
장비	경무장	중무장

전통적 평화유지활동은 소위 '신성한 3대 원칙'을 기반으로 이루어진다. 즉 당사국의 동의, 공평성, 그리고 최소한의 무력사용이다(Bellamy, Williams,

Griffin 2004). 첫 번째 필수 요구사항은 평화유지군을 파병하기 위해서는 파병지역 당사국으로부터 동의를 얻어야 한다는 것이다. 이집트가 동의를 철회했을 때(UNEP-1은 당사국인 이집트의 동의로 1956년 설치되었으나 1967년 이집트의 철회 요청으로 철수), 즉 1967년 아랍-이스라엘 전쟁 전에 시나이에 설치된 유엔부대의 사례처럼(UNEF-I : 유엔 긴급 평화유지군) 그러한 동의는 철회될 수 있으며, 평화유지군은 이에 따라 철수해야 한다. 참전 중인 군대가 그들이 싸우고 있는 국가의 동의를 받아야 한다는 것은 물론 불합리한 일이다. 그러나 전통적 평화유지군은 당사국의 동의를 받아야 하고 이는 마치 그들이 평화를 유지하기 위해 교전 당사국과 협조해야 하는 것처럼 보인다.

두 번째 요소인 공평성은 평화유지요원이 어느 한 쪽 전투 집단을 타 집단에 비해 편파적으로 대우해서는 안 된다는 원칙으로, 이는 정해진 침략자가 없기 때문에 평화유지요원은 차별 없이 그들의 위임명령을 이행해야 하는 이유이기도 하다. 이와 대조적으로 군사적 개입은 한 쪽 행위자에 맞서 여타 행위자를 지원함으로써 분쟁에서 힘의 균형이 변하도록 병력과 장비가 제공되기 때문에 다분히 편파적이다.

평화유지활동의 3대 원칙 중 세 번째 요소인 최소한의 무력사용은 평화유지군에게 허용된 교전규칙을 의미한다. 통상적으로 평화유지요원은 오직 자위권을 위해 군사력을 사용할 수 있게 제한되어 있다. 반면 일반 작전을 실시하는 병력은 규칙적으로 공격적인 군사전술을 활용하며, 무력수준은 이론적으로 국제인도법의 규정과 필요에 따라서만 부득이하게 제한된다.

또한, 전통적 평화유지활동은 외견상으로도 군사작전과는 현저하게 다르다. 평화유지부대는 냉전 시기 동안 1만 명 이하의 평균 병력으로 이루어진 비교적 작은 규모였다. 이에 비해 군사작전은 규모가 훨씬 크며 페르시아 걸프전에서의 50만 명 병력과 이라크전에 동원된 15만 명의 미군의 예를 보면 알 수 있다. 따라서 규모, 목적, 그리고 교전규칙의 차이점과 함께, 전통적 평화유지부대는 통상 소총이나 휴대용 무기로 경무장한다. 그러나 군사작전 부대, 특히 강대국의 부대는 장갑차량과 미사일, 그리고 정밀유도무기 등을 포함한 최첨단 장비로 무장한다. 냉전 기간 동안 대다수의 평화활동은 전통적 평화유지활동의 모습에 부합되었다(제2장에서 평화활동의 발전을 보면 알 수 있다). 1964년부터 시작된 유엔 사이프러스의 평화유지군(*UNFICYP*)이 그 한 가지 예이다. 이것이 1980년대 후반 냉전의 종식과 새로운 평화활동의 확산으로 변화하게 되었다. 이와 함께 당사국의 동의, 공평성, 그리고 최소한의 무력 사용은 타 변수들보다 그 중요성이 감소되었다. 그래서 평화유지활동으로 망라된 용어 또한 변화를 겪게 되었다. 탈냉전 시기에 가장 두드러진 것은 평화구축이었다.

평화구축

평화구축의 개념적 요소에 대해 학자나 전문가들 사이에 합의가 이루어지지 않아 단일의, 그리고 보편적으로 합의된 평화구축을 정의하는 것은 불가능하다. 그럼에도 불구하고 평화구축활동의 일정 부분에서는 어느 정도 상호 주관적인 합의가 이루어졌다. 이것의 유용한 시발점으로 *부트로스 부트로스갈*

리(Butros Butros-Ghali) 유엔 사무총장(1995)[3)]에 의해 제시된 정의로, 이는 학자들과 정책입안자들에 의해 사용되고 있는 모든 평화유지와 관련한 정의들의 기본 개념이 되었다[4)]. 부트로스 갈리는 평화구축을 단순히 전통적 평화유지에 의해 촉진된 적대행위의 중지가 아니라, '새로운 환경의 창조'로서 말한 바 있다. 갈리의 분석과 여타 학자들의 분석은 평화구축이 다른 개념과 비교될 수 있다는 점에서 일련의 특징 혹은 범주를 제시하고 있다.

첫 번째 범주는 평화구축의 목표에 관한 것이다. 적어도 평화구축의 목표는 분쟁재발을 방지하는 것이라는 일반적인 합의가 있다. 그러나 '소극적 평화'(폭력적 분쟁의 부재)라는 개념에 '적극적 평화' 요소를 포함시키고 화해와 가치 변화, 그리고 정의와 관련된 것을 포함시켜 확장해야 하는지에 대해서는 일부 이견이 있다. 이러한 차이는 매우 중요한 것으로, 이는 평화구축의 개념을 수립하는 데 있어 오랫동안 지속된 논쟁이었다.

평화구축의 두 번째 범주는 목표를 성취하기 위해 계획된 전략과 그에 수반하는 활동을 포함한다. 당연히 이들은 분쟁 재발을 방지하는 것보다 더 광범위한 목표를 추구하는지 여부에 따라 일부 달라진다. 분쟁 재발 방지를 위한 최소정의적(minimalist) 전략은 분쟁 관리와 일치하는 전략을 채택한다. 다시 말해, 평화구축은 부분적으로 폭력에 의존하는 기회를 감소시키는 것과 관련이 있고 이는 전통적 평화유지의 목적과 부합된다. 그러나 일부 평화구축활동의 예를 보면 분쟁 당사자들의 무장해제와 무기의 폐기, 그리고 현지 치안인력의

---

3) 이 책의 초판은 1992년 발행되었으나 주로 1995년 개정판을 인용한다.

4) 코크엘(Cockell 2000), 도일(Doyle 2000)과 삼바니스(Sambanis 2000), 커센스(Cousens 2001), 탈렌티노(Talentino 2004), 뉴만과 스크나벨(Schnabel 2002)을 보시오.

훈련 등은 전통적 평화유지의 범위를 넘어서는 것들이다. 몇몇 평화구축 개념들은 분쟁이 폭력을 통해서라기보다 평화적으로 관리될 수 있다는 메커니즘을 조성하는 데 집중하고 있다. 따라서 선거지원, 본국으로의 난민송환, 거버넌스의 강화 등이 이러한 전략과 일치하는 평화구축활동의 예이다.

광의의 평화구축 개념은 다소 다른 전략과 일련의 활동을 도출한다. 일부는 평화구축을 '분쟁의 근본적 원인'을 다루는 것으로 본다. 최소정의적 개념은 분쟁의 발생을 예상하면서도 평화적으로 관리하기를 원한다. 반면 최대정의적(maximalist) 전략은 분쟁관리뿐만 아니라 분쟁해결을 장려하는데 – 바꾸어 말하면 무력을 사용한 집단의 '의지'를 분쇄하는 것이다. 따라서 많은 평화구축활동은 분쟁 당사자들과 그들 지지자들에 의한 태도 변화를 목적으로 한다. 이러한 활동에는 경제적 발전과 인권보호를 장려하기 위한 프로그램을 포함한다.

세 번째 범주는 이러한 활동의 시점과 관련이 있다. 대부분의 평화구축 개념은 분쟁 당사자 간의 평화 정착 후에 발생하는 활동을 보여준다. 이는 여타 형태의 분쟁 관리와 상반되는 것이다. 예방외교와 이에 수반되는 조치들은 상당 수준의 폭력이 발생하기 전에 실행되어야 한다. 강압적인 군사력의 개입은 무력충돌이 진행되는 상황 하에서 발생한다. 전통적 평화유지군은(골란고원의 UNDOF : 유엔 골란고원 감시군) 대개 폭력상황이 중지된 이후에 파병되었지만, 평화정착 이전에 파병되기도 한다(그러므로 그들의 주요한 역할은 휴전을 감시하는 것이다). 평화구축은 예방외교가 실패한 다음, (만약 있다면) 전통적 평화유지 이후, 그리고 평화조성 후에 시행된다(아래 분쟁단계에 대한 논의 참조).

평화구축에 있어서 전쟁 이전의 분쟁 요소가 기존에 추구된 전략과 행위들이 달라져야 할 만큼 미래분쟁의 상대적 위협과의 관계를 본질적으로 변화시켰다는 암묵적 가정이 있었고, 이로 인해 외교적 시도만으로는 불충분하게 되었다. 적극적 평화옹호자들은 전후 해결에 있어 평화구축활동을 제한할 이유가 없다고 말하며 이것은 많은 부분 평화구축 활동이 분쟁의 초기단계에서 긍정적 결과를 가져왔기 때문이다. 확실히 그들의 주장은 옳았고 실제로 그러한 사례(코소보에서 KFOR : 나토 코소보군의 활동)도 있었지만, 경험적으로 적어도 국제 정부 간 기구에 의한 평화구축은 대부분 전후 활동이었다.

네 번째 범주는 평화구축이 수행되어야 하는 상황이다. *부트로스 갈리*(1995)는 평화구축이 국가 간 전쟁 혹은 내전 다음에 수행될 수 있다고 생각했다. 하지만 사실 평화구축에 관련한 대부분의 논의에서 내전과 심각한 민족분쟁에 따른 결과 혹은 실패국가 내에서조차도 활용될 수 있다고 가정하고 있다. 1990년도에 발발한 콩고전쟁이 가장 잘 보여주듯이 실제로 서로 인접한 국가들이 내전에 개입했을 때, 내전과 국가 간 전쟁 구분이 모호해진다는 사실을 인지할 필요가 있다.

다섯 번째이자 마지막 범주는 평화구축활동을 수행할 주체와 관련된 것이다. 푸(Pugh 2000)가 지적하듯이 배타적인 역할만 아니라면 평화구축은 이 분야에서 외부 행위자들이 중요한 역할을 할 수 있다고 가정하고 있다. 다시 말해 전략과 활동에 관한 조사에서도 현지 행위자들을 배제할 필요는 없으며, 외부 행위자들이 조력자가 될 때에는 오히려 일부 요소들(예를 들면 진실과 화해위원회)은 더 성공적일 수도 있다[5]. 또한, 평화구축 개념 속에 내재하고 있는

5) 파리스(Paris 2004)를 보시오.

것은 그러한 행위자들이 사적 이익을 추구한다기보다 도덕적 권위를 발휘하면서 사회의 더 나은 공익을 위해 공평한 방식으로 행동할 것이라는 점이다. 규범적으로 대부분의 사람들은 평화구축을 이타주의적인 분야로 간주한다. 하지만 푸(Pugh 2000)가 주장한 것처럼 그런 개념들은 여전히 어떤 특정 이데올로기(예를 들면 민주주의, 신자본주의와 같은)를 조장할지도 모른다. 평화구축 활동의 예들은 냉전 이후 시대로 크게 국한되며, 사실 대부분의 평화활동은 적어도 몇 개의 평화구축 요소들을 포함하고 있다. 그 예로 유엔 부룬디 임무단(ONUB)과 유엔 동티모르 과도행정기구(UNTAET)를 들 수 있다.

평화활동 관련 다른 용어들

평화활동의 연구과정에서 분석가들은 평화활동과 연관되어 사용될 수 있거나 그렇지 않은 용어들을 보게 될 것이다. 이를 명확히 하기 위해 몇 가지 주목할 용어들이 있다. '새로운 평화유지'와 '제2세대(second generation) 평화유지'라는 용어는 통상적으로 현재의 평화구축(예를 들면 인도적 지원)과 연관된 것을 포함하고 있으며, 전통적 평화유지(예를 들면 선거감시)와 관련된 것들을 넘어 특정 임무단에서 채택된 탈냉전 평화유지활동의 새로운 조류로 언급되고 있다. '강력한(robust) 평화유지'[또한 '강력한(muscular) 평화유지'라고 인용되는]는 질서를 유지하기 위한 공세적 군사력 활용을 포함하며, 좀 더 자유방임적인 교전규칙을 내포하는 최근 평화활동을 일컫는 말로 종종 사용되고 있다.

언뜻 보기에 '평화강제(peace enforcement)'는 모순어법일 수도 있다. 일반적으로 평화강제는 병력들이 무력적인 수단을 이용하여 임무(무력적인 적대행위를 종식시키는 것)를 수행하는 것에 적용된다. 평화강제는 강력한 평화유지와 약간의 차이가 있다. 즉, 평화강제는 강력한 군사력을 보유하고 전쟁의 재발방지를 위한 임무를 부여받고 적대행위에 책임이 있는 자들을 처벌하기 때문에 전통적인 군사작전에 더 가깝다. 특정 평화활동 임무단과 관련된 많은 용어들은 다음 단락에서 좀 더 충분히 다룰 것이다. 부트로스 갈리의 저서에 나오며 평화활동 어휘목록의 일부인 두 개 용어는 각각 '예방외교(preventive diplomacy)'와 '평화조성(peacemaking)'이다. 예방외교는 두 행위자 사이에서 발생하거나 또는 분쟁이 발생한 후 확산을 막기 위해 분쟁을 예방하기 위한 다양한 노력들을 포함한다. 평화활동은 분쟁예방 역할을 할 수도 있으나, 예방외교는 병력 배치를 반대하는 지역에 특별 대표나 협상 팀을 파견하는 것을 추가적으로 포함하고 있다. 이와 유사하게 평화조성은 적대행위자들 사이의 평화협정 또는 분쟁해결을 조정하기 위하여 계획된 일련의 행동이 포함된다. 평화활동은 통상 직접적으로 그러한 책임을 지지 않는다. 그리고 부트로스 갈리는 중재와 국제재판소에 제소하는 것을 포함하여 이를 달성하기 위하여 다른 외교적, 법적조치를 명확하게 밝히고 있다. 하지만 앞에서 설명한 바와 같이 전통적 평화유지는 비록 분쟁해결에 직접적으로 관여하지는 않지만 평화조성이 시행 중인 상황 하에서의 환경에 영향력을 미칠 수 있도록 기획된다.

평화활동의 임무 분류

냉전기간 동안 이루어진 평화유지 임무는 그들이 다루었던 분쟁의 정치적 상황에 따라 대략적으로 분류할 수 있다. 평화유지의 방대한 개념을 이용하는 것과 1990년 이전의 모든 활동을 재고해보면, 제임스(James 1990)는 평화유지 임무를 주변 국가들과의 분쟁관계에 따라 네 개의 범주로 분류했다. '뒷뜰 문제(Backyard Problems)'는 특정 강대국의 세력 내에서 일어나는 것이다. '클럽하우스 골칫거리(Clubhouse Troubles)'는 일부 국가들이 '집단 내' 문제를 다루기 위해 활동을 조직함으로써 발생한다. '이웃 다툼(Neighborhood Quarrel)'은 앞의 두 범주에 속하지 않고 대체로 국지적으로 남게 되고, 이러한 분쟁은 대부분 외부 세력의 단계적 확대와 적극적인 개입을 포함하는 '위험한 갈림길(Dangerous Crossroad)'의 수준까지는 이르지 못한다. 그럼에도 불구하고 평화유지활동은 대략 같은 위임명령이나 임무를 공유했다. 그러한 활동은 정전감시 역할을 수행한 중재 부대에 주어졌다. 일부 평화감시 임무단은 수적으로 너무 적고 비무장이라 필연적으로 분쟁 가담자들 사이에서 완충자로서의 제 기능을 다하지 못했다. 그럼에도 불구하고 일시적인 평화협정의 소극적 감시 임무는 전통적 평화활동의 전형적인 특징이었다.

지난 10여 년 동안의 평화활동에서 가장 큰 변화 중 하나는 현재까지 계속 수행하고 있는 임무 유형과 수적인 측면에서 극적으로 확대된 것이라 할 수 있다. 아직까지 이러한 임무들이 어떻게 구별되고 그 임무들이 성공하기 위해서는 어떤 관련이 있으며, 성공에 영향을 주는 요소가 무엇인지는 명확하지 않다. 벨라미, 윌리암스, 그리고 그리핀(Bellamy, Williams and Griffin 2004)은 평화활동을 대략 광범위한 목표에 근거하여 다섯 개의 범주로 분류했다. '전통적 평화유지(Traditional Peacekeeping)'는 앞에서 설명했고, 1956년 시나이에 배치되어 있던 유엔 긴급평화유지군(UNEF-I)이 그 전형적인 예라고 할 수 있다. '과도정부 관리(Managing Transition)'는 평화활동이 전쟁에서 평화로 용이하게 전환되도록 지원한 사례들을 포함한다. 그리고 이러한 활동은 통상적으로 평화정착에 대한 합의를 기초로 이루어진다. 그들은 전통적 평화유지처럼 똑같은 세 가지 원칙(당사국의 동의, 공평성, 그리고 최소한의 무력사용)에 의거하지만, 선거감시와 같은 좀 더 복잡한 업무들을 포함하고 있다. 국제전 성격의 내전(internationalized civil war)이 종료된 후 민주적 선거를 치를 수 있도록 지원했던 캄보디아의 유엔 캄보디아 과도행정기구(UNTAC : 1991~3)은 좋은 예이다. 국가 간 전쟁의 범주 밖에서 진행 중인 폭력적 상황 하에서 발생하는 '확대된 평화유지(Wider Peacekeeping)'는 복합적이고 변화하는 위임명령을 가지고 있으며 민간의 인도적 활동과 상당부분 조정을 필요로 한다. 유엔 보스니아 평화유지군(UNPROFOR)으로 알려진 보스니아에서의 유엔 활동이 그 전형적인 모습이다. '평화 강제(Peace-enforcement)' 임무는 그것이 평화활동의 전통적 개념 이상의 집단안보적 군사작전과 더 유사하기 때문에 평화활동의 규정하에 통상적으로 적용되지는 않는다. 즉 무력사용이 더욱더 광범위해지고 공세적인 군사작전이 일반화된다. 이러한 활동의 시초는 아마도 1950년 유엔의 한국전 개입일 것이다. 마지막으로 '평화지원활동(Peace Support Operation)'은 상당수 민간 요소와 함께 구성되는 다차원적 임무들이다. 여러 방면에서 평화지원활동은 평화구축활동으로 명명되어 왔는데, 필요한 무력사용과 더불어 다양한 임무들이 크게 강조되었다. 1999년에 개시된 NATO의 코소보 평화유지(KFOR : 나토 코소보군) 활동이 그 좋은 사례가 될 수 있다.

이러한 범주를 수용한다 하더라도 평화활동이 동일한 원리로 생성된다는 것을 뜻하지는 않으며, 실제로 일부 평화활동은 여러 가지 상이한 임무를 수행하면서 임무기간 동안 변화했다. 예를 들어, 탈렌티노(Talentino 2004)는 평화구축활동을 제한적(limited), 확장적(extensive), 그리고 국가재건(nation building)의 3가지 범주로 구분했다. 그녀는 활동의 강제력, 개혁활동의 범위, 부대전개의 시점, 그리고 지방 정부기관에 의한 통제 정도 등을 토대로 위에서와 같이 분류했다. 경험적으로 평화구축활동은 그들이 다루어야 하는 분쟁의 종류와 전개되는 지역의 특정한 상황적 요구에 따라 임무나 기능이 실질적으로 달라진다.

이러한 범주에서 수행되는 임무가 어떤 측면에서 유사하고, 어떤 측면에서 다를까? 딜, 드럭만과 월(Diehl, Druckman and Wall 1998)은 임무 간 차이의 정도를 측정하기 위하여 많은 연구를 시도했다. 그들은 실제적인 평화활동과 정책 입안자들에 의해 제안된 활동을 기초로 하여 12개의 각기 다른 평화임무단을 조사했다. 해당 임무단은 **표 1-2**에 나열되어 있다. 그들은 학술적으로 조사된 것과 평화유지 전문가들이 제시한 12가지 임무의 관점을 교차 비교했다. 이런 관점들은 분쟁을 통제(control)하는 수준, 임무종료(mission exit)의 용이성, 그리고 임무 간 목표의 명확성(clarification) 등을 포함하고 있다.

표 1-2 평화유지 임무의 분류

1. 전통적 평화유지(Traditional peacekeeping)는 전투원을 격리시키고 분쟁해결을 위한 안정적 환경을 조성하기 위해 정전 이후 파병되는 중재부대로서 당사국의 동의 하에 중립 및 경무장 상태로 주둔한다.

2. 감시(Observation)는 해당 지역에서 정보를 수집하고 정전이나 인권 사항 등에 관한 활동을 감시하기 위해 당사국의 동의를 얻어 소수의 비무장 및 중립요원들의 배치로 이루어진다.

3. 집단 강제(Collective enforcement)는 침략국의 패배에 따른 희생자들을 보호하고 평화와 안정을 회복하기 위해 계획된 대규모 군사작전이다.

4. 선거 감시(Election supervision)는 정전, 무장 해제, 그리고 이전에 교전에 가담한 국내단체 간 평화협정에 이은 민주적 선거에 대한 감시와 모니터링이며, 이러한 기능은 또한 현지 치안군에 대한 지원이 포함되기도 한다.

5. 분쟁 중 인도적 지원(Humanitarian assistance)은 내란 혹은 국가 간 전쟁 중 고통 받는 주민들에게 생명을 유지하기 위하여 국내 및 국제 비정부기구(NGO)들과의 조정을 통해 식량과 의료, 물품의 운송과 분배를 제공한다.

6. 국가 재건(State/Nation building)은 정부권력이 부재 중에 법과 질서의 회복과 기반시설과 치안군의 재건, 그리고 과도 정부로부터 당사국 정부에 권력이양을 용이하게 하는 것이다.

7. 평정(Pacification)은 시민소요 진압, 현지 무장단체 해산, 무력을 통한 전투원의 격리전쟁, 내전 또는 국내 소요, 특히 심각한 인명손실과 인권남용 그리고 재산 손실을 입은 국가의 법질서를 유지하는 것으로 이루어져 있다.

8. 예방 전개(Preventive deployment)는 공격을 억제하거나 전쟁의 확산을 방지하기 위하여 두 교전세력 사이에 병력을 전개하는 것이다.

9. 무기 통제 검증(Arms control verification)은 군사시설 검열, 병력철수 감시가 포함된 활동이며 무기통제조약의 일부로서 국가권력이나 기술적 수단에 의해 이루어지는 모든 활동을 포함하고 있다.

10. 보호 서비스(Protective service)는 종종 국가의 승인 없이 민간인을 위협하는 세력으로부터 국가의 영토를 보호하거나 혹은 적대행위를 방지할 목적으로 안전한 피난처, 비행금지 구역 및 통행권을 제정하는 것을 말한다.
11. 민주화 지지를 위한 개입(Intervention in support of democracy)은 현 정권을 전복하고 민주적으로 선출된 정부관료를 지원하기 위한 목적의 군사작전이거나, 현재 위협받고 있는 민주 정부를 보호하기 위한 작전이다. 이러한 활동은 반민주 세력에 대한 군사 활동과 법질서 확립지원, 민주적 정권을 지지하는 활동이 포함될 수 있다.
12. 제재 강행(Sanction enforcement)은 교차지점(transit point) 방어, 밀수품(예 : 무기, 밀무역) 압수를 위해 (육 · 해 · 공의) 무력을 사용하거나 국제사회나 국가 정부가 제정한 위반행위(예 : 인권남용)를 한 국가에 제재의 부과를 말한다.

이와 같이 임무를 그룹화한 방식은 12가지 임무들을 좀 더 일반화한 형태로 축소할 수 있음을 보여준다. 기준점으로서 전통적 평화유지를 둔다면 네 개의 그룹으로 다시 만들 수 있다. 우선 선거 관리, 무기 통제 확인, 그리고 감시를 함께 모을 수 있다. 이 임무들은 *감시 기능(monitoring function)*이라는 공통점을 갖고 있으며 상대적으로 소극적이다. 또 다른 그룹의 임무는 분쟁 중의 구성원들에게 가해지는 *피해를 최소화(limit damage)*하는 데 목적이 있고 여기에 인도적 지원과 예방 전개가 속한다. 또 다른 네 가지 임무의 기능은 *시민 사회가 제 기능(functional civil societies)*을 하도록 *국가를 회복(restore country)*시키는 것으로서 보호 서비스, 민주국가를 지지하는 개입, 평정, 그리고 국가재건이 포함된다. 마지막으로 전통적 평화유지와 거리가 먼 두 가지 임무는 전투 지향적인 *강력한*(혹은 공격적) 임무로서 제재 강행과 집단 강제이다.

상이한 그룹에 임무를 두는 것은 단지 분류 상 활동에 그치지는 것이 아니다. 그것은 평화활동을 위해 우리가 어떻게 분석하고 평가하며 훈련해야 하는지를 의미한다. 먼저, 우리는 많은 평화활동이 다양한 임무를 동시에 혹은 연속해서 수행하고 있다는 것을 알고 있다. 예를 들어, 보스니아의 유엔 보스니아 평화유지군(UNPROFOR)은 무기 통제 확인, 인도적 지원, 그리고 일부 집단강제와 같이 상이한 성격의 다양한 임무를 수행하였다. 이 분류법은 평화활동이 동 분류에서 사용된 역할, 속성, 그리고 행동과 관련하여 기본적으로 상호 간 호환되지 않는 기능들을 부여받을 때 다소 문제점이 발생할 수 있음을 보여준다. 예를 들어, 평화유지군이 분쟁 중 주요 당사자로서 역할을 부여받아 실시하는 민주화 지지개입은 그들이 제3자의 중재자로서 활동해야 하는 임무를 동시에 성취하기 어려울 수 있다. 현지주민이나 전투원들도 평화유지군이 인도적 지원이나 평정과 같이 다양하고 외견상 모순되는 임무를 수행할 때 그들과 협력을 해야 하는지 여부를 결정해야 할 때 혼란을 느낄 수 있다.

또한, 평화활동의 성공에 관하여 우리가 어떻게 이해하고 설명하는지도 중요한 의미가 있다. 다른 형태의 임무들은 다른 기준들로 평가될 수도 있다. 예를 들어, 감시 임무는 무력 충돌을 제한하는 그들의 능력으로 평가될 수 있는 것에 반하여, 긴급 임무들은 현지주민들에게 미치는 그들의 영향력으로 측정될 수 있다(어떻게 평화활동을 평가하는가에 대한 종합적인 검토는 제4장을 참조할 것). 유사한 방식으로, 상이한 요인들이 전체 임무의 성공 혹은 실패를 설명할 수 있기에 평화활동의 분석으로 도출된 '교훈'이 제대로 설명되지 않는다면 오도될 수 있다. 예를 들어, 많은 분석가들이 소말리아에서 미국의 문제들(UNITAF : 소말리아의 유엔국제임무군) 혹은 르완다에서 유엔의 실패(UNAMIR

: 유엔 르완다 지원단)로부터 미래 활동에 대해 일반화를 시도해 왔으나, 여기에서 의미하는 것은 만약 임무 유형이 동일하지 않다면 그러한 시도들은 잘못된 정책과 최종적 실패를 초래할 수도 있다는 점이다.

분쟁단계별 평화활동의 전개

평화활동을 분류하고 비교하는 또 다른 방법에는 분쟁 상황에서의 병력 개입 시기를 들 수 있다. 분쟁의 해결을 위한 '적절한' 시기를 정확히 규정하거나 명시하기 힘들지만, 제3자의 개입 시기는 성공적인 분쟁 관리를 위한 핵심요소로 간주된다. 냉전시기의 평화유지는 최종적인 분쟁해결 전에(종종 평화협정 혹은 선거를 위한 협약으로 나타난다) 분쟁 당사자들 간 정전에 이어 병력을 파견하는 것으로 특징지을 수 있다. 그러나 최근 평화활동은 언제 개입할지에 대한 선택 범위를 지속적으로 넓혀왔다. 대략적으로 평화유지요원이 초기에 배치되는 네 개의 상이한 '단계'가 있는데 그것은 분쟁 전, 무력충돌 중, 정전 후, 그리고 평화협정 이후의 네 단계이다. 각각의 단계는 평화활동의 수행과 성공을 위해 각기 다른 의미를 갖는다. 특정한 활동 상의 과업이 네 가지의 분쟁단계 중 하나 혹은 그 이상에 수행된다고 가정하기에 평화활동의 전개시점은 임무의 형태와 서로 상관관계가 있다(그림 1-1 참조).

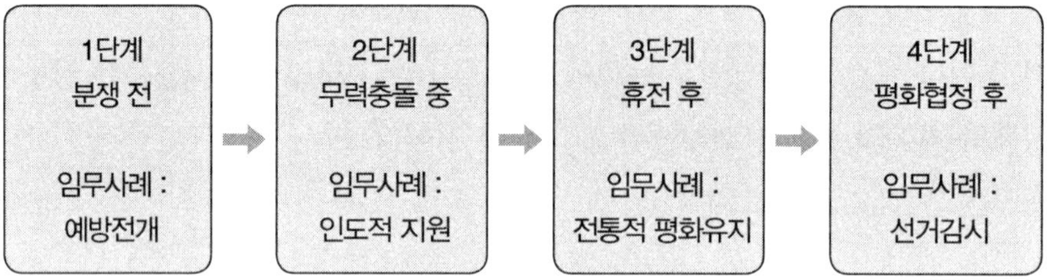

그림 1-1 분쟁의 단계

개입 시점은 부분적으로 승인하는 기관의 통제 하에 있지만 ①모든 분쟁이 모든 단계를 걸쳐 진행되거나 선형으로 이루어지는 것은 아니며, ②전개 시점은 당사국 혹은 분쟁 당사자의 동의 시점에 기인할 수 있다.

무력충돌단계 이전의 평화활동 전개는 종종 '예방 전개'라고 불리며, 분쟁이 격화되는 것을 방지하기 위해 병력을 파병하는 것을 말한다. 이러한 시기의 파병 목표는 전개 지역에서의 무력사태를 저지하고 선제공격에 대한 가능성을 경감시키기 위한 인계철선을 제공하는 것이다. 또한, 예방 전개는 만약 무력 공격이 발발한다면 파병된 병력이 교전을 중지시키거나 침략자를 징벌하기 위해 더욱 강한 무력을 동원하여 대응할 것이라는 뜻을 암묵적으로 내비치게 된다.

예방 전개에는 강한 규범적 호소가 있다. 만약 평화유지요원이 무력공격을 저지할 수 있다면, 현지주민들은 확실히 가장 큰 이익을 얻게 될 것이다. 그리고 만연하는 살상과 난민들의 물결 그리고 경제의 혼란도 피하게 된다. 거시적 수준에서 폭력적 분쟁을 예방하는 것은 궁극적으로 좀 더 쉽게 갈등해결을 증진시킬 수 있으며, 이는 전쟁으로 초래된 증오와 불신을 피하고, 무력 충돌의 결과를 잠재적 해결책으로 고려하지 않기 때문이다. 따라서 정책입안 측면에서 보면 초기의 개입이 가장 바람직하다. 그러므로 분쟁 전 전개에 있어 언제 그리고 어디서 무력충돌이 일어날 가능성이 있는지, 그래서 어느 시점과 장소에 병력들이 전개되어야 하는지를 정확히 예측해 주는 효과적이면서 개선된 조기 경보 체제를 기대한다. 그러나 불행히도 이런 체제는 아직 존재하지 않으며, 이를 도입하는 데에도 상당한 장애 요소들이 있다. 게다가 정확한 조기 경보가 이루어진다 하더라도 그러한 정보에 대해 행동할 수 있는 국제사회의 정치적 의지 또한 실재해야 한다는 점을 예상할 수 있다. 아직까지 국가들은 자국이 잠재적인 무력충돌(특히 내전과 연루된 경우) 대상지로 분류되는 것으로 인해 감정이 상할 수 있고 예방 전개로 인해 심각한 주권 침해의 논란도 발생할 여지가 있다. 유엔이나 여타 기관들은 갈등을 부추긴다는 오명을 씻을 수 없으며, 아직 명확하게 표출되지 않은 문제에 대해 정치적 지지와 자원을 모으기도 쉽지 않다. 유엔 예방전개부대(UNPREDEP)은 예방 전개에서 유일한 실제의 경험적 사례라고 할 수 있다. UNPREDEP의 목적은 국경 지역의 상황을 감시하고 보고하는 것과 전(前)마케도니아(the former Yugoslav Republic of Macedonia)에서의 분쟁 확산을 억제하는 것이었다. 이것은 근본적으로 유엔 보스니아 평화유지군(UNPROFOR)의 임무에서 파생된 것이었다. 그들의 믿음대로 보스니아 분쟁의 확산은 빗겨가게 되었다.

군사적 적대행위가 행해지는 가운데 두 번째 분쟁단계 중의 개입은 가장 위험할 수 있다. 전통적 평화유지군은 통상 경무장한 상태로 격렬한 적대행위 가운데 놓이게 되는데 보통 전통적 평화유지군은 군사적 충돌을 진압할 능력이 없고 자위권을 행사하는 것조차 제한되었다. 이 단계에서는 다양한 임무가 확실히 평정화(pacification)를 위해 수행된다.

한편 이 단계의 평화활동은 분쟁의 위협 하에 있는 주민을 보호하는 인도적 지원일 수도 있다. 이 시기에 병력을 파병하는 것은 국가 간 분쟁에서는 매우 드물었으나, 내전에서는 평화활동의 중요한 부분(20%)으로 나타났다(Wallensteen and Heldt 2008).

가장 두드러지게 유엔 평화유지군은 소말리아(UNOSOM II : 유엔 소말리아 임무단)와 보스니아에서의 격렬한 교전 중에 개입을 시도했으며, 수단의 아프리카연합 임무단(AMIS)은 수단에서의 대량학살을 저지시키려 노력했다. 그러나 이러한 노력들은 대체적으로 실패하고 말았다. 평화유지군이 교전을 중단시킬 수 없었고, 그들 자신이 일부 성가신 사건에 휘말리게 되었으며, 결국 목표를 눈앞에 두고 철수해야만 했다. 비록 NGO가 평화유지군과 동등 혹은 그 이상으로 인도적 지원 임무를 효과적으로 수행했는지 명확하지는 않지만, 분명 이러한 평화활동은 일부 경우에 도움이 절실했던 주민들에게 지원을 수행함으로써 다소나마 신뢰를 얻을 수 있었다.

파병전개의 가장 일반적 시기는 정전 이후인데, 이는 적대 세력들 사이의 근본적인 분쟁 해결에 앞서 이루어진다. 이것이 전통적 평화유지의 전개이다. 앞에서 제시한 전통적 평화유지에 관한 도표에서처럼 이 단계에 가장 우선시되는 임무는 정전을 유지하는 것이다. 그러나 통행지점을 개방하고 구호서비스를 제공하기 위해 현지주민과 함께 일하는 것을 포함한 다른 임무들 또한 가능하다. 1964년부터 개시된 유엔 사이프러스 평화유지군(UNFICYP) 활동을 포함하여 많은 전통적 임무가 이 틀에 부합된다. 이것은 일부 분쟁들이 결코 세 번째 단계로 넘어가지 않거나 그렇다 하더라도 아주 서서히 이동함을 보여 준다.

국제사회는 분쟁이 3단계에 이르기 전에 평화유지활동의 전개를 고려한다. 이전 분쟁단계에 개입 시 정전이 가장 우선시된다는 점은 명백하며 평화활동의 경우도 2단계(교전)에서 3단계(정전)로 빠르게 진행될 수 있다. 불행히도 보스니아(UNPROFOR : 유엔 보스니아 평화유지군)와 라이베리아(ECOMOG : 서아프리카 경제공동체 감시단)의 경험에서 보여주듯이, 이 두 단계 사이에서 혼선을 빚는 것은 매우 흔한 일이다. 평화활동이 정전 이후에 생성되는 것이 가장 바람직할 수 있지만 분명히 지불해야 할 대가가 클 것이고 정전이 교섭에 의해 적절하게 안착되리라는 보장도 없다.

평화적 해결이 있은 후인 분쟁의 마지막 단계는 어떤 의미에서 평화유지군들에게는 최선의 시간이다. 그러나 전투원들과 국제사회가 이 단계에 도달하기까지 세 가지 단계를 거치며 분투해 왔다는 사실을 명심해야 한다. 평화활동은 민주적 선거를 감시하고 평화협정의 이행을 촉구한다. 캄보디아(UNTAC : 유엔 캄보디아 과도행정기구)와 나미비아(UNTAG : 유엔 나미비아 과도지원단)에서의 활동은 자유롭고 공정한 선거를 주도한 좋은 예이다. 또한, 시나이반도의 다국적군 감시단(MFO)은 이집트와 이스라엘 사이의 평화협정에서 기인한 이스라엘의 병력 철수와 영토 반환을 감시했다.

그러나 분쟁해결 이후 평화활동이 절대적으로 안전한 것만은 아니다. 보스니아에 대한 데이턴 평화협정(Dayton Accords)처럼 어떤 합의들은 포괄적인 협정과는 거리가 있다. 이러한 상황에서의 평화활동(예 : 안정화부대 SFOR)은 분쟁의 종결 상황이라기보다는 오히려 3단계에 근접하다는 것을 자체적으로 더 잘 보여주고 있다. 다르푸르에 대한 수단 정부의 행위에서 나타났듯이 평화협정이 평화과정에 대한 정부의 약속을 보증하는 것 또한 아니다. 가장 최근에 발생한 민주화의 물결과 인종분쟁은 이 단계에서의 평화활동에 더 많은 기회를 제공해왔다. 그러나 소말리아와 보스니아에서의 실패는 많은 국가들로 하여금 국가재건과 여타 분쟁해결 이후의 임무에 있어 장기적 과업을 떠맡는 것을 꺼리게 만들고 있다. 결국 초기의 성공은 평화활동이 종료되거나 어쩌면 그 이전에라도 사라질 수 있는 근시안적 성공이다. 평화유지군이 얼마나 그들의 업무에 최선을 다했는지의 여부와 무관하게 캄보디아와 앙골라에서의 민주적 선거는 결국 평화를 증진시키지 못했다. 실제로 4단계의 마지막 부분은 안정화가 유지될 필요가 있는 1단계의 시초로서 개념화되기도 하며 향후 분쟁발발의 잠재적 대상이 될 수도 있다(Schnabel 2002).

분쟁관리와 분쟁해결에서 평화활동의 입지

분쟁관리는 일반적으로 가장 폭력적이고 원치 않는 결과를 회피하기 위한 분쟁의 완화를 의미하지만, 분쟁 당사자들 간 현안의 차이와 수반되는 적개심은 여전히 존재한다. 반면, 분쟁해결은 분쟁 당사자들이 과거 분쟁의 원인이 되었던 이해관계를 넘어 이후의 분쟁이나 폭력 또는 여타 유사한 것들이 일어날 개연성을 줄이면서 차이점을 극복했음을 암시한다. 평화활동은 분쟁관리와 해결을 증진하기 위해 고안된 많은 전략 가운데 하나이다.

평화활동을 이해하기 위하여 평화활동이 다른 분쟁관리 및 해결전략과 어떻게 연관되어 있는지를 검토하는 것은 매우 유용하다. 첫째, 평화활동은 그러한 전략에 대해 상호배타적일 필요는 없다. 실제로 평화활동은 종종 여타 접근방식들과 시너지화되도록 기획된다. 둘째, 전략들의 비교는 어떻게 평화활동이 다른 전략과 가정이나 실행에서 상이한지 이해하는 데 용이하다.

평화활동은 분쟁의 평화적 해결에 대한 철학에 공통적인 수많은 가정에 기초하거나 적어도 서로 연관되어 있다(Claude 1971 참조). 가장 두드러진 것은 분쟁의 평화적 해결에 있어 분쟁 당사자들은 분쟁을 해결하지 않기보다는 ①해결하거나, ②폭력 없이 해결하기를 원한다는 점이다. 물론 국내의 정치적 이해관계가 분쟁을 지속화하는 환경적 영향도 있지만, 대부분의 분쟁 당사자들은 이를 해결하기를 원한다. 즉, 분쟁해결의 성공은 그 해결 의지에 있다기보다 그 기저의 상황과 환경에 달려 있다고 볼 수 있다. 폭력 없는 해결을 선호하는 것은 위험과 비용을 감수해야 하며 지도자들은 지속되는 전쟁 이후, 교전 없이도 동일한 결과를 얻기 원한다는 점에서 합리적일 것이라고 추정된다. 전통적 평화유지와 같은 평화활동은 보통 분쟁 당사자들이 평화를 원한다는 가정 하에 시행된다. 많은 평화활동 임무는 정전과 자유 및 공평한 선거 실시와 같은 임무를 수행하기 위해 분쟁 당사자들의 협력에 의존하게 된다.

분쟁의 평화적 해결은 또한 무력충돌에 대한 실행 가능한 대안의 실재에 기인한다. 물론 평화활동이 본질적으로 그러한 대안은 아니며 분쟁의 영구적 해결을 위해 고안된 것도 아니다. 오히려 평화활동은 대안을 위한 공간을 제공해주기 위해 기획된 것이다. 평화활동은 평화적인 대안이 고안될 때까지 시간을 벌어주고 냉각기를 제공하기 위해 기획되기도 했다. 클로드(Claude 1971)가 언급하듯이 시간의 지연은 분쟁관리와 해결에 바람직하며, 평화활동은 현상유지, 아니면 군 병력을 활용하여 사태의 진전을 억제할 수 있다. 특히 평화활동은 분쟁의 마지막 단계에서 평화적 대안을 수행하는 역할을 한다. 이런 식으로 평화활동은 분쟁을 해결하는 과정에서 군사력의 대안으로서 여건을 조성한다.

여타 분쟁관리와 해결전략들은 대략적으로 강압 정도에 따라 배열될 수 있다(이는 제3자가 분쟁에서 활발히 혹은 주도적 역할을 하는 정도와 상관관계가 있다). 그 중 한 축이 외교적인 대안이다. 유엔헌장 제6장에서는 유용한 다른 대안의 목록을 제시한다. 여기에는 협상, 조사, 중재, 화해, 조정, 그리고 재판에 의한 해결 등을 포함한다. 이러한 각각의 전략은 고유의 특성이 있지만, 분쟁 당사자들은 현재 그들의 경쟁적 지위를 나타내려고 하기 때문에 문제해결은 당사자들에 의해 직접 혹은 권위 있는 제3자의 승인으로 이루어진다. 평화활동은 반드시 이러한 외교적 대안처럼 유사한 기능을 수행하거나 동일한 결과에 도달할 필요까지는 없다. 평화활동요원들은 중재자로서 혹은 조정과 유사한 판단의 집행에 관여할 수도 있으나, 이는 광범위한 논쟁에서 중심적인 이슈보다는 미시적인 것에 더 가깝다. 그 예로 평화유지군은 도로 검문소에서 민간인과의 논쟁에서 협상을 해야 하거나 정전협정을 위배한 쪽이 어느 쪽인지를 판단해야 할 때가 있다. 평화임무는 비록 그들이 동일한 기관(organizing agency)

을 공유한다고 하더라도 적대세력 간 근원적 분쟁을 관리하거나 해결하고자 노력하는 광범위한 외교적 활동과는 다르다. 평화구축활동은 비록 그들이 전문화된 임무를 수행하기는 하지만 보통 여타 행위자나 임무 사이에 폭넓은 통합을 근간으로 하고 있다.

평화임무에서의 활동(앞에서 설명한 임무에 대한 목록 참조)은 외교적인 전략과는 다르지만, 그러한 전략과 일치되거나 보완될 수 있다. 특히 분쟁의 3단계에서의 평화활동은 폭력적 분쟁의 발생 가능성을 줄이기 위해 기획되었다. 무엇보다도 평화활동의 성공은 외교적 대안이 마련되고 이러한 대안을 성공적으로 이끌 수 있는 적절한 환경을 조성하는 것이다. 평화협정 이후 4단계에서의 평화활동은 성공적인 외교로 촉진된 해결방안을 수행하게 된다. 이처럼 평화활동은 외교에 필수적으로 수반되는 활동이라고 보기보다는 외교를 통해 이루어지는 활동이라고 할 수 있다.

유엔헌장의 제7장은 분쟁해결전략의 스펙트럼에 있어 더욱 강압적인 전략들을 제시해준다. 경제제재는 하나 또는 그 이상의 분쟁 가담자들이 특정한 행동을 취하거나 취하지 못하도록 강제하는 것이다. 설득이나 긍정적 인센티브를 제공하는 것에 비해 강제성은 원하는 결과를 증대시킬 수 있는 기제이다. 평화활동은 임무에 따라 제재의 전략과 양립하거나 그렇지 않을 수도 있다. 앞에서 언급한 것처럼 하나의 가능한 임무가 제재의 집행이면 평화유지군은 밀수입이나 제재 조항들을 어기는 행동을 방지하기 위하여 국경지역이나 항로지역을 순찰할 수 있다.

또한, 평화활동은 두 전략이 공평성의 측면에서 상호 연관되는 범위 하에서 양립될 수도 있다. 만약 평화활동이 분쟁의 어느 한 편에 유리하도록 계획되지 않았고, 즉 공평성을 유지하고 제재 또한 다른 쪽에 비해 어느 한쪽에 편향적이지 않다면(예로 외견상 모든 당사자들에게 적용되는 무차별 살상무기의 금수조치) 목표가 분쟁을 완화하기 위한 것이라는 가정 하에 이 두 가지의 접근은 양립 혹은 상호 보완적 역할을 할 수 있다. 그러나 만일 평화활동 지원기관이 한 세력(예로 내전의 경우 정부)에 제재를 가하면서, 동시에 공평성에 부합하게 고안된 평화활동을 개시한다면 문제가 발생하게 된다. 분쟁 당사자들은 분쟁관리기관의 선입견 없는 행동과 제재 시행에서 그들의 광범위한 정치적 입장을 분별하지 못하는 경우가 많으며, 이는 보스니아에서처럼 평화유지군을 공격하게 하는 결과를 초래할 수 있다.

전략 스펙트럼의 가장 끝은 '집단안보' 규정 안에 포함되는 고도로 강압적인 기제이다. 집단안보활동은 국제적 평화와 안보를 위협하는 것에 대해 일시적 혹은 다소 장기간의 해결방안을 강구하기 위한 군사작전이다. 집단안보는 근본적으로 전통적 평화유지활동과 다르지만, 일부 새로운 평화활동은 더욱 강압적 활동의 특성을 띠기 시작했다.

군사작전과 전통적 평화유지의 차이점은 이미 앞에서 설명했다. 그러한 차이를 넘어서 집단안보는 전통적 평화유지활동과 근본적으로 다른 성향을 갖고 있다. 집단안보 활동은 분쟁을 일으킨 쪽이 침략군으로 명명된다고 가정하여 군사행동의 대상 목표가 된다[6]. 전통적 평화유지활동은 어느 분쟁 당사자

---

6) 기술적으로 최적의 집단안보시스템은 작동될 필요가 없다. 잠재적 침략자들이 잠재적 희생자를 초래하는 다른 국가들의 관측에 의해 침략적 행위를 그만두게 될 것이다. 연합된 병력을 물리치는 것이 불가능하다는 것을 알기 때문에 어떤 침략행위를 단념하게 하는 것으로 충분하다.

에게도 책임의 원인을 돌리지 않는다. 집단안보는 침략자를 격퇴하거나 패배시키기 위한 대규모 군사행동을 포함한다. 평화유지는 허용된 자위적 무력사용을 토대로 제한적인 군사행동만 할 수 있다. 집단안보는 격렬한 분쟁 발발 시 분쟁의 2단계 행동을 취할 수 있도록 기획되었고 실제로 동맹국들이 진행 중인 전쟁에 참전하게 된다. 전통적 평화유지는 역사적으로 적극적인 적대 행위가 종결되었을 때인 3단계에서 이루어졌다. 비록 어느 한 쪽도 정치적 변화를 추구하기 위해 계획되지는 않았지만, 집단안보는 분쟁발생 이전 상태로 복구시키기 위해 기획되었다. 반면, 전통적 평화유지는 평화유지활동이 전개된 시점의 현상유지이기 때문에 이는 영토의 병합이나 여타 논쟁적 문제에 대해 이전 상태와 동일하게 될 수도 있고 그렇지 않을 수도 있다. 두 전략은 지역의 영구적 변화나 분쟁해결을 위한 기제로서 평화적인 수단을 선호한다. 다른 분쟁관리와 해결의 대안과 달리 비록 평화유지활동이 집단안보에 이어 발생하지만, 전자와 후자를 동시에 수행한 모순 사례로서 NATO군이 코소보에 있는 유고슬라비아군을 성공적으로 격퇴시킨 후에 평화활동을 수행했던 예를 통해 볼 수 있다.

다음 장에서 자세히 설명하겠지만, 오랜 기간에 걸쳐 일부 평화활동은 좀 더 강압적인 임무를 수행하면서 발전해 왔으며 이는 몇몇 논평가들에 의해 유엔헌장의 '6과 2분의 1장($6\frac{1}{2}$)'이라고 명명되었다. 이것은 외교적인 접근을 명시한 유엔헌장 6장과 고도의 강압적인 행동을 보여주는 7장 사이에 있는 연속적 관계를 강조하고 있다. 이렇게 평화활동은 집단안보와 그 성격이 다르지만 부대의 규모가 증대되고 공세적인 군사행동이 수반되며, 이러한 군사행동은 하나 혹은 그 이상의 무장단체를 대상으로 전개할 수 있게 되었다.

평화활동은 국제사회에서 공인된 분쟁관리와 해결 전략의 한 방법이다. 이러한 활동은 순수한 외교적 행위로부터 집단안보활동 사이의 강압적 연속선상에서 다양한 입지를 차지하고 있다. 대부분의 경우 평화활동은 대안적 선택이라기보다는 여타 접근들에 대한 보충 혹은 보완재로서 생각되었다. 이러한 근거는 평화활동의 독특한 역사적 발전에서 기인하며 다음 장에 자세히 언급되어 있다.

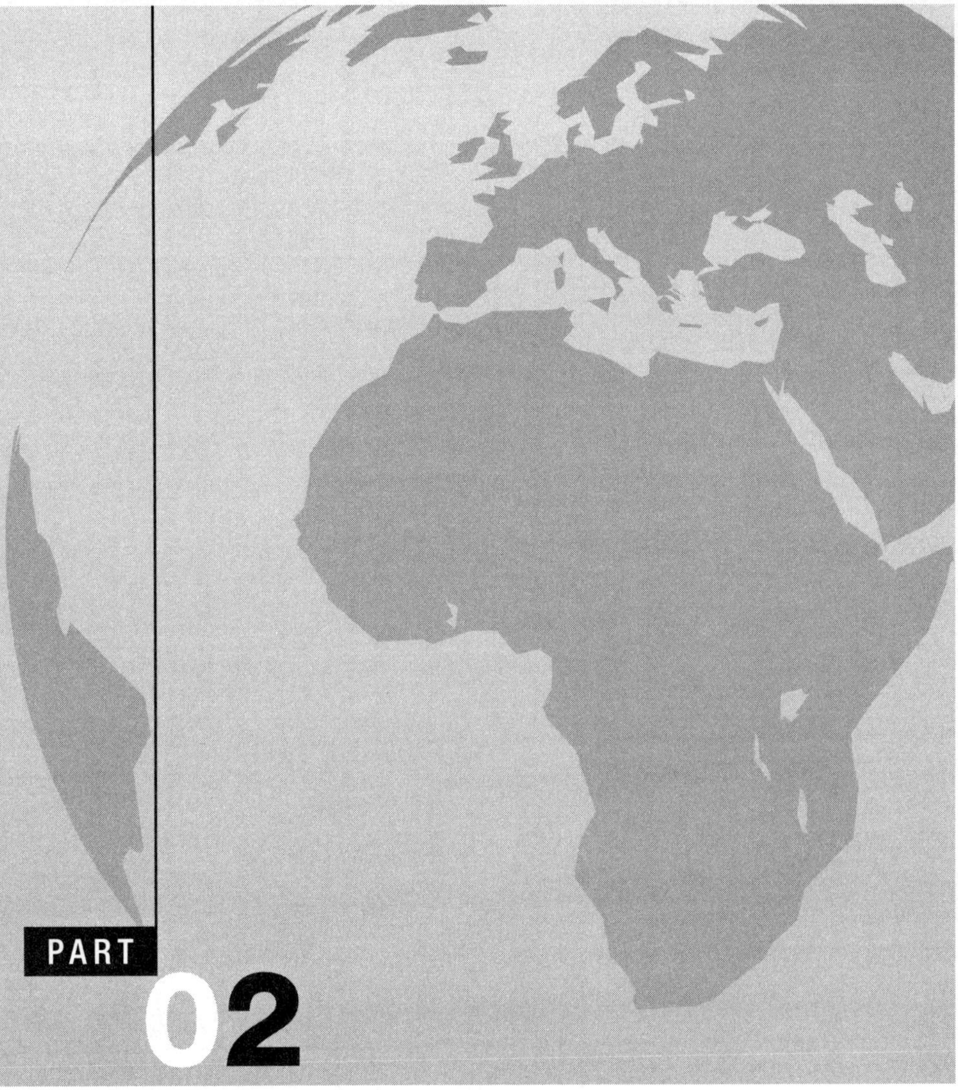

PART 02

평화활동의 역사적 발전과 성과

The Historical Evolution and Record of Peace Operations

평화활동의 역사적 발전과 성과

평화활동의 기원과 발전 과정은 주로 국제기구의 발전 경로와 유사하다. 그러나 전통적 평화유지 전략은 평화감시임무와 유엔 및 국제연맹의 집단안보 실패의 경험을 토대로 발전해왔다. 본 장에서는 평화활동의 초창기 출현에서부터 냉전 이후 평화구축의 등장에 이르기까지 평화활동의 역사적 발전과정을 살펴보고자 한다[7]. 또한 1945년 이래 수행된 평화활동을 조망하는 것으로 끝맺고자 한다.

초창기 국제사회의 노력

전쟁 및 여타 조직적 폭력이 오랜 역사를 갖는 반면, 평화를 도모하기 위한

7) 초창기 역사부분은 존스홉킨스대학교에서 출판한 딜(Diehl 1994)의 보고서 pp1~32를 요약하여 사용하였다. 평화구축의 발전부분은 『평화구축으로 가는 길 : 평화활동의 변화』를 매이슨(TD Mason)과 미어니크(JD Meernik)의 『분쟁 예방과 분쟁 이후 평화구축』에서 딜(Diehl 2006)이 요약하여 사용했다.

국제사회의 노력은 최근에 들어서야 시작되었다. 가장 오래된 국제적 수준의 집단적 군사행동의 족적은 십자군일 것이다. 십자군의 경우, 바티칸제도의 권유에 따라 이교도의 악행으로부터 '거룩한 땅'을 구하기 위해 몇몇 국가가 단결했다. 하지만 이러한 활동은 그의 후손들이 이야기하는 것처럼 평화와 안전을 회복하기 위해 계획된 것이라고 보기 어렵고, 국제 혹은 지역의 정부 간 기구에 의하여 제정된 조항에 따라 이루어진 것 또한 아니라는 사실이다.

이러한 점에서 십자군은 평화유지의 전례로 삼을 수 없다. 비록 현실화되지는 못했지만, 14세기에는 국제군 조직을 위한 협정을 포함하여 세계정부(world government)의 설립이 건의되기도 했다. 19세기 나폴레옹 전쟁 이후 평화를 유지하기 위해 주요 강대국이 함께 행동했으며(유럽협조체제, The Concert of Europe), 여기에는 다음 세기에 나타난 조직적이고 국제적인 제재행위와 어렴풋이 유사한 집단적(으로 이해될만한) 군사활동도 포함된다. 국제연맹(League of Nations) 창설 이전의 평화활동과 가장 유사한 활동은 1900년 중국 의화단 사건(the Boxer Rebellion)으로 볼 수 있다. 의화단 사건에서 폭력이 고조되고 있는 베이징에서 외교 사절을 구출하기 위해 여러 국가의 동맹군이 조직되었으나 통일된 지휘체제 하에서 작전이 수행되지는 않았다.

초창기 집단적 군사행동을 위한 국제적 노력은 여러 가지 성격을 띠고 있었다. 첫째, 그들은 특별한 임무를 위해서만 한시적으로 활동했다. 따라서 직접적인 위기상황 하에서 그리고 긴박하게 필요한 경우에만 조직되었고 그 필요성이 사라지면 해체되었다. 이러한 성격은 오늘날 국제평화활동에까지 이어지고 있다. 둘째, 한시적 조직이라는 특징 외에 초창기 활동에는 방향을 제시해 줄 전례가 없었다. 그래서 그들은 구체적인 지침 없이 행동해야 했고 국가 간 협조도 거의 이루어지지 않았다. 이러한 임무수행 환경은 20세기에 이르러서야 변화하게 되었으며, 평화활동이 병력, 부대배치, 임무수행에 있어서 과거 활동으로부터 수립된 원칙에 따라 주로 결정되는 시기였다. 마지막으로 당시에는 오늘날과 같은 국제기구가 존재하지 않았기 때문에 초창기 노력은 대부분 국제조직의 승인이나 지휘 없이 이루어졌다.

초창기 국제평화와 안보를 위한 노력은 세계 주요 강대국의 이익을 위한 활동과 다를 바 없었으며, 이러한 환경은 국제적 안보활동을 승인하고 조정하기 위해 적절한 국제적 기제를 구축해가면서 최소한 조직적으로나마 변화를 가져오게 되었다[8].

국제연맹의 교훈 : 집단안보

제1차 세계대전이 막을 내리고 이를 통해 '모든 전쟁을 종결시키기 위한 전쟁'으로 만들고자 한 국제사회의 의지는 최초의 보편적 국제기구인 국제연맹의 설립으로 이어졌다. 비록 국제연맹은 경제적, 사회적 기능도 수행했지만 이 기구의 최대 목적은 집단적 협의와 활동을 통해 국제 평화와 안전을 보장하는 것이었다. 국제연맹헌장(the League of Nations Covenant)을 입안하는 과정에서 프랑스는 군사적 제재를 국제부대가 수행하도록 제안했다. 영국과 미국대표단이 이 제안에 반대함에 따라 동 협약의 제10조와 제16조에서 제외되었다. 그럼에도 불구하고 동 조항은 넓은 범위에서 집단안보 절차의 개요를 제

8) 구드리히(Goodrich 1957)를 보시오.

시하고 있다. 즉 제10조에 의하면 '국제연맹은 외부의 침략에 대항하여 영토의 불가침성과 회원국 모두의 정치적 독립을 유지하고 존중할 책임을 갖는다. 외부의 어떠한 침략이 있을 시에 이사회(Council)는 이러한 의무를 이행하기 위한 수단을 권고해야 한다.'라고 명시되어 있다.

제10조는 국제적 안보의 위협에 대응하기 위해 국제경찰(international police force)에 자유 재량권을 주는 것과는 거리가 있다. 하지만 제16조는 침략에 대해 가능한 국제적 군사 대응을 하는 데 있어서 그나마 덜 모호한 편인데 즉, '어떤 회원국이라도 전쟁을 택한다면 결과적으로 다른 모든 회원국에 대해 전쟁을 선포하는 것으로 간주한다. 그런 경우, 이사회의 의무는 여러 관련 당사국을 권고해야 하며 육 · 해 · 공군력을 보유한 회원국들은 연맹의 헌장을 지키기 위한 병력을 공여해야 한다.'고 명시하고 있다.

이러한 규정은 국제연맹에 집단적 군사행동을 취할 합법적 권한을 부여했으며 이사회에서 처리할 수 있는 유일한 선택권이었다. 그럼에도 이러한 활동은 국제연맹의 역사적 전신이 그랬던 것처럼 필요 시에만 조직되어 임무를 수행했다. 결과적으로 아마도 군사작전은 국제연맹의 지휘 하에 혹은 실제 국제부대에 의해 수행되지 않았다. 본 조항의 용어는 상당히 모호했고 군사행동의 경우도 국제연맹의 승인을 받은 강대국의 노력이 느슨히 조율될 것이라는 충분한 정치적 이유도 있었다.

이러한 국제연맹의 집단안보를 위한 절차는 이후 동 기구의 출범 이후 10년 이상 검증되지 못했다. 1931년 일본은 만주를 침략하여 수도를 점령하자 중국은 국제연맹 이사회에 지원을 호소했다. 일본의 반대 속에 이사회는 일본군의 철수를 권고했으나, 연맹헌장 제2조 하의 더욱 단호한 조치를 위해서는 회원국의 만장일치가 필요했고 일본의 거부권 행사 가능성으로 결과는 무산될 위기에 놓여 있었다. 이런 행태는 특정 회원국에 대한 강력한 조치를 거의 불가능하게 했으며 이후 유엔 내에서 강대국들로 인해 겪게 될 유사한 어려움으로 이어지게 되었다.

국제연맹은 일본에 대한 강력한 경제적 제재 혹은 국제적 군사행동보다 그저 그 지역에서 진상조사(fact-finding mission) 임무를 승인하는 데 그쳤다. 오랜 질의과정을 거치면서 일본은 만주국(Manchukuo)이라는 괴뢰정부를 세웠으며 중국 영토를 향한 야망을 멈추지 않았다. 진상조사보고서가 국제연맹에 제출된 시기에 일본의 야망이 최고조에 달했기에 그 성과를 무효로 하기는 불가능한 일이었다. 결국 일본은 국제연맹을 탈퇴함으로써 국제연맹의 무능함을 각인시켰다.

국제연맹의 집단안보행동 기제에 대해 다음의 중요한 시험대에서도 미미한 결과를 얻는 데 그쳤다. 이탈리아는 1935년 에티오피아를 공격하여 점령했고, 국제연맹은 이탈리아에 경제적 제재를 가했다. 그러나 미국을 포함한 대부분의 연맹 회원국들은 그러한 제재를 철저하게 시행하지 못하거나 노골적으로 무시했다. 이탈리아에 대한 국제연맹의 조치가 실패했던 주요 원인은 영국과 프랑스가 북아프리카 일부 지역에 대한 이탈리아의 지배를 인정했기 때문이다. 영국과 프랑스는 이탈리아를 달램으로써 이탈리아가 아프리카대륙에서 영국과 프랑스의 이익을 인정해줄 것이라고 오판했고 아마도 독일에서 성장하던 나치세력에 대항할 동맹을 확보하는 것으로 생각했던 것이다. 국제사회가 공익이 아닌 자국의 이익을 먼저 고려하는 강대국들의 사고방식이 재차 냉전시대의 긴장과 미래 유엔의 무능을 초래하는 전조가 되었다.

국제연맹의 교훈 : 평화감시와 조사

집단안보 장치의 실패에도 불구하고 국제연맹은 여러 분쟁과 위기상황에 적극적으로 관여했다. 이러한 분쟁 가운데 국제연맹은 후에 전통적 평화유지 전략으로 진화될 일부 평화 감시 기능을 수행하기 시작했다. 국제연맹헌장은 평화감시를 언급하지 않았으나, 연맹이 '국가의 평화를 보호하기 위해 효과적인 행동을 취해야' 할 것을 승인한 제2조에서 헌장에 구체적으로 거론하지 않아 입안자들이 생각하지 않았던 행동의 가능성을 열어두었다. 나아가 제15조는 이사회에 분쟁 사실을 보고하도록 하고, 이러한 분쟁이 평화적으로 해결될 수 있도록 이사회에 권고할 수 있는 기회를 부여했다. 이 두 조항은 국제연맹이 진상조사와 감시를 병합한 임무를 수행할 수 있는 근거가 되었다.

국제연맹이 취했던 첫 번째 활동은 기구설립 초기에 시작되었다. 올란드제도(Aland Island)에 대한 스웨덴과 핀란드 간 분쟁은 국제연맹이 조사위원회를 설치하여 사건을 조사하고 논쟁에 대한 해결책을 권고했다. 언뜻 보기에 진상조사 임무는 장차 평화감시를 위한 선례가 될 수도 있었다. 사실 앞서 언급한 분쟁은 군사적 대립이 임박했거나 그럴 개연성이 있다고 할 만큼 그렇게 심각한 상황은 아니었다. 그러나 이렇게 간단한 사건이 국제연맹으로 하여금 평화적인 분쟁해결을 추구하는 데 있어 중립적인 자세를 견지하고 성공적으로 분쟁에 개입하는 선례를 남겼다. 비록 열의는 없었지만 분쟁 당사자들에 의한 진상조사 보고의 수용 역시 공정한 중재자로서 국제연맹의 명성을 얻는 데 일조했다.

1920년대 국제연맹은 여러 분쟁에 관여하게 되었다. 통상적인 방법으로 이사회에 다시 보고하도록 하는 진상조사위원회를 설치하는 것인데, 이는 올란드제도 사건에서 설립된 선례와 헌장에 명시된 전략에 따른 것이다. 국제연맹은 '상부 실레지아(Upper Silesia)'에 대한 폴란드와 독일의 분쟁에서 이 지역의 투표를 감시하기 위해 병력을 파병했다. 그러나 이들을 국제부대라고 할 수는 없었는데 왜냐하면 프랑스, 이탈리아에 이어 영국이 파병을 했고 지휘통제도 개별 국가가 행사했기 때문이다. 또한, 이들 국가들은 각 파병국이 이해관계를 갖고 있었고 분쟁의 특정 사안에 대해서만 지원했다는 점에서 중립군(neutral force)이라 할 수 없었다. 비록 이러한 활동이 이후 평화감시 임무와 유사하지는 않았지만 감시 역할에 있어 국제적으로 승인된 부대의 중요 사례로서 제시되었다.

1925년 그리스–불가리아의 위기는 국제연맹이 관여하는 또 다른 기회를 제공했으며 후에 평화감시와 평화유지 임무의 기초를 세우는 선례가 되었다. 이사회가 진상조사위원회를 승인하기 이전에 우선 정전이 성립되어야 한다고 주장했고 이어서 정전이 이루어졌다. 바로 이것이 전통적인 평화유지활동을 승인하기 위한 필수 요소가 되었다. 조사위원회의 권고사항은 군대를 철수시키고 그들을 안전한 지역에서 격리시킨 후 중립적인 감시단에 의해 감시를 받는 것이었다. 국제연맹 의장을 포함하여 분쟁 당사국과 중립국의 대표가 참여하여 정전과 관련된 문제에 대해 토의하고 적대행위가 고조되는 것을 제한하는 방안들이 논의되었다. 완충지대의 설정과 위원회의 설립은 전통적 평화유지활동을 위한 표준적 활동 절차가 되었다. 올란드제도 분쟁 직후 빌나(Vilna) 지역에 대한 폴란드와 리투아니아 사이에 더욱 심각한 분쟁이 발생했다. 이번에는 진상조사위원회의 사실판단 임무수행과 더불어 국제연맹은 임시경계선과 양 분쟁국 간 중립적인 비무장 지대를 설정하는 교섭을 이끄는 데 성공했으며 그럼으로써 국제부대 도입을 위한 물리적, 정치적 환경을 조성했다.

'상부 실레지아' 감시부대와는 반대로 비(非)이사국가들로부터 파병된 1,500명 규모의 국제부대는 분쟁 지역에 배치되어 있는 폴란드의 비정규군을 대신하여 해당 지역의 국민투표를 감시하도록 기획되었다. 그러나 유감스럽게도 그 국제부대는 이러한 역할을 수행하지 못했다. 그 이유는 첫째, 두 분쟁 당사국, 특히 리투아니아는 국제연맹의 평화유지 노력에 장애가 되었는데, 이는 분쟁 당사국의 협조가 없는 상황에서 중립적 국제분쟁 개입의 어려움(아마도 불가능)을 단적으로 보여주었다. 또한, 강대국들의 이해관계가 이사회의 조치를 국제연맹 안팎으로 더 어렵게 만들었다. 비록 이 사건은 결과적으로 전쟁을 막았다는 측면에서는 성공적이었지만, 분쟁에 관여하는 주체들의 비협조적인 태도와 강대국들의 의견 충돌로 인해 평화감시는 무산되었다. 그럼에도 불구하고 이 사례는 후에 자르(Saar) 지방에 성공적인 국제부대 전개에 디딤돌이 되었으며, 이는 오늘날 평화감시 또는 평화유지군에 가장 근접한 국제연맹의 모델이 되었다.

자르 지방에서의 국제연맹 활동은 국제평화감시부대의 최초 사례라고 할 수 있다. 또 이들은 의외의 환경에서 작전을 수행했으나 성공적으로 임무를 마쳤다. 프랑스와 독일 사이에 위치한 자르 지방은 제1차 세계대전 이후 국제관리지역으로 지정되었으며, 국민투표로 프랑스와 독일 중에서 최종적인 관할 국가가 결정될 예정이었다. 따라서 자르 지방 분쟁의 경우 해당 국가에 국제부대의 파병 동의를 받는 것은 크게 문제가 되지 않았으며 국제연맹은 해당 국가와 동등한 위치에 있었다. 그러나 독일이 부대 창설에 대해 몇 가지 적대적인 태도를 보이게 되고, 프랑스 또한 이 지역이 결국 독일에 속하게 될 것이라고 (확실히) 믿었기 때문에 국제부대창설에 완전히 협조하지는 않았다. 이와 같은 영토의 국제적 관리 사례는 수십 년 후에 동티모르에서의 유엔과 코소보에서의 나토에 의해 다시 재현되었다.

자르 부대는 영국, 이탈리아, 그리고 다른 유럽 국가들의 군으로 구성되었으며 엄밀히 말하자면 중립군이라고는 할 수 없었지만 동 부대의 지휘체계방식에 있어서는 상당한 진전을 보여 주었다. 이전의 임무단들과는 달리 여러 국가들은 지휘체계를 유지하면서도 국제부대는 선임된 지휘관을 통하여 국제연맹의 통제 하에 움직이게 되었다. 국제부대는 국민투표 이전부터 질서를 유지해야 했지만 국제치안부대로서의 기능을 하지는 못했다. 그들은 지역을 순찰했으나 위급상황에서만 조치를 취했고 지역 주민의 요구에 대응했다. 군사력은 최소한으로 유지되어야 했으며 이는 후에 평화임무에서 군사력의 사용을 제한하는 기준이 되었다. 지방 관료들과 분쟁지역 국경 부근의 거대한 독일군의 위협에도 불구하고 작전은 어떠한 폭력도 없이 성공적이었다.

자르 지방의 파병은 최초의 진정한 국제부대임을 보여줄 뿐 아니라 그 당시 지휘관이었던 브린드(Brind) 장군의 보고서는 향후 감시와 전통적 평화유지전략의 주요 항목이 될 다수의 권고안을 내포하고 있어 중요하다고 할 수 있다. 그의 권고사항 중에는 미래 평화활동에 있어서 군대는 분쟁과 직접적인 이해관계가 없는 국가에서 차출되어야 하고, 강대국 군대가 포함되지 않아야 한다고 강조했다. 브린드는 또한 소수의 군대만이 임무 완수를 위해 필요하며, 분쟁지역에서 문제를 성공적으로 다루기 위해 책임이 수반되는 직접적인 행동보다는 자르군(軍)에 윤리적인 측면에서 영향을 줄 수 있는 것이 더 중요하다고 역설했다. 이러한 두 가지 요소는 강제력의 배제를 우선시하면서도 집단안보의 조치들과는 상반되게 평화를 유지하는 데에 필요한 주요 전략을 확고히 하는 것이다. 이러한 유산은 20년 후의 평화유지활동을 통해 여실히 드러났다[9].

초창기 유엔의 교훈

분쟁중재를 위한 유엔의 규정은 국제연맹과 유사하지만, 그 내용이 더욱 명백하게 나타나 있으며 더욱 강력한 방책에 기인한다. 제1장에서 언급했듯이 유엔헌장은 군사력을 사용하여 다수의 분쟁을 해결하는 대안을 제시한다. 중재와 사법적 판결을 통한 해결 방식을 넘어 유엔은 안전보장이사회를 통해 분쟁의 원인을 조사하고(제34조) 해결 방안을 제시한다(제36, 37, 38조). 이것은 주로 국제연맹의 진상조사나 화해와 같은 활동방식이었다. 그러나 유엔이 무력을 사용할 때에는 집단적 행동을 취하기 위한 충분한 논리적 근거와 기제를 구비하고 있었다.

유엔헌장 제7장에서는 제6장에 제시되어 있는 평화적 분쟁 해결 방법이 실패할 경우 유엔 회원국이 취해야 할 방안이 제시되어 있다. 쿠웨이트 침공 이후 이라크에 가해진 제재에만 의존한다면 그 조치는 실패할 수도 있었고 그에 따라 유엔 안전보장이사회는 군사력의 사용을 승인할 터였다. 제42조에서 '유엔 안전보장이사회는 국제 평화와 안보를 유지하거나 회복하기 위해 필요한 공군, 해군, 그리고 육군에 의한 조치를 취할 수 있다.'는 집단안보에 대한 대

9) 국제연맹의 전체 역사는 놀티지(Northedge 1986)를 보시오.

안을 제시한다.

어떤 의미에서 국제적 평화와 안전에 대한 위협을 다루기 위한 유엔의 전략과 기제는 국제연맹 하에 이루어졌던 일부 성공적 측면에서 볼 때 유사점이 있다. 많은 초기의 선택권이 안전보장이사회에 집중되었고 이에 심의와 조사를 통한 분쟁의 해결을 제안했다. 집단안보의 대안은 최후의 보루였으며, 동 기구의 자율권은 이사국들에 의한 세부적인 위임을 통해 제한되었다. 놀랍게도 동 헌장은 평화감시에 대해 언급한 바가 없으며 평화유지활동도 그때까지 시작되지 않았다. 여전히 국제기구들은 강력한 수단과 외교적 방법 사이에서 행사할 수 있는 공식적인 선택권이 결핍된 상황에 있었다.

국제연맹 하에서 이사회는 제2조에 따라 특정 활동을 승인하기 위해 만장일치를 요구했으며, 이는 이사국들 중 한 국가라도 반대할 경우 시행되기가 어려웠다. 유엔 안전보장이사회의 투표체계는 거부권을 가진 5개의 상임이사국(미국, 러시아, 영국, 중국, 프랑스) 중 어느 국가도 결의안을 반대하지 않는 전제 하에 상임이사국과 비상임이사국 총 15표 중 9표를 얻어야만 행동을 취할 수 있도록 되어 있다. 따라서 유엔은 국제연맹 이사국 전원에 의한 만장일치 방식을 강대국의 동의를 얻어야 하는 요건으로 대체했다. 이는 주요 강대국이(단합된 전 지구적 행동을 위해 필요하다고 판단될 경우) 단결하여 연맹보다는 다소 쉽게 행동을 취하는 결정을 내릴 수 있도록 고안된 것이었다.

평화와 안전을 위한 조치를 승인하는 투표체계의 변화 외에도 유엔헌장은 그러한 조치를 수행하기 위한 기반을 마련했다. 첫째, 유엔헌장 제47조에 의거하여 '안전보장이사회의 재량에 맡겨진 병력의 전략적 지휘에 대한 책임을 가진' 군사 참모위원회(Military Staff Committee)의 설립을 건의했다. 비록 나중에서야 실제 지휘권이 부여되었지만, 동 위원회의 설립은 국제평화임무를 수행하는 부대에 대해 발언권을 얻기 위한 유엔의 노력 중 하나였다. 또한, 그러한 부대를 활용하고 임무를 수행하기 위한 활동의 연속성과 절차를 수립할 것도 생각했다. 동 위원회의 설립은 국제연맹이 취한 행동의 특성이었던 국가들의 한시적 노력으로부터 상당히 진일보하도록 기획되었다.

그러나 병력 공여를 위한 규정은 여전히 한시적이었다. 제43조에 따르면 '모든 유엔 회원국은 안전보장이사회의 요청에 따라 그리고 특별 협정에 따라 국제평화와 안전의 유지 목적상 필요한 병력, 원조 및 통행권을 포함한 편의를 안전보장이사회가 활용할 수 있도록 조치해야 한다.'고 명시하고 있다. 국제연맹과 유사하게 유엔은 자체적인 부대를 보유하지 않고 회원국들의 공여로 구성된 연합군에 의존해야 했으며 이렇게 구성된 부대의 지휘권은 현재 국제기구인 유엔의 통제 하에 있다. 그럼에도 불구하고 일부 국가들의 부대가 유엔 내에서 임무를 부여받은 것은 국제연맹 활동에 비해 괄목할만한 진전이었다.

유엔이 국제연맹으로부터 얻은 교훈을 바탕으로 변화를 추진했음에도 불구하고 실제 결과들을 보면 집단안보 측면에서 크게 달라진 것은 없었다. 투표 체계를 만장일치 방식에서 주요 강대국의 거부권 방식으로 변경한 것은 국제연맹 이사회의 교착상황을 영속화한 것으로서 거부권을 행사함에 따라 안전보장이사회는 주요 강대국을 대상으로 중대한 조치를 취할 수 없게 된 것이다. 안전보장이사회가 강대국이나 여타 국가의 행동을 제한하는 것은 주요 강대국들이 국제적 이해관계를 갖고 있고 그들의 분쟁이 국제평화에 가장 큰 위협을 초래한다는 점을 감안하면 이러한 제약은 상당히 중대한 것이다.

약소국의 분쟁에서 강대국에 부여된 거부권은 안전보장이사회가 조치를 취하는 데 큰 장애가 되었다. 제2차 세계대전 이후 냉전이 급격히 고조됨으로써 국제체제는 더욱더 양극화되었다. 어느 국가도 분쟁 양 강대국의 어느 한 쪽에 속하지 않는다고 감히 말할 수 없을 정도였다. 예컨대 이란과 터키의 분쟁 시 안전보장이사회는 강대국들 중 한 국가의 거부권 행사로 많은 어려움을 겪었다. 중동 지역을 포함한 여타 지역에서의 대리전(proxy war) 양상은 유엔이 강력한 조치를 취하는 것을 실제적으로 불가능하게 했다. 비록 만장일치가 요구되는 것은 아니었지만 거부권은 만장일치 방식과 유사한 효과를 가져왔고, 유엔은 평화와 안보를 위한 강력한 조치를 거의 취하지 못했다. 국제연맹의 경우와 동일한 이유로 집단안보를 수행하기 위한 더 나은 기제를 발전시키려는 유엔의 시도 역시 여전히 실패의 연속이었다. 유엔 임무수행을 위해 부대를 할당한 것은 좋은 생각이었으나 이는 병력을 공여하기 위한 최초 협상이 얼마나 성공적인가에 달려 있었다. 유감스럽게도 냉전시대의 의견 불일치는 국가들이 이러한 문제를 해결할 수 없게끔 했다. 더 나아가 군사참모위원회도 애초의 기대에 부응하지 못했다. 관리 감독할 작전이 없었고 준비된 군 병력이 없었기 때문에 동 위원회는 빠르게 휴지(休止)상태가 되었고 유엔은 결국 국제연맹이 막을 내린 자리에 다시 놓이게 되었으며, 강제 조치를 취할 의지는 물론, 기제 또한 없었다. 그러나 유엔이 평화유지로 전향하기 전에 대한민국에서 최초의 집단안보 작전을 수행하는 기회를 갖게 되었다.

1950년대 초 대한민국의 상황은 집단안보 작전을 위한 중요한 선례로 볼 수 있다. 만약 그렇지 못 했다면 평화유지 전략은 영원히 탄생하지 못했을 것이다. 대신 한국전 개입은 거의 일회성의 기적이었다. 이어지는 분쟁에서는 침략자가 그리 명확하지 않았다. 유엔이 남아프리카의 인종 차별과 같이 다소 사회적 병리현상을 해결하도록 요구받거나 내전을 다룰 때 문제는 훨씬 더 복잡해졌다. 더불어 유엔의 한국전 개입에 대한 결의안 심의가 초기에 통과될 수 있는 소련의 불참은 다시 재현되지 않았다.

설립 후 약 10년이 지난 이후에도 유엔은 국제연맹의 무능을 가져왔던 다수의 유사한 영향력들에 의해 제 기능을 발휘하지 못했다. 주요 강대국들 간 이견과 적합한 기제의 부족으로 집단안보는 재차 비현실적인 꿈이 되고 말았다. 그럼에도 불구하고 평화활동은 과거 집단안보의 실패와 초기 유엔 평화감시 임무의 성공에서 도출된 선례를 통해 빠르게 발전하게 되었다.

유엔평화감시

유엔은 국제연맹 하에 개시된 평화감시활동을 지속해왔다. 집단안보가 제대로 작동하지 않는 것이 증명되면서 이러한 임무들을 통해 새로운 국제기구들은 분쟁에 개입하게 되었고, 일부 경우에는 평화유지 하에 적용될 수 있는 지침들도 마련되었다.

제2차 세계대전 이후 그리스 내 소요상황은 평화감시를 실시하는 첫 번째 기회가 되었다. 국제연맹 때의 경험을 기초로 유엔은 진상조사 임무를 진행했다. 다만, 그리스 공산주의자들이 시민전쟁에 관여되어 있었기에 이 분쟁은 국제적 차원에서 드러난 냉전의 한 부분이라고 볼 수 있다. 안전보장이사회에서 소련의 거부권 행사로 유엔총회가 주도하여 알바니아, 유고슬라비아,

불가리아와 국경을 접하고 있는 그리스의 주둔지에 감시부대를 편성했다. 동 부대는 전통적인 평화유지군과 같이 지속적으로 감시를 수행하지 않았으나, 해외로부터 반군을 위한 군수보급을 저지하기 위해 빈번하게 검열을 실시했다. 동 임무는 그리스가 안정을 되찾았다는 점에서 대체로 성공적이었으나, 알바니아 국경과 게릴라 부대의 은밀한 유입 등에 관련한 여러 불평이 있었다. 그럼에도 불구하고 동 임무는 평화감시활동이 ①냉전시대 분쟁에서 그리고 ②국경의 한 쪽에만 부대가 배치되어 있을 때에도 제 기능을 할 수 있음을 증명했다.

유엔 최초의 정전감시 임무는 네덜란드로부터 인도네시아 독립을 지원하는 것이었다. 감시요원들은 인도네시아로부터 네덜란드군의 평화적인 철수를 협상했던 '중재(good offices)' 위원회의 결정에 따라 배치되었다. 동 평화감시활동의 주목적은 중재 노력이 성공할 수 있도록 안정된 환경을 조성하는 것에 있었다. 인도네시아의 독립을 위한 협정이 보장된 가운데 감시요원들은 향후 평화활동에서 수행해야 할 추가적인 기능이기도 했던 네덜란드군의 해산과 철수를 감시했다.

중동 지역에서 1948년에 발발한 전쟁 이후 유엔 예루살렘 정전감시단(UNTSO)은 정전을 감시하고 동의를 얻은 부대와 물자의 이동을 조사 및 감시하는 임무를 맡았다. 이런 형태의 활동은 향후 동 지역에서 평화유지활동과 유사하게 보이지만, 이런 생각은 잘못된 것이었다. 감시임무에는 소수의 요원들(약 600명)만 투입되었고, 주로 분쟁 당사국들의 문제제기에 대응하는 단순한 업무를 담당했다. 1948년 파병 후 다양한 적대 행위들이 발발했고, 이후 수에즈 분쟁 중에 이 지역에서 질서가 붕괴되었다. UNTSO는 모호한 위임명령,

요르단과 이스라엘 간 불명확한 국경, 그리고 동 지역을 통과하는 거대한 수의 난민들로 더욱 난관에 봉착했다.

유엔은 제2차 세계대전 이후 몇 년이 지나서 또 다른 분쟁지역에 감시 임무단을 파병했다. 1949년 휴전을 이끌어낸 진상조사 및 중재임무와 연계하여 유엔팀(UNMOGIP : 유엔 인도-파키스탄 정전감시단)이 인도-파키스탄 분쟁의 중심 지역인 카슈미르(Kashmir) 지방으로 병력을 파병했고 인도와 파키스탄 정규군과 함께 주둔했다. 동 감시부대는 지역 내 불만사항을 조사했고, 부대 이동 및 활동에 대한 정보를 제공했으며 지방 당국이 질서를 유지할 수 있도록 지원했다. 이 임무단은 인도가 비록 감시부대와의 협조 범위를 축소하고 동 부대의 존재를 무시해 왔음에도 불구하고 오늘날까지 동 지역에서 임무를 수행하고 있으나 카슈미르의 분쟁을 해결하는 데에 감시부대의 역할에 대한 중요성이 크게 부각되고 있지는 않다.

집단안보의 실패는 국제평화와 안보에 대한 위협을 다루는 데에서 유엔의 한계를 나타냈다. 초기 유엔의 평화감시 임무는 집단안보에 의해 노출된 미비점을 보완하기 위함이었다. 평화감시의 복합적인 성과와 수에즈 위기에 대한 새로운 도전은 유엔으로부터 새로운 전략을 도출하게 했다. 1956년의 위기에서 비로소 오늘날 우리가 아는 전통적 평화유지가 출현하게 되었다.

UNEF-I(유엔 긴급평화유지군)과 유엔 평화유지의 첫 번째 '황금시대'

수에즈 위기는 국제평화와 안보에 대한 적극적 위협에 대응하기 위한 유엔의 역할과 기제에 관한 사고에 근본적인 변화를 가져왔다. 이러한 사고의 변화는 국제사회가 훗날 평화구축 역할을 수행하기 전에 필요한 것이었다. 1956년 6월 영국은 이집트에 수에즈 운하의 통제권을 이양했다. 약 한 달 후 당시 나세르(Nasser) 이집트 대통령은 동 운하를 국유화하여 수에즈 위기를 촉발시켰다. 유엔을 포함한 여타 국가의 외교적 노력으로 이스라엘, 이집트, 영국, 프랑스 사이의 의견 대립을 해결할 수 없었다. 유엔 안전보장이사회는 소련이 타협적인 결의안은 물론 친서방적인 것으로 간주될만한 의안들에 대해 거부권을 행사하면서 마비되어 버렸다. 10월 29일 이스라엘은 이집트를 침공했고 이는 제1차 전쟁을 겪은 후 10년이 지나 제2차 아랍-이스라엘 전쟁으로 이어졌다. 전쟁이 시작되어 하루가 경과한 후 영국과 프랑스는 이집트와 이스라엘에 운하로부터 부대 철수를 요구하면서, 그 공석은 영국과 프랑스 군으로 채워 자유통행을 보장하겠다는 최후통첩을 보냈다. 이집트는 이러한 최후통첩을 거부했다.

안전보장이사회가 제 기능을 하지 못하자 유엔총회도 평화감시 임무가 현 상황 하에 적절치 않다는 결론을 내렸으며, 집단적 강제조치도 정치적 측면에서 불가능하게 되었다. 거기에다 영국과 프랑스는 자국부대를 철수시키기 전에 일종의 국제치안군 파병을 요청했다. 1956년 11월 4일 유엔총회는 중대한 결의안 제998호를 통과시켜 사무총장에게 수에즈 지역에 파병할 유엔부대의 창설 권한을 승인했다.

구체적으로 제1차 유엔 긴급평화유지군(UNEF-1)은 수에즈 지역의 부대 간 휴전과 철수를 감시하는 임무를 맡았다. 후에 UNEF는 아랍과 이스라엘 군의 충돌 사이에서 완충 역할을 수행했다. 중요한 것은 UNEF의 임무가 이러한 기능에 제한되었다는 점이다. UNEF는 평화감시와 종종 결부되었던 진상조사나 조정 기능과는 다르게 운하의 관리에 수반되는 세부적인 협상이나 운하를 재개하는 데 필요한 역할을 충분히 수행하지 못했다. 비록 UNEF-1은 위임명령 측면에서 보면 제한적이기는 했으나 많은 발전이 있었다. 즉, 무장한 국제부대의 군인들이 부대병력 철수를 감시하는 것을 포함하여 국가 간 분쟁에서 특정 임무를 수행했다는 점이다.

1956년부터 1978년까지의 기간은 평화유지의 첫 번째 '황금시대'로 널리 알려져 있다. 이유는 바로 냉전시기 동안 이 시기에 가장 많은 평화유지활동이 승인되었기 때문이다. 이 기간 동안 유엔은 10개의 새로운 평화유지 혹은 감시 임무를 세계 여러 지역에서 전개했다. 비록 일부 특정 지역은 제외되었지만 전통적 평화유지와 감시는 국제사회가 평화와 안전에 대한 위협에 대응하기 위한 강력한 작전수행 방법이었다.

콩고에서의 활동(다음 항목 참조)을 제외한 이 시기 대다수의 평화유지활동은 현대 평화구축활동과는 다르지만 여러 공통점을 가지고 있었다. 당시 활동은 평화정착 이전에 휴전 명령이 내려진 이후 수행되었으며, 이는 초기의 평화감시 임무 성격과 유사했다. 유엔은 여전히 예방의 기제에 초점을 두지 않았다. 따라서 평화유지부대의 임무는 매우 제한적이었다. 전통적 평화유지군은 군사적 교전을 방지하기 위해 분쟁 가담자들을 격리시키며 중재자 역할을 수행했다. 또한, 이들은 휴전을 감시했고 이 과정에서 일어나는 모든 분쟁을 해결하기 위해 노력했다. 즉 이동로 확보, 지역 주민을 대상으로 한 의료 지원 등 추가적인 활동 또한 수행했지만, 이는 유엔 안전보장이사회에 의해 승인된 위임명령의 일부가 아니었기에 전적으로 부수적인 것이었다. 전통적 평화유지활동은 이후에 나타난 평화구축활동과 달리 오로지 국가 간의 분쟁에서만 전개되었다.

첫 번째 황금시대의 전통적 평화유지활동은 평화구축 임무와 많은 차이가 있었음에도 불구하고 전자의 어떠한 역할이 후자에 영향을 미치게 되었는가 하는 점에서 확실한 것은 평화유지요원이 수행했던 과업은 아니라는 것이다. 오히려 이러한 일련의 활동은 국제사회가 국제분쟁에 개입하는 규범을 관례화시키고 적법화한 것이었다. 집단안보행위는 소멸해가고 있었으며 평화감시 임무는 여전히 빈번하게 발생하지 않았다. 양 강대국들이 직접적으로 개입되지 않았음에도 전통적 평화유지는 국제적인 평화 위협에 대한 기본적인 대응방법이 되었다. (경무장 및 공평성을 견지한 부대라는) 전통적 활동의 기본적 특징은 새로운 평화에 대한 위협이 나타남에 따라 변화되었다. 중요한 점은 평화구축활동이 새롭게 만들어진 것이라기보다 전통적 평화유지의 전형에서 파생되었다는 것이다.

아마도 전통적인 평화유지활동 기준의 가장 뚜렷한 예외는 1960년부터 1964년까지의 유엔 콩고 임무단(ONUC)일 것이다. 이는 동시대 여타 활동들과 매우 다르게 시행되었으며, 후에 평화구축활동의 전조가 되었다. 그러나 ONUC는 일부 선례를 보여줄 뿐만 아니라 평화구축 임무로 진행되어 가는 초기의 진행에 방해가 되기도 한 역설적 효과를 가져왔다.

콩고 평화활동 : 최초의 평화구축활동인가?

ONUC는 여러 측면에서 동시대의 평화유지 임무와 매우 상이한 활동이었다[10). 독립 이후 콩고의 법과 질서의 붕괴는 벨기에 정부가 자국민을 보호하기 위하여 군대를 파병하는 요인이 되었다. 동시에 카탕가(Katanga) 지역은 벨기에의 도움을 받아 콩고로부터 독립을 선언했다. 유엔은 ONUC를 조직하여 콩고의 영토주권을 확고히 하고, 법질서의 회복을 지원하며 벨기에군의 철수 감시를 지원하기 위해 콩고의 수도에 병력을 파병했다. ONUC는 평화정착 이후가 아닌 교전 중에 배치되었다. 그럼에도 불구하고 동 활동은 (감시단과 반대되는) 유엔 평화유지부대가 내전에 투입된 첫 번째 사례가 되었다. 과거 평화활동은 국가 간 분쟁에만 주로 전개되는 것으로 제한되었다. 예외로 탈(脫)식민지화를 포함하는 혼재된 사건들도 있었지만 이러한 것들은 여전히 현존하는 국가들이 관련되어 있었다. 콩고 활동 또한 탈(脫)식민지화 상황이었으며 벨기에군의 주둔은 유엔 개입의 동기가 되었다. 그러나 유엔군은 벨기에군의 철수 이후에도 콩고에 계속 주둔했고 카탕가를 비롯한 국가 전 지역을 통제하기 위해 서로 다른 파벌 간의 분쟁에 직접적으로 개입하게 되었다. 국내 분쟁에 개입하는 것은 오늘날 평화구축의 가장 기본적인 정황이지만 당시의 콩고 활동은 전례 없는 일이었으며 배타적인 국가주권의 원칙을 침해하는 것으로 비춰지는 국제적 행위의 장을 열어주었다.

ONUC가 수행한 초기, 그리고 이어지는 활동의 상당 부분이 오늘날 평화구축활동과 유사하며 휴전을 감시하는 전통적 평화유지의 협의의 위임명령

---

10) 좀 더 세부적인 정보를 원하면 제임스(James 1994)를 보시오.

과도 거리가 있다. 첫째, ONUC 부대는 카탕가에 배치되어 질서를 회복시키고 벨기에 부대의 철수를 촉구하는 임무를 맡았다. 이는 평화유지군이 지방군벌의 무장해제를 감시하고 일부 민간경찰의 기능을 수행했던 평화구축활동과 비슷했다.

내전이 카탕가 지역을 넘어 전국적으로 확산되자 ONUC 임무는 콩고의회를 재소집하는 것을 포함하여 더욱 확대되었다. 개정된 위임명령은 유엔에 전면적인 내전에 대비해 공세적인 군사력을 최후의 수단으로 사용할 수 있도록 허용했다. 유엔은 적대적인 두 파벌 간 평화를 이룩할 수 있는 활로를 찾기 위해 조정위원회(conciliation commission)를 수립했다. ONUC는 두 파벌 사이에 휴전뿐만 아니라 콩고를 위한 새로운 연합정부를 수립하는 협약을 성사시켰다. 제한적이었지만 ONUC는 유엔부대 철수 이후 국가를 운영하기 위한 정부 수립을 지원했으며 이는 이후의 평화구축활동에서도 역시 시도되었다. 카탕가가 여전히 소요상황에 있자 유엔은 ONUC의 위임명령을 더욱 확대하여 카탕가를 통제하기 위해 군사력을 포함하여 필요한 모든 수단과 방법을 사용하도록 승인했다. ONUC는 카탕가에서 공세적인 군사 활동을 전개했고 대부분의 지역을 제압했다. 유엔은 이후의 평화구축활동에서도 그랬던 것처럼 결코 정부조직을 운영하거나 관련 서비스를 제공하지 않았음에도 불구하고 ONUC는 평화협정이 최종적으로 체결되고 1964년 중앙정부가 ONUC로부터 전권을 이양받을 만큼 견고해질 때까지 현지의 질서 확립에 있어 주요 메커니즘이었다.

어떤 면에서 ONUC는 선례를 확립하는 활동이었다. ONUC는 유엔이 내전에 관여할 수 있는 계기를 마련했고 유엔 평화유지요원은 휴전협상 및 감시와 관련된 한계를 훨씬 능가하는 역할들을 수행할 수 있도록 했다. 이러한 활동의 다수는 오늘날 우리가 평화구축과 연계된 활동들의 단면을 보여준다. 그럼에도 불구하고 콩고작전에 대한 미국과 소련, 프랑스와 같은 강대국들의 불화와 아프리카 신생 독립국들의 반발은 유엔과 초기 아프리카 통일기구(Organization of African Unity)로 하여금 콩고 활동을 그대로 다른 내전에 대입하려는 것을 저지했다. 사실 유엔이 내전이나 준(準)평화구축활동과 관련된 평화유지에 다시 모험을 하기까지는 거의 25년의 세월이 걸렸다.

'잃어버린 10년'과 냉전의 종식

만약 제1차 유엔 긴급평화유지군(UNEF-1)의 시작부터 유엔 레바논 평화유지군(UNIFIL : 1978년에 승인된 레바논 주둔 유엔 임시군)이 남부 레바논에 투입되는 시기까지가 유엔 평화유지 활동의 첫 번째 황금기라고 한다면, 그 후 10년(1979~88)은 '잃어버린 10년'이라고 명명할 수 있다. 이 기간 동안 신규 유엔 평화활동이 단 한 건도 전개되지 않았기 때문에 많은 사람들도 이 시기를 일반적으로 평화유지활동의 정체기로 간주한다. 그러나 이런 표현이 적절치 않은 이유는 사이프러스와 중동에서 이전에 승인되었던 평화활동이 지속적으로 운용되고 있었으며 분쟁 감소에 대부분 성공적이었기 때문이다. 그럼에도 불구하고 향후 광범위한 평화구축활동의 발전을 예측하는 사람은 거의 없었다.

잃어버린 10년은 여러 가지 다른 요인에 기인한다고 할 수 있다. 첫째, 소위 평화활동에 대한 요구가 승인될만한 가능성이 매우 희박한 분쟁에서 비롯되었다. 아프가니스탄, 파나마, 그라나다와 기타 초강대국들이 직접 관여된 지역에서의 분쟁처럼, 전통적 평화유지는 대개 초강대국의 세력범위 내 분쟁에서 제외되었다. 둘째, 분쟁 중인 지역(인도-파키스탄, 아랍-이스라엘)은 이미 하나 또는 그 이상의 유엔 평화유지 및 감시 임무가 수행 중이었다. 셋째, 1980년 초기에 재현된 냉전의 긴장과 당시 활동에 대한 불만으로 이 시기의 평화유지가 매력적인 선택으로 각광받지 못하게 되었다.

1980년 후반기에 접어들면서 이러한 정체(logjam)가 풀리게 되고 그 후 20년간 수많은 유엔 평화활동이 나타나게 되었다. 가장 두드러지게 나미비아(Namibia)나 또는 다른 지역에서처럼 선거감시를 포함한 새로운 모험들을 통해 평화활동의 발전에 대한 주장이 대두되었다. 이는 국제연맹이 과거 국민투표를 관리했던 경험이 있었기 때문에 완전히 새로운 개념은 아니었다. 그럼에도 이러한 활동들은 평화구축활동을 수립하는 매개 역할을 했다.

유엔 나미비아 과도지원단(UNTAG)은 제한적이기는 하지만 앞에서 언급한 것처럼 평화구축의 특징을 가지고 있었다. 첫째, UNTAG는 여러 그룹들(현지 단체들과 남아공 정부) 간의 평화협상 이후 분쟁의 제4단계에서 전개되었다. 지금까지 평화활동은 평화조성이 이루어지기 전에 발생되었다. 이제 파견부대는 최초 단계 또는 더욱 확장된 평화구축활동의 선결조건인 협정의 이행에 대한 책임을 부여받았다. 둘째, UNTAG는 평화구축과 관련된 무장해제를 모니터링하고, 선거 과정을 감시하는 등 평화구축과 관련된 여러 활동에 개입했다. 그러나 이후의 평화구축과는 달리 UNTAG는 이러한 기능에 대해 완전한 통제권을 갖지는 못했다. 소수로 구성된 부대(약 4천 명)는 병력들의 움직임과 송환을 감시하기에 불충분했다. 게다가 남아공군은 선거 당일뿐 아니라 선거 절차의 일정 부분에서도 국가에 걸쳐 일정 부분의 통제력을 유지하고 있었다.

또한, 나미비아의 상황은 전적으로 국가 내 분쟁이라기보다는 내전뿐 아니라 탈식민지화와 외국의 개입 등과 같은 여러 문제들이 복합적으로 얽혀 있었다. 그리고 모든 분쟁 당사자들이 평화구축 임무보다는 전통적 평화유지와 유사한 활동에 동의했다. 이처럼 많은 문제점에도 불구하고 사람들은 나미비아의 선거결과가 자유롭고 공정했다고 보았고 이러한 이유 때문에 국제적 의사 결정권자들은 향후 활동에서도 이러한 역할을 반복하고 확장할 것을 추구했다.

나미비아의 성공은 유사한 활동, 때로는 좀 더 확장된 활동들을 전개하는 계기가 되었다. 1989년과 1990년, 유엔 중앙아메리카 감시단(ONUCA)은 니카라과(Nicaragua)의 선거 전후 반군의 군사적 철수(disengagement)를 감시했다. 이러한 임무들 중 가장 중요한 활동은 유엔 캄보디아 과도행정기구(UNTAC)이었다. 명칭에서 알 수 있듯이 활동에 부여된 광범위한 권한과 기능을 가지고 있다. 나미비아에서의 활동과 같이 UNTAC는 국제전 성격의 내전 이후 안정화 임무를 띠었으며 활동의 주임무는 선거를 감시하는 것이었으나 여러 분쟁 가담자의 무장해제 감시도 수반되었다. 그럼에도 불구하고 UNTAC는 그것이 내포하는 여타 특성으로 인해 현대적 평화구축을 향한 또 다른 점진적인 단계의 일환이 되었다.

UNTAC는 단순히 수동적인 방식으로 선거를 모니터링하지 않았다. UNTAC는 난민들을 안전하게 송환하고, 법과 질서를 유지하며, 일부는 정부의 역할을 수행하는 위임명령을 갖고 있었다. 또한, 그들은 단순히 선거 당일 부정행위를 보고하고 방지하는 것뿐만 아니라 선거제도를 수립하고 유권자를 등록시키며, 선거를 진행하는 권한도 부여받았다. 오늘날 평화구축활동과 많은 유사점을 가지고 있으면서 UNTAC는 7,000여 명의 추가적인 유엔 요원들이 보충되었으며, 가장 두드러진 특징은 현지경찰을 감시하고 인권위반을 조사하는 민간 경찰(civilian police)의 임무도 더불어 수행했다는 점이다.

평화유지의 종말로 보였던 1978년의 상황이 10~15년 후에는 두 번째 황금시대로 이어졌다. '평화구축'이 아직 새로운 방식의 평화유지를 정의하는 용어는 아니었으나 평화구축의 많은 양상이 이미 캄보디아 활동 때 나타나게 되었다. 그러나 평화구축은 소말리아 임무와 일부 탈냉전기의 활동과 더불어 결실을 맺게 된다.

소말리아와 평화구축의 시작

'평화구축'이라는 용어가 처음 사용된 것은 1992년 부트로스 갈리가 공표했던 『평화를 위한 과제(*agenda for peace*)』의 초판으로 거슬러 올라간다. 이 책에서 부트로스 갈리가 평화구축이라는 신조어를 만들었으며 그는 평화구축 활동에 대해 일부 설명했고 평화구축을 전통적 평화유지나 평화조성과 같은 여타 평화활동과 구별했다(제1장 참조). 일부 평화구축 요소들은 1992년 이전부터 있었지만 많은 이들이 소말리아에서 미국과 유엔의 활동을 최초의 실제적인 평화구축 활동이라고 보고 있다. 다른 활동들, 예를 들면 임무가 확장된 보스니아와 아이티에서도 평화구축 활동이 이어졌다고 볼 수 있지만, 소말리아에서의 활동이 평화구축을 위한 획기적인 사건이었다. 1992년 소말리아의 국가 질서가 붕괴되고 심각한 인도주의적 위기가 발생하자 이에 대응하고자 유엔 소말리아 임무단(UNOSOM)이 처음으로 배치되었다. 제1단계 UNOSOM 활동이 희망회복작전(Operation Restore Hope)으로 대체되었으며, 이는 주민들에게 음식물과 의약품 보급을 분배하기 위해 계획된 미국 주도의 군사작전이었다. 제2차 유엔 소말리아 임무단(UNOSOM II)은 1993년에 전개되었고 미국 주도의 활동으로부터 유엔 지휘의 활동으로 평화유지와 구호 임무를 용이하게 하는 것이 임무였으며, 유엔 평화유지요원이 마지막으로 철수한 1995년까지 유지되었다.

소말리아에서의 미국과 유엔의 노력은 나미비아와 캄보디아에서의 선거감시 임무 그 이상이었고 선거과정에는 전혀 개입하지 않았다. 첫째, 소말리아의 위기는 순전히 내부적인 문제로 어떤 국가도 소말리아에 군사적으로 개입하지 않았고, 국제평화와 안보에 큰 위협의 책임도 없었다. 나미비아와 캄보디아에서 초기 활동은 주변 강대국들의 관여(국가 간 분쟁의 요소)가 포함되어 있었으며 그 결과 이러한 분쟁에 대한 국제적인 대응은 그들 유인책의 일부로서 지역 안보를 가져왔다. 난민에 대한 일부 문제를 제외하고는 소말리아 분쟁과 관련된 '부정적 외부 효과(negative externalities)'의 문제는 거의 발생하지 않았다. 사실 소말리아의 붕괴는 그들의 군사적 적수인 에티오피아와 경쟁을 중단시키는 바람직한 효과를 가져왔다.

둘째, 연관된 문제이기는 하지만 소말리아의 위기는 주로 인도주의적인 것이었다. 즉 국제사회는 전통적 안보의 문제에서라기보다는 '인간 안보(human security)'에 대한 문제가 동기가 되었다. 대체로 평화구축 전략들이 이러한 동기와 일치했다. 반면, 지금까지 평화구축의 산물이었던 중재 부대가 개입하고 선거를 감시하는 등의 임무는 소말리아에서 발생하고 있는 어려움을 거의 해결할 수 없었다.

셋째, 소말리아에서 활동은 당사국 정부의 동의 없이 이루어졌으며 가장 큰 이유는 국가붕괴 상태에서 유엔의 활동을 동의할만한 정부 자체가 없었기 때문이다.

넷째, 소말리아의 활동은 좀 더 개입 위주의(intrusive) 평화구축 활동의 계기가 되었으며 아마도 소말리아 내 중앙정부의 권한 부재가 원인이 되었다. 이러한 활동에는 긴급구호(식량과 의약품 배분)뿐 아니라 국가의 법과 질서를 확립하려는 노력들도 포함되었다. 서로 다른 파벌 간을 화해시키려는 노력은 이러한 대형 임무 중의 한 부분이었다. 또한 유엔의 활동이 이전까지의 평화활동에서는 흔치 않았고 일반적으로 순수한 인도적 지원활동의 전형이었던 비정부기구(NGO)와의 조정도 확대되었다.

평화활동의 진화는 소말리아 이후 계속되었다. 평화유지의 두 번째 황금시대는 르완다에서의 인종 대량학살 이후 유엔과 유엔 회원국들이 이를 막는 데 실패하면서 막을 내리게 되었다. 그럼에도 르완다 내전은 유엔 회원국들이 분쟁에 개입하는 것을 아예 꺼리거나 특정한 여건이 갖춰진 후에야 개입하는 효과를 가져오게 되었다. 예를 들면 안전보장이사회가 1990년대 콩고와 수단의 다르푸르(Darfur)에서 이 지역이 안정을 되찾을 때까지 병력파견을 승인할 의지가 없었다는 것으로 알 수 있다. 하지만 이러한 활동의 축소에 있어 이미 승인된 활동에 부여된 평화구축의 임무를 축소하는 것은 포함되지 않았다.

평화구축의 발전요인

평화활동의 발전은 이전에 보였던 많은 선례들과 더불어 이루어진 진화 과정의 결과였다. 그럼에도 불구하고 평화구축은 1990년대에 와서야 비로소 활성화되었으며 따라서 평화구축이 그 당시에 그리고 왜 그렇게 빈번했는지 의문이 제기된다. 여기에는 여러 가지 설명이 있을 수 있으며 여러 가지 요인이 명시적이거나 암시적으로 연관되어 있다[11].

평화구축의 도래에 대한 가장 일반적인 설명은 관례적으로 1989년(고정된 시점이기보다 과정으로 이해됨) 발생한 냉전의 종식이다. 앞에서 지적한 역사적 사실과 하단에서 역사적 경향으로 설명하겠지만 평화활동은 이 시기 이후 극적인 변화를 겪게 되었다. 냉전의 종식은 강대국들이 다른 나라에 제공하던 원조를 감축하고, 내전의 개입을 꺼렸던 것과 연관이 있으며, 결과적으로 이러한 공백이 강대국들에 의해 '버려진(dumped)' 분쟁을 다룰 수 있는 더욱 확장된 평화활동의 장을 열어주었다. 강대국들 간 경쟁이 완화되면서 역사적으로 평화활동의 수와 범위를 제한해 왔던 안전보장이사회 내의 교착상태가 타파되었다.

냉전 종식은 평화활동의 임무 확장보다는 평화활동의 수에서 극적인 증가를 통해 잘 설명해주고 있다. 안전보장이사회의 상임이사국 일부와 전반적인 국제사회의 강력한 의지가 있었고 이는 유엔(점차적으로 다른 국제기구들)으로 하여금 분쟁을 관리하도록 했다. 그러나 평화활동에 부여한 새로운 기능은 과

---

11) 말론(Malone 2000)과 웨르메스터(Wermester 2000), 파리스(Paris 2004), 탈렌티노(Talentino 2004)를 보시오.

거 강대국들에 의해 수행되었던 임무가 아니고 유사한 문제들을 다뤘던 강대국들에 의해 제공된 원조사업 또한 아니었다. 냉전의 종식으로 평화활동에서 더 많은 임무를 수행할 수 있는 기회는 마련되었지만, 국제체재에서 이러한 특정한 변화가 평화활동에서의 임무 확장을 필수적으로 설명하는 것은 아니다.

두 번째 설명은 균등화에 대한 수요 측면에 초점을 맞춘 것으로, 즉 평화구축은 1990년대 국제평화와 안보에 대한 대부분의 위협과 그 외에 실패 국가들(failed states)을 포함한 내전으로 인해 생성되었다는 것이다. 내전이 국가 간 분쟁보다 더 빈번히 발생해왔다는 명백한 경험적 증거(Hewitt 외 2008)가 있으며 실패한 혹은 붕괴된 국가들은 사실 최근의 현상이기도 하다. 그러나 유엔이나 지역기구, 다른 기구들은 모든 비상사태에 대해 자동적으로 대응하지는 않았다. 평화구축활동이 국제사회의 선택 가능한 대안 가운데 단지 일부였던 것처럼 비상사태에 대한 대응방식은 실제적으로 다양했다. 분명히 평화구축은 지난 20년 동안 발생한 분쟁이 없었더라면 발생하지 않았을 수도 있다. 여전히 행동의 선택은 여타 해설에 의해 더 정확하게 설명될 수 있다.

최근에 학자들은 평화구축의 생성을 설명하기 위해 두 가지, 즉 대략적으로 규범적 변화와 글로벌화에 각각 근거한 상호 연계된 설명을 강조하고 있다. 규범적인 변화의 논지에는 몇 가지 이견이 있다. 파리스(Paris 2004)는 자유주의적 이념이 평화구축활동을 이끄는 힘이라고 주장했다. 민주주의의 고양과 시장개방은 국가들이 국제사회의 평화롭고 생산성 높은 구성원이 되도록 국가를 변화시킨다는 것이다. 이것은 평화적 분쟁해결을 위한 활동의 체계로서 평화구축의 개념과 일치하는 것이다. 물론 자유주의에 대한 합의는 냉전이 종식되고 나서야 세계적인 현상이 되었다.

다소 다른 규범적 논의는 개인이나 인권, 국가의 정당성에 대한 문제에서 변화와 국가주권의 힘을 쇠퇴시키는 현상들이 있었다는 사고에 기초를 이루고 있다. 인도적 개입에 대한 기준이 수립되었으며 국제사회는 악행(wrongdoing)을 시정하는 조치를 취해야 할 의무를 가지고 있다는 것이다(Weiss 2007). 이런 맥락에서 평화구축활동이 군사적 개입의 타당한 연장선 상에 있지만 그것으로 직면한 모든 문제를 해결할 수는 없다. 이 접근법은 세계적인 민주화를 중요한 요소로서 인정하지만 국제 인도적 규범을 더욱 강조한다.

야콥슨(Jakobson 2002)은 평화구축이 발흥하게 된 중심적 원인으로서 글로벌화를 활용한 통합적 논의를 하고 있으며 그는 글로벌화의 힘이 냉전종식과 평화활동의 변화를 연결시킬 수 있는 중요한 매개변수라고 주장했다. 비록 그가 설명하고 있는 글로벌화가 다소 모호하기는 하지만, 그는 다른 학자들이 인용했던 인권과 민주주의 영역에서 글로벌화가 규범적 변화를 양산했다고 주장했다. 그러나 그는 국제체제에서의 경제적 자유주의와 이에 수반된 경제적 원조사업의 조건부 제약이 저개발국가의 지속적인 분쟁과 국가실패를 유발한다고 주장해왔다. 또한, 글로벌화는 인간의 고통에 대한 매스컴의 보도를 증대시켰고 이로써 그러한 문제들을 해결하기 위한 개입과 조치에 대한 압력을 행사했다는 것이다.

강력한(Robust) 평화유지와 질서 확립을 위한 노력

평화활동 환경의 어려운 임무들과 더불어 법과 질서의 붕괴로 나타난 치안의 부재는 장기적 목표를 달성하는 데 있어서 더 많은 역량을 요구하고 임무

수행을 더욱 복잡하게 만들었다. 경제 발전과 인권 보장, 그리고 화해는 범죄 행위, 테러, 여타 폭력행위들이 여전히 만연할 때 위협을 받게 된다. 평화활동이 점차 내전상황에서 더 많이 전개되고 평화구축의 임무들이 부여되면서 질서 문제는 더욱더 심각해졌다. 전통적 평화유지활동이 평화구축으로 상당히 진화된 만큼, 평화구축활동은 질서유지의 요구를 충족시키도록 조절되어야 했다. '치안 우선(Security first)'이 일부 임무단에서 우선순위가 되자 두 가지 눈에 띄는 적응방안이 일부 탈냉전 평화활동에서 만들어졌으며, 바로 국제민간경찰(CIVPOL)과 '강력한' 평화유지의 병합이다.

CIVPOL은 문제를 해결할 자체적인 능력이 결핍된 당사국의 법질서 붕괴에 대응하기 위해 평화활동에 통합되었다. CIVPOL 대원들은 보통 호주 연방 경찰청과 같이 각 국가의 경찰에서 선발되며 다양한 임무를 수행한다. 초기 탈냉전 시기에 시작된 CIVPOL은 제한된 역할을 수행했다(Hartz 1999). 그들은 지역 내 치안 활동을 감시했고, 위험상황을 관련 당국에 보고하며 주둔국 경찰들에 대한 자문과 훈련을 시행했다. 현지 정부 또는 아예 현지 정부가 없는 실패 국가의 경우에도 그들 자체의 능력으로 질서를 유지할 수 없기 때문에 일부 경우에는 CIVPOL의 이러한 수동적인 역할로는 불충분했다. 따라서 CIVPOL의 위임명령은 체포와 필요 시 강력한 무력을 사용할 수 있는 강력한 권한을 허가하도록 확장되었고 코소보에서 처음으로 허용되었다. CIVPOL은 제 기능을 하는 법원을 포함하여 제대로 된 형법체계를 복원하거나 수립하기 위한 광범위한 전략의 일환이었다. 2006년을 기준으로 유엔 평화활동에 배치된 요원 중 10%가 CIVPOL 소속이었으며, 이는 현대의 평화활동 임무에서 CIVPOL이 점차 더 중요해지고 있음을 단적으로 보여주는 사례라고 볼 수 있다.

평화구축 활동은 특정 분쟁의 경우에 질서를 유지할 엄두를 내지 못했으며, 이는 애초에 질서가 존재하지 않았거나 경찰력에 의해 진압할 수 없을 정도의 무장폭력에 의해 심각하게 훼손되었기 때문이다. 시에라리온과 아프가니스탄에 만연한 폭력이 이 점을 잘 나타낸다. 이러한 상황에서는 다른 평화유지 전략이 필수적이며, 유엔 평화유지활동국의 장마리 게노(Jean-Marie Guehenno) 사무차장은 "부대 전개 시 분쟁에 관여하는 집단이 폭력을 사용하려 할 때 강하게 제압할 수 있도록 해당 부대의 전투력이 충분해야 한다."고 언급했다(UN Embraces 18).

강력한 평화유지는 평화활동 시 무력 사용의 범위를 더 강압적인 목적으로 사용할 수 있도록 했다. 따라서 강력한 평화유지는 기본적인 활동보다 큰 규모의 부대가 필요했으며, 이들은 더욱 뛰어난 전투 능력과 함께 전통적 평화유지군이 소지했던 소총이나 휴대무기를 능가하는 개선된 무기를 갖추게 되었다. 교전규칙 또한 더욱 폭넓게 허용되어 병사들이 필요 시 그들의 임무 수행을 위하여 무력을 사용할 수 있도록 허가했으나 분쟁 가담자들이 교전을 재개하기로 결정할 경우 전쟁의 재발을 막을 정도는 아니었다. 오히려 강력한 평화유지군은 (소외그룹, 테러분자 등) 방해자들이 평화과정을 훼손하기 위한 폭력 사용을 억제하는 것에 중점을 두었다. 또한 평화유지군은 르완다와 보스니아의 경우와 같이 민간인을 대상으로 한 대량학살을 저지하거나 중단시키는 임무를 맡기도 했다.

평화유지활동 '3대 원칙'의 변화

앞에서 언급한 바와 같이 전통적 평화유지는 당사국의 동의, 공평성, 그리고 최소한의 무력 사용이라고 하는 3대 원칙에 의해 시행되었다. 평화활동이 진화함에 따라 이러한 요소도 변화를 겪게 되었다. 최초에 당사국의 동의를 얻는 것은 절대적이었으며 평화유지활동이 전개될 지역의 국가 동의 없이 병력을 전개하거나 주둔할 수 없었다. 이는 정치적 그리고 국제법의 원칙에 따른 것이었다. 그러나 평화활동이 변화하면서 국가주권이라는 장벽도 낮아지게 되었다(제5장 참조). 평화활동(예 : 전(前)유고슬라비아 정부가 나토의 공격 대상이 되었던 당시의 코소보)이 당사국의 동의가 완전히 부재한 상황에서도 전개되었을 뿐만 아니라 동의를 구하는 것 자체가 불가능한 '실패 국가'(예 : 소말리아)의 경우에도 마찬가지였다.

공평성 또한 시간이 지남에 따라 중요한 변화를 초래했다. 본래 이것은 평화유지군이 분쟁에 가담한 당사자를 편애하지 않으며, 분쟁 당사자의 한 쪽을 군사적으로 이롭거나 불리하게 하지 않는다는 것을 의미했다. 그러나 시간이 지나면서 평화활동은 반란군보다는 정부군(아프가니스탄의 국제안보지원군)을, 사실상의 정부보다는 민주적인 정부(아이티의 민주정부 복원작전)를 지원하게 되었다. 지금의 임무는 사실상 명시적이든 묵시적이든 분쟁에서 한 집단을 지원해주는 형태로 변화했다. 따라서 일부 평화활동은 제3자의 역할을 수행하는 것에서 분쟁의 주요 당사자 중 하나가 되기도 했다. 하지만 몇몇 평화활동에서 직면하는 평화유지군의 딜레마는 인도적 목표를 확실하게 달성하기 위해 공평성을 유지하려고 노력하면서도 정치적 변화를 용이하게 하기 위하여 어느 한

쪽을 지지한다는 것이다(Eide 외 2005).

평화유지활동의 3대 원칙 중 가장 큰 변화는 무력 사용에 있다. 전통적 평화유지는 무력 사용을 자위권 차원에서만 허용했다. 민간인 보호와 같은 임무의 확장과 함께 지속적인 평화유지와 평화구축활동은 더욱 강력한 군사력과 좀 더 유연한 교전규칙을 요구하게 되었다. 강력한 평화유지활동에 이르러서는 정규 군사작전과 구분하는 것 자체가 대단히 어려워졌다. 여전히 필요한 수준의 무력을 사용하도록 되어있지만, 이렇게 필요한 무력이 이제 공격적인 전술과 상당한 화력, 어떤 경우에는 공습도 포함하고 있다. 모든 평화활동이 기존의 3대 원칙을 탈피한 것은 아니지만, 이제는 상당수가 전례 없는 변화를 고려하게 되었다.

평화활동의 유형

소방관은 화재가 발생하면 언제, 어떠한 상황이든 불을 끄는 것이 그들의 임무이다. 이론적으로는 심각한 문제가 발생할 때 국제기구 또는 지역 기구들이 심각한 분쟁에 개입하게 되고 그 문제를 어떻게든 해결하려고 노력해야 한다. 그러나 실제적으로 이는 사실과 전혀 다르다. 즉 평화활동의 목록과 폭력적인 분쟁의 목록 간에는 완벽한 상관관계가 형성되지 않는다. 우선, 평화활동을 전개하는 것은 가능한 하나의 선택인 것이다. 그리고 국제사회가 원한다면 더욱 강압적인 대안을 선택하거나 아니면 외교적 해결을 선택할 수도 있다. 사실 분쟁의 종류와 처해진 상황을 감안해보면 더 나은 선택권이 있을 수는 있다. 아무리 평화활동이 분쟁을 해결하는 데 가장 적합하다 하더라도 항상 전개되는 것은 아니다. 본 장에서는 평화유지요원이 전개되는 곳을 결정하는 일반적인 요인들을 알아보고 시간과 공간에 따라 평화유지활동 전개의 다양한 유형을 살펴보고자 한다.

평화유지요원은 어디로 가는가?

모든 심각한 분쟁에 평화유지요원을 파병하는 것은 아니며 무작위로 보내지는 것 또한 아니다[12)]. 이러한 사안은 평화유지에 관한 연구에서 수년 동안 무시되었고, 단지 평화유지를 전개시키기 위한 조건들에 대한 일부 연구가 있었다.

몇몇 학자들(Gibbs 1997 ; Oudraat 1996)은 강대국의 국익이 평화유지요원을 어디로 파병할지를 결정한다고 주장하고 있다[13)]. 그러나 그러한 주장을 검증할만한 체계적 연구는 거의 없었다. 물렌바흐(Mullenbach 2005)는 분쟁 그 자체와 연관된 것이라기보다 국제적 차원의 요인들이 평화활동을 생성하는 과정을 가장 잘 설명한다고 주장했다. 구체적으로 그는 이러한 평화활동의 승

12) 전문적인 용어로 이것은 '선택 효과'를 의미한다. 평화활동은 분쟁의 계획된 샘플로 선택된 것이다. 평화활동은 활동의 성공을 평가하기 위하여 이론적 그리고 방법론적 요소를 포함하고 있어야 한다.

13) 이러한 입장을 비판하기 위하여 야콥슨(Jakobsen1996)과 앤더슨(Andersson 1996)을 보시오.

인은 해당 국가가 강대국과 동맹관계에 있을 때 혹은 강대국이 당사자일 때 가능성이 가장 낮다고 평가했다. 물론 이러한 사고는 이스라엘과 아랍연맹(UNDOF : 유엔 골란고원 감시군) 간 전쟁뿐 아니라, 앙골라(UNAVEM : 유엔 앙골라 검증단)에서처럼 아프리카에서의 내전 같은 강대국 대리전의 여러 가지 원인에 의해 전개된 평화활동의 다수를 간과하는 우를 범한다. 이와는 달리 평화임무단이 유엔이나 지역기구에 의한 개입 이전에 있었다면 그 개연성은 높아진다. 이는 평화활동이 대체로 우선적으로 선택되는 옵션이 아니라 어떤 전개과정이나 외교적 노선의 실패에 뒤따르는 선택이라는 점을 제시해준다.

많은 학자들은 평화활동의 임무전개를 설명하기 위해 분쟁과 연관된 환경에 관심을 두고 있다. 길리간과 스테드만(Gilligan, Stedman 2003)은 탈냉전시기의 내전을 연구한 결과, 평화활동은 분쟁이 극심했거나 오래 지속된 경우에 전개될 가능성이 훨씬 더 높았다고 결론지었다. 이것은 국제사회가 국제평화와 안보를 가장 크게 위협하는 세력에 대응한다는 점에서 고무적이다. 또한 평화활동은 성공 가능성이 낮은 상황 하에서 배치되기 때문에 성과를 이루는 데 많은 어려움이 있을 것이라고 말한다(제4장 참조). 몇몇 학자들은 평화활동이 많은 정부군을 보유한 국가에서는 일어날 가능성이 낮다고 보는데, 이는 주권 측면을 반영한 것이고 적은 규모의 평화유지군이 큰 조직체의 행동을 변화시킬 수 없다는 인식에 근거하고 있다.

길리간과 스테드만 연구는 타 학자들이 발견하지 못했고 평화활동에 대한 많은 오해를 일소했기 때문에 대단히 중요하다고 할 수 있다. 평화활동 임무단이 분리주의 분쟁, 비민주화, 과거 유엔 안전보장이사회 상임이사국의 피식민지 혹은 생필품 수출이 많은 국가에서 전개될 가능성은 거의 없다. 이러한 각각의 요인들은 제3자, 특히 주도 국가들(leading states)이 약소 국가들에 개입하려는 인센티브를 부여할 수도 있을 것으로 간주되었다.

이와 유사하게 포트나(Fortna 2004a)는 분쟁의 속성을 포함하여 평화유지활동과 관련되지 않은 여러 요인들을 파악했다. 또한 다양한 종류의 임무 사이에 경계를 나누었다. 즉 다른 종류의 임무(동의 對 강제), 활동을 조직하는 기관(유엔 對 기타 기구)과 일시적인 현상(냉전시대 對 탈냉전시대) 등으로 분류하였다. 포트나는 전체적으로 효과가 확실하거나 또는 전혀 없는 다양한 요인들(예 : 정부의 군대 규모, 전쟁의 참혹성, 민주주의)이 비록 드러난 관계성이 특별히 강하지 않더라도 상황에 따라 영향을 줄 수 있다는 점을 발견했다. 그럼에도 불구하고 포트나는 동의에 기반을 둔 평화유지활동이 가장 어려운 상황에 파병될 가능성이 높다고 결론지었다.

평화활동 개관

앞 장에서 언급한 바와 같이 다양한 군사적 행동이 '평화유지' 또는 '평화활동'으로 명명되고 있으며, 포괄적이라고 주장하는 그런 활동들의 목록은 무엇이 평화활동에 포함되고 포함될 수 없는지에 대한 논쟁의 대상이 된다. 시간과 공간에 대한 형태 분석을 위해 헨리 스팀슨 센터(Henry Stimson Center)가 1948년부터 2006년까지 집계한 평화활동의 목록을 선택했으며 활동의 전체 목록과 각 활동의 착수 시기 및 종결 시기는 부록에 수록되어 있다[14]. 비록 이 목록은 보통 군사 개입(예 : 스리랑카에 대한 인도의 개입)의 경계선 상에 있는 사례들도 포함하고 있지만, 유엔, 지역기구, 다국적 임무를 포함한 가장 최근의 자료이고 의심의 여지없이 활용 가능성이 높다. 목록에 따르면 1948년부터 2006년까지 연구기간 동안 125차례의 평화활동이 있었으며, 2006년 말까지 35개의 활동이 여전히 수행되고 있었다. 그러나 이러한 활동은 여러 측면에서 거의 동등하게 분류되지 않는다.

시기적 형태

신규로 개시된 평화활동의 수와 수행 중인 평화활동의 수는 **표 2-1**에 나타나 있다. 평화활동은 냉전 중에는 상대적으로 그 수가 적었으며 2년마다 하나의 신규 평화활동이 승인되었다. 1980년대, 특히 80년대 말은 매년 새로운 평화활동이 나타나면서 빈도에서도 많은 변화의 조짐을 보였다. 평화활동은 1990년대에 매년 약 7개의 신규 활동이 개시되면서 그 수가 폭발적으로 증가했다. 새로운 활동의 증가량은 2000년대 들어서 매년 4.5개의 활동이 수행되면서 감소하기 시작했다. 그러나 그 수는 여전히 역대의 종합평균을 훨씬 웃돌고 있다.

14) 자료는 http://www.simpson.org/fopo/?SN=FP200702201217에서 찾을 수 있다.

표 2-1 10년 단위의 평화활동

10년 단위	시작	종료	진행 중
1940년대	2	0	2
1950년대	3	2	3
1960년대	6	6	3
1970년대	7	2	8
1980년대	11	8	11
1990년대	69	48	32
2000년대	27	24	35
총	125	90	35

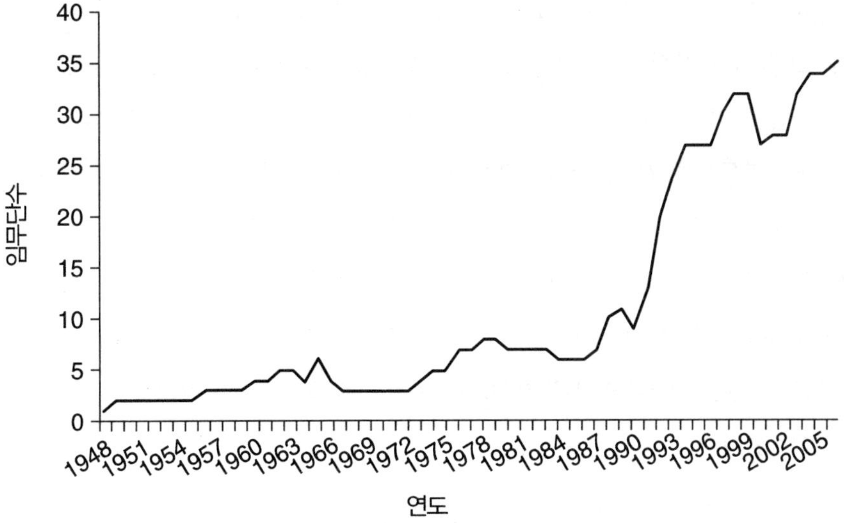

그림 2-1 평화활동의 진행(연도별)

시간에 따라 평화활동의 빈도를 측정할 수 있는 또 다른 수단은 현재 진행되고 있는 활동의 수이다. 2006년도 말에는 여전히 35개의 평화활동이 수행되고 있었으며, 그 수는 승인된 모든 평화활동의 4분의 1이 넘는다. **그림 2-1**에서 보여주는 것처럼 이것은 전례 없이 높은 기록이기도 하다. 이러한 활동들의 일부는 중동의 유엔 예루살렘 정전감시단(UNTSO)과 유엔 사이프러스 평화유지군(UNFICYP)과 같이 냉전기부터 지속되어온 장기간의 활동들이다. 그 외에는 라이베리아의 유엔 라이베리아 임무단(UNMIL)과 솔로몬 제도 국제평화감시팀(IPMT)과 같은 좀 더 최근의 활동들이다. 평화활동의 평균수행시기는 6.13년이지만, 범위는 1년부터 59년 이상까지 넓게 분포되어 있다[15].

국제사회는 평화활동을 위한 '수행능력'을 가지고 있다고 가정하는데, 이는 특정 시기에 평화활동에 투입될 수 있는 한정된 자원과 외교적 관심이 있다는 말이다. 이러한 관점에서 볼 때 수행능력은 시간이 지남에 따라 증대되어 왔다. 그럼에도 진행 중인 활동의 수, 비용, 효과가 향후 추가 활동 투입 가능성에 영향을 미친다고 추정할 수 있다. 특히 수행 중인 활동에서 문제가 발생할 때 평화활동의 수행으로부터 오는 피로 효과도 있다. 2000년 이후 신규 활동의 비율이 다소 줄어든 것은 현존 활동책임의 범위에 기인할 수도 있다. 현재 진행 중인 여러 활동의 수와 그러한 활동에 투입된 많은 병사와 민간요원들의 수(2006년 유엔 단독으로 십만 명 이상의 병력을 파병함 – Center on International Cooperation 2007)는 유엔과 지역기구들이 새로운 도전을 꺼리는 데 일정 부분 책임이 있다.

15) 활동기간은 몇 년 동안 측정되었고 1년의 일정 부분은 전체 일 년으로 계산되었다. 이러한 방법 때문에 실제 평균보다 적게 평화활동이 계산되었다.

지리적 형태

표 2-2에 나타나 있듯이 평화활동은 배치 지역에 따라 상당히 다르다. 사하라 이남 지역의 평화활동은 대부분 1990년대 이후에 시행되었으며, 그 수는 다른 지역보다 거의 두 배(48개)가 된다. 그 예로 부룬디에서의 아프리카 임무단(AMIB) 활동을 들 수 있다. 평화활동의 숫자는 사하라 이남 지역의 증가하는 분쟁에 따라 그 수요에 대응한 것이지만, 이러한 활동을 수행하는 지역기구들의 의지와 능력의 증대 또한 요인 중 하나가 분명하다. 냉전 중 유럽은 사이프러스의 유엔 사이프러스 평화유지군(UNFICYP) 하나만 제외하고 모든 활동으로부터 제외되었으나 냉전의 종식은 평화활동의 참여 가능성뿐만 아니라 그러한 활동에 대한 요구가 발생하리라는 장기적인 긴장상황을 초래했다.

표 2-2 지역별로 전개된 평화활동

지역	평화활동 수
중앙 및 남부 아시아	8
유럽	26
라틴아메리카와 카리브해	13
중동과 북아프리카	17
태평양	5
남동아시아	8
사하라 이남	48

발칸에서의 분쟁은 국제기구 및 지역적 기구에 의해 18개가 넘는 평화활동을 가져왔다. 마찬가지로 구(舊)소련지역도 예전에는 평화유지군의 활동영역 밖이었다. 그러나 소련의 붕괴 이래로 조지아(UNOMIG : 유엔 그루지야 정전감시단, CPKF : 독립국가연합 그리지아 집단평화유지군, OSCE : 유럽안보협력기구 임무단에서 각각 수행)를 포함한 구(舊)종속국들(former client countries)에서 다수의 평화활동이 있었다. 전통적으로 미국의 영향 하에 있던 서반구도 냉전 종식 이후 역시 평화활동에서 증가세를 나타냈다.

중동은 아마도 지속적으로 폭력분쟁이 발생하고 그러한 분쟁을 경감하기 위하여 평화활동이 계획된 유일한 지역일 것이다. 동남 및 동북아시아는 타 지역과 분쟁빈도를 비교해 보면 상대적으로 평화활동이 적었던 지역이다. 1987년 시작된 인도의 스리랑카 개입을 제외하고는 동남아시아는 1965년 이후 수행된 평화활동을 찾아 볼 수 없고, 동북아시아는 단 한 번도 평화활동이 시행되지 않았다. 두 지역 모두 평화활동을 수행할 만큼 발전한 지역기구(동북아는 아예 없음)가 없었고, 유엔 또한 이 지역에서 상당기간 동안 활동을 하지 않았다.

분쟁 형태

초기 평화활동은 주로 국가 간의 분쟁에만 국한되었다. 첫 번째 감시 임무는 아랍-이스라엘(UNTSO : 유엔 예루살렘 정전감시단), 인도-파키스탄(UNMOGIP : 유엔 인도-파키스탄 정전감시단) 간의 대립에서 각기 수행되었다. 이러한 형태는 유엔 서뉴기니아 임시행정기구(UNTEA/UNSF), 콩고(ONUC :

유엔 콩고 임무단)와 같이 국가 간 분쟁이 탈식민지화 문제와 교차하면서 주의를 끌게 되었고 내부 문제와 함께 1970년대까지 지속되었다.

배타적이거나 중대한 내전의 요소를 갖고 있는 분쟁에서 평화활동의 급격한 증가는 1990년대에 나타났다. 1990년 이전에는 내전에 의한 평화활동이 소수였으나, 그 이후 내전에 의한 평화활동은 신규 활동의 약 90%를 차지했다. 2000년 이후에 실제적인 국가 간 분쟁에 배치된 활동은 에티오피아와 에리트리아 간 전쟁(UNMEE)에 투입된 활동뿐이었고 비록 이 전쟁이 국가 간 전쟁이었지만, 전쟁의 원인은 약 10년 전 분리론자들이 일으킨 내전에 의한 에리트리아의 독립에 있었다.

그렇다면 평화활동이 전개되는 분쟁의 양상이 급격히 변화된 것을 어떻게 설명할 수 있을까? 여기에는 두 가지 근본적인 원인이 있다. 첫째, 이 시기에 내전이 증가된 것이다. 1990년대 최소 10년 동안은 냉전 종식으로 내전은 증가했으나, 국가 간 분쟁의 수는 감소하는 경향이 있었다. 마찬가지로 중요한 것은 그러한 내전의 범위와 강도였다. 내전은 인접 국가에 점차 '부정적인 외부 효과' 혹은 여파를 미쳤고 국제적 평화와 안보를 위협할 뿐만 아니라 국제사회로부터의 행동을 유발했으며 이러한 영향들은 대규모 난민유입, 국경분쟁, 심지어는 대량학살까지 포함했다. 둘째, 국제사회에서 국가주권과 외부개입에 관한 시각에 규범적인 변화가 발생했다. 즉 이전에는 국가주권은 거의 절대적인 것으로 간주되어 국가 내에서 발생하는 모든 일은 타 국가 영역 밖의 문제로 간섭할 여지가 없었다. 그러나 인권의 발전과 여타 사안들로 인해 국제 규범은 더 이상 국가주권의 '배타성(hard shell)'을 지지하지 않게 되었으며, 국제사회가 국가의 내부 관할권이 어떠한지에 관해 적법하게 관심을 가져야 한다는 것을 인식하기 시작했다. 이러한 변화는 다양한 분야(예 : 인권과 환경보호)에서 중대한 결과를 낳았을 뿐 아니라, 내전 시 평화활동에 대한 정당성도 부여하게 되었다. 예를 들어 6차례의 상이한 평화활동이 아이티에서 내부 문제들을 진압하기 위해 전개되었다. 이전 같으면 이러한 상황 하에서는 누구도 개입을 하지 않았거나 단지 지역 강대국에 의한 군사 개입만을 초래할 뿐이었다.

조직 형태

결과적으로 시간이 지남에 따라 평화활동을 주도하는 중심 기구에도 현저한 변화가 일어나고 있다. 전체적인 숫자는 **표 2-3**에 나타나 있으며 유엔이 모든 활동의 반 이상을 주도하고 있다. 평화활동 형태에서 유엔의 개입 빈도가 변하지 않았던 이유는 타 기구들보다 더 많은 신규 활동들을 조직하는 역사적인 역할을 지속적으로 담당해왔기 때문이다. 오히려 주요한 변화는 지역기구들과 다국적군에 의한 평화 임무의 역할이 증대되는 것으로 비록 그들이 기구의 형식으로서 유엔의 평화활동을 대체한 것은 아니지만(유엔의 덤핑증거는 없음, Wallensteen and Heldt 2008 참조) 유엔이 남긴 간극을 메우고 있다.

표 2-3 조직기구별 평화활동

기구	평화활동 수
유엔	68
지역기구	33
다국적 조직	24

초기 지역적 활동은 상대적으로 흔하지 않았고, 레바논 내 시리아와 같이 주도 국가가 하는 활동들과 구분할 수 없었다[아랍 억제군(ADF)의 역사 참조]. 그러나 이후에 주도 국가에 의한 단순한 활동의 승인보다는 2004년 아프리카연합에 의해 수행된 수단의 아프리카연합 임무단(AMIS)과 같이 집단적인 활동이 규범이 되었다. 다국적 조직의 경우, 비록 이러한 노력에서 주도적 역할을 수행하는 것은 종종 하나의 국가(INTERFET : 동티모르를 위한 국제연합군 내 호주의 역할)이기는 하지만, 더욱 현저해지고 있는 형국이다.

지역기구와 다국적 조직의 증대되는 역할은 표면적 모습 그 이상이다. 거기에는 활동의 조직과 공급, 그리고 재원조달에 대한 중요한 의미를 내포하고 있다. 이 문제는 다음 장에서 자세히 논의하기로 하자.

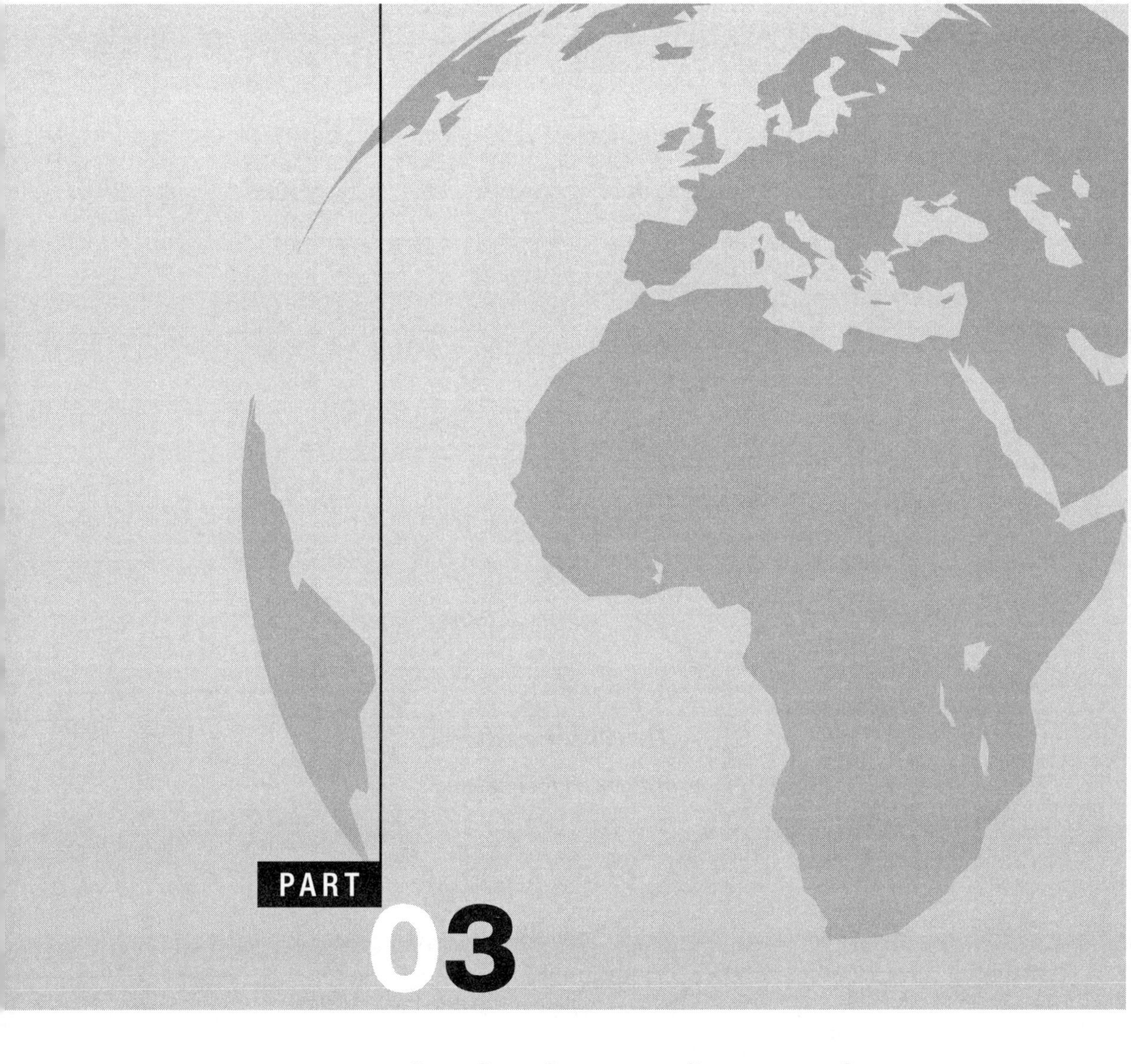

PART 03

평화활동의 조직

The Organization of Peace Operations

평화활동의 조직

앞 장에서 설명했듯이 평화활동은 사실상 탈냉전시대의 임무 확장과 더불어 시간이 경과하면서 다양해졌다. 또한, 평화활동이 어떻게 조직되고 재원을 조성하며 물자를 공급받는지에 대한 변화도 있었다. 본 장에서는 이러한 조직화의 문제를 다루게 되는데, 특히 수행 중인 활동과 관련한 대안을 설명하고 평가하는 데 주안점을 두고자 한다.

평화활동 관련 기구

가장 기본적인 관심사인 평화활동의 수행 주체부터 분석해보자. 전통적으로 평화활동의 임무단을 조직해왔던 기구는 유엔이었으며 지금도 다수의 활동이 유엔에 의해 조직되고 있으나 지역기구, 다국적 국가 동맹체의 개입 또한 두드러지는 추세를 보이고 있으며 심지어 평화활동 민간 공급업체의 참여까지도 예상되고 있다.

유엔

2006년을 기점으로 하여 유엔은 68개의 평화활동을 승인하고 지휘했다. 비록 평화활동을 조직하고 재원을 조성하며 수행하는 과정에서 상황마다 특성이 있기는 하지만, 이러한 임무에는 몇 가지 뚜렷한 경향이 있다.

유엔 평화활동은 안전보장이사회에 의해 승인이 되고, 안전보장이사회의 15개 이사국 중 9개국의 지지가 필요하며, 5개 상임이사국의 반대가 없어야 한다. 또한 활동의 위임명령은 승인된 결의안에 기술되어 있다. 임무단은 연장 시 보통 6개월 단위로 승인을 받는다. 일부 예외적으로 심의나 위임명령에 대한 수정 없이 재승인되기도 한다.

평화활동의 이행 책임은 유엔 안전보장이사회에 최종적으로 보고하는 사무총장에게 있다. 주요 활동은 사무총장이 임명한 '특별대표(Special Representative)'의 지휘 하에 이루어진다. 평화활동 사령관을 포함하여 군 고위간부(senior military personnel)는 사무총장이 임명하고 유엔 공무원으로서 임무를 수행한다. 예를 들어 에티오피아와 에리트레아 유엔 임무단의 군사령관은 요르단의 모하메드 타이저 마사데(Mohammed Taisir Masadeh) 소장이었다.

지상의 실질적인 부대 후방에는 유엔이 지원하는 인프라가 있다. 유엔 평화유지활동국(DPKO)은 평화활동 수행을 지원하는 다양한 서비스를 제공하며 이러한 업무를 관리하기 위해 사무차장(Under Secretary General)을 선임한다. 본래 평화유지활동국은 소수의 직원들로 이루어진 무기력한 조직으로 거의 사전기획 업무를 수행하지 못했다. 이러한 조직상의 문제점들은 유엔 평화유지활동을 개선하기 위한 방안을 연구한 유엔 블루리본 패널(UN blue ribbon panel)에 의해 2000년 발간된 '브라히미 보고서(Brahimi Report)'에서 강조된 바 있다[16]. 이 보고서에는 평화유지활동국의 직원 증원, '모범실무 개발과(Best Practice Unit)' 신설, 기획능력 신장, 활동을 위한 조기 재정구조 확립, 훈련프로그램 강화, 추가 장비를 비축하기 위해 이탈리아에 있는 군수 기지를 활성화시킬 것 등을 권고했다. 그렇지만 이 모든 개혁안들이 이행되지 않았으며(Bellamy and Williams 2004), 유엔은 회원국이 부과한 제약으로 인해 여전히 제한적으로나마 그 역할을 수행하고 있다.

유엔은 또한 최근에 '평화구축위원회(Peacebuilding Commission)'를 설립했다[17]. 이것은 31개 회원국들로 구성된 자문기구이고 무엇보다 안전보장이사회의 5개 상임이사국들이 포함되어 있을 뿐 아니라 유엔평화활동에 많은 병력과 예산을 공여하는 국가들로 구성되어 있다. 동 위원회는 분쟁의 제4단계에 있는 국가에 중점을 두는 국가별 위원회(country-specific committee)를 통해 활동한다. 즉 분쟁의 제4단계는 적대 행위가 중단되고 그에 따라 평화협정의 조짐이 보이는 국면을 말한다. 위원회는 이러한 국가들을 지원하기 위한 전략을 제시하며, 안정된 자금 조달 메커니즘을 마련한다. 또한, 위원회는 보고서를 준비하고 실질적인 정보와 평가를 제공하는 전문적인 관료조직인 '평화구축지원실(Peacebuilding Support Office)'로부터 지원을 받는다.

평화유지활동국을 개편하고 평화구축위원회를 신설하는 것으로 평화활동 개혁이 종결됐다고는 할 수 없다. 2007년 초, 반기문 유엔 사무총장은 유엔 평

16) 2000년에 발간된 유엔의 평화활동 보고는 다음 사이트에서 찾을 수 있다. http://www.un.org/peace/reports//peace-operations/

17) 이 위원회는 총회와 안전보장이사회의 보조자문기구이다.

화활동의 수와 범위 확장을 위해 더 많은 조직적 변화를 제안했다. 즉 평화유지활동국을 두 개의 조직으로, 즉 평화활동국(Department of Peace Operation)과 현장지원국(Department of Field Supports)으로 분리하였으며 두 조직은 각각의 사무차장이 운영하게 하였다. 현장지원국은 현장인원 관리, 보급품 조달, 그리고 모든 통신기술을 관장하고 있다.

유엔 평화활동이 휴전 감시를 넘어 그들의 임무를 확장하면서 상이한 제도상의 조치들이 이에 맞게 조정되었다. 유엔의 다른 기관, 예를 들면 선거지원과(Electoral Assistance Division)는 선거감시를 지원한다. 회원국에서 파견된 유엔 요원과 민간 경찰들은 선거집기들을 설치하고 선거업무를 수행하며, 정치적 이행기 동안 질서를 유지시키는 등 여러 가지 임무를 수행한다. 세계은행(World Bank)과 같은 유엔의 특별 기구들도 재건사업에 관여하고 있다. 평화구축활동은 발전전략과 국제적인 공여기구들로부터의 원조 등 평화활동요원에게 적합하지 않는 과업도 수행하고 있다. 더 나아가서 비정부기구들은 평화활동요원과의 조정 및 연계 하에 여러 인도적 지원업무를 수행한다. 유엔 평화활동이 이미 배치되어 있는 지역 내 기구들이나 활동들을 변경할 필요는 없다. 실제 대부분의 경우 그러한 기구들은 현지 정보나 전문성 그리고 특정 임무를 더욱 효율적이고 효과적으로 수행하는 기존 방식들을 갖고 있기 때문에 기구나 활동을 변경하는 것은 어리석은 일이 될 수 있다.

지역기구

지역 차원의 평화활동 조직과 수행, 빈도에는 상당한 변수가 있다[18]. 가장 명백한 차이점들은 그러한 활동을 수행하기 위한 제도적 역량이며 이것은 그들의 정책과 성과의 모든 측면을 결정하게 된다. 중요한 역할을 하기 위한 지역기구의 역량은 회원국들로부터 부여된 권한에 의해 주로 좌우된다. 일부의 경우, 역내 안보기구(security institution)가 전혀 없기 때문에 지역 내 국가들의 한시적 다국적 동맹을 제외하면 평화활동의 실행 가능성이 전무하다. 예를 들면, 북아시아지역에는 분쟁관리를 담당할 수 있는 지역기구가 없다. 아시아의 여타 지역도 이러한 기구들이 상대적으로 취약하다. 지역협력을 위한 남아시아연합(SAARC : South Asian Association for Regional Cooperation)은 단지 사회경제적 현안의 영역에서만 협력을 한다. 그러기에 SAARC가 역내 폭력적인 분쟁에 대해서 당연히 주요한 역할을 할 수 없기에 평화활동을 실시한다는 것은 더더욱 불가하다. 동남아시아 국가연합(ASEAN : Association of South East Asian Nations)과 같은 여타 지역기구들도 안보활동에서 제한되기는 마찬가지이다.

다른 지역에서는 지역기구의 권한과 제도화 수준이 폭넓고 다양하다. 최근까지 아프리카 연합[African Union, 아프리카 통일기구(Organization of African Unity)의 후속 기구]은 구조적으로 빈약했다. 아프리카 국가의 정상들이 모이는 회의는 일 년에 한 번 이상을 넘지 않았다. 이것은 아마 1960년대 콩고에서

18) 현대의 지역평화활동에 대한 개관을 이해하기 위해서는 벨라미와 윌리암슨(Bellamy and Williamson 2005)을 보시오.

유엔의 개입에 대한 반발이며 외부 요인에 의한 개입을 선호하지 않기 때문일 것이다. 따라서 평화활동에 참여하는 범위에서, 동 기구는 임시위원회(ad-hoc committee)를 통해 임무를 수행했다. 아프리카 연합은 선거감시와 수단 지역 내 병력전개(AMIS : 아프리카연맹 수단 임무단)를 포함한 평화활동을 통해 그들의 활동영역을 확장했다.

여러 지역기구는 여러 종류의 다양한 행동을 취할 수 있도록 그들 나름대로의 법적 조항을 보유하고 있다. 비록 그러한 법적 조항 대부분이 내부 문제보다는 역외의 위협 또는 국간 간 침략에 대한 조치라고 하더라도, 미주기구(Organization for American States)는 헌장 제28조에 집단안보뿐만 아니라 다양한 조치를 취할 수 있는 조항들을 가지고 있다. 유사한 예로 걸프협력회의(Gulf Cooperation Council)와 아랍국가연맹(League of Arab States)도 그들 스스로 처리할 수 있는 집단안보 규정들이 있다. 일부 지역기구들은 비록 주목적이 경제 협력에 있지만 분쟁관리 조항 또한 포함하고 있다.

이런 연속선 상의 또 다른 측면에는 안보문제를 주로 다루는 여러 기구들을 보유하고 있는 유럽 지역이 있다. 이러한 기구들은 회원들이 중복되고 상호 보완적인 역할을 수행하고 있다. 그 중 가장 오래된 것은 집단안보와 집단방위 임무를 전통적으로 다루는 NATO이다. 냉전 종식 무렵 NATO의 임무는 수정되었고, 지금은 보스니아, 코소보와 아프가니스탄에서 평화유지군으로서 역할을 하고 있다. NATO는 평화활동을 수행하기 위해 가용한 병력과, 지휘구조, 그리고 조직능력을 갖고 있다. 다음으로 유럽연합(EU)을 살펴보면 EU는 공동방위정책과 여러 가지 외교적 주도권과 함께 안보영역에서 EU의 권한을 확대했다.

이와 같이 지역기구들은 평화활동에 대한 상이한 법적 그리고 여타 역량들을 가지고 있다. 또한, 지역기구들은 그들의 활동을 수행하는 방법에서 다양한 방법으로 임무를 수행하고 있다. 모든 지역기구들을 일일이 설명하는 것보다 적어도 여러 활동을 해왔고 최근까지도 평화활동을 가장 활발하게 수행했던 두 기구인 EU와 AU를 중점적으로 설명하고자 한다[19].

EU는 유럽연합 정상회의(European Council)를 통해 평화활동을 개시하거나 종료하지만, 활동에 대한 기획이나 운영은 여러 위원회나 아니면 다른 EU 기관에게 위임한다. 평화안보위원회(The Peace and Security Committee : PSC)는 현장에서의 일상 활동을 관리할 책임을 갖고 있다. 또한, 대사급 수준의 회의를 하면서, PSC는 위기 상황에 따른 세부적 대응업무를 조정하고 모든 활동에 "정치적 통제와 전략적 방향"을 유지한다. 사무총장/고위급 대표(Secretary General/High Representative)는 현장 활동을 위한 행정적 지원을 제공한다. 특히, SG/HR은 (유럽연합 정상회의 의장을 대신하여) 제3국과의 협정을 교섭할 수 있는 권한을 가지고 있다. EU 특별대표(EU Special Representative)는 현장에서 작전행정 조정관으로서 임무를 수행한다. 이 직책은 군사, 민간인, 그리고 외교적 노력들을 포함하여 분쟁지역 내에서 모든 EU 활동의 조정업무를 확실히 할 책임을 가지며 SG/HR과 PSC에 직접 보고한다. EU 군사위원회(PSC예하 EU Military Committee : EUMC)는 현장에서 EU 작전사령관을 통하여 임무단의 군사 활동을 모니터링한다. 회원국의 국방부 장관(또는 관련 대표)으로 구성되는 동 위원회는 기구와 더불어 현장과 연계를 한다. 이러한 조치들은 외

19) 이러한 조직 내에는 다른 변수들이 있다. 따라서 이에 대해 좀 더 정보를 요한다면 보스니아에서의 유럽연합군-알테이아(EUFOR)과 아프리카연맹 수단 임무단(AMIS)을 보시오.

교적 및 군사적인 요소들과 같이 서로 다른 영역에서 여러 활동들을 통합시킴으로써 유엔의 조직보다 더욱 세분화시켰다. 보스니아에서의 EU 개입은 해당 작전이 NATO(SFOR : 안정화부대)에 의해 수행되다 인계받았다는 점에서 몇 가지 독특한 특성이 있었다. 예를 들어, NATO의 유력지역 최고연합 부사령관은 동 임무에서 EU 작전사령관으로 복무했다.

AU는 EU에 비해 잘 발달된 기구는 아니며 AU의 평화활동 조직방법은 유엔의 한시적 방식들과 유사하다. 15개 회원국들로 구성된 평화와 안보위원회(PSC)는 비록 총회의 승인이 있어야 하지만 평화활동을 조직하고 전개할 권한을 갖고 있다. 위원회(사무국) 의장은 병력의 요청과 관리를 포함하여, 임무 수행에 대한 책임이 있다. 예를 들어 아프리카연맹 수단 임무단(AMIS)이 소수 감시요원들의 전개만으로는 불충분하다는 판단이 들었을 때, PSC는 의장에게 AMIS를 증강할 수 있도록 권고안을 제출해 줄 것을 요구했다. 두 개의 보완조직인 군사참모위원회(Military Staff Committee)와 평화안보 담당위원회(Commissioner in Charge of Peace and Security)는 평화활동에 대한 지원과 조언을 한다. 군 사령관과 특별 대표는 주요 현장인원을 보충하며, 그 예로 AMIS의 군사령관으로 활동한 남아공의 다니엘 모엔야나(Daniel Moenyana) 장군을 들 수 있다.

다국적 및 독자적 평화활동

다국적 평화활동은 한 국가 이상이 수행하며 어느 국제기구의 후원도 받지 않는다. 이것은 임시적 임무이며 유엔이나 지역기구들이 임무를 받을 수 없거나 이러한 기구들에 의해 평화활동이 수행되는 것을 분쟁 당사자들이 원하지 않는 경우에 발생한다. 예를 들어 11개국의 컨소시엄이자 캠프 데이비드에서의 평화 프로세스(Camp David peace process) 부산물인 다국적 감시군들(Multinational Force and Observers)은 1980년 초부터 이스라엘과 이집트 사이에 전개되었다. 가장 큰 이유는 이스라엘이 해당 지역에서 유엔이 활동하는 것을 거부했기 때문이다.

다국적군의 임무는 평화활동을 수행하기 위해 국가별 표준 군사제도를 활용한다. 명확한 조직기구와 교전규칙은 임무를 위해 반드시 논의되어야 한다. 다국적군 감시단(MFO)과 같은 평화활동은 잘 통합되어 있으며, 상호 광범위한 협력 경험을 보유하고 있는 국가들로 구성되어 있다. 그에 반해 여타 활동들은 서로 상이한 책임과 교전규칙을 가지고 있는 구성단위로 국가부대의 병합에 그칠 수 있다. 그 예로 1982~1984년에 베이루트에 전개된 다국적군(MNF)은 4개의 국가(미국, 영국, 프랑스, 이탈리아)로 구성이 되어 있었다. 그들 부대 간에는 상호활동이 전혀 없었으며, 각기 해당 도시의 특정 지역에만 배치되었다.

독자적 평화활동은 통상 정규적인 군사개입과 구별하기 쉽지 않다. 주요한 차이는 군인들에 의해 행해진 역할의 범위를 보면 알 수 있으며 우선 분쟁에서 한 쪽이나 상대 쪽에 우호적이지 않고, 인도적 지원과 같은 비전통적 임무를 수행하는 것으로, 이러한 독자적 활동은 군사직전이라기보다는 평화활동과 더 유사하다. 한 국가가 개입을 결정하고 해당 지역으로 병력을 파병하여 작전을 수행하고 최종적으로 해당 국가 정부의 철수결정에 의해 철수가 이루어진다. 인도의 스리랑카 개입은 종종 평화활동으로 명명되기도 한다. 소말리아에서의 미국 활동(UNITAF : 소말리아 유엔국제임무군)과 프랑스의 코트디부아르 개입

(Operation Licorne)은 각기 평화활동과 유사한 특성을 갖는 독자적 활동의 사례를 보여준다.

'하이브리드(혼성)' 기구

일반적으로 앞에서 설명한 조직구성은 보통 한 개의 기구만 포함하고 있다. 그러나 평화활동은 여러 기구들로 구성되는 것이 점차 흔한 일이 되었다. '하이브리드(혼성)'라는 용어는 공동전개(co-deployment)로부터 합동(joint)과 같이 완전하게 통합되어 활동하는 배치를 포함하게 된다. 형태는 특정 행위자들(actors)이나 기구들이 재정과 군수 그리고 활동을 위한 여타 요소들을 제공하는 한편, 다른 행위자들과 기구들은 병력을 공여하고 임무를 수행하는 것이다. 미 클린턴 대통령은 이를 아프리카 위기대응계획(African Crisis Response Initiative)으로 공식화하려고 시도한 바 있으며, 동 계획에서 미국은 재정을 지원하고 아프리카 국가와 기구들의 평화유지군에 대해 훈련을 실시하여 역내에서 임무를 수행하도록 했다. 흔히 이러한 방식은 사례별로 시행되었다.

다른 형태는 한 평화유지 임무가 다른 평화유지 임무보다 앞서서 수행될 때 이루어진다. 예로 EU군(주요 후원국이 프랑스)은 유엔 임무단(MONUC : 유엔 콩고 감시단)이 콩고지역에 배치되기 이전에 그 지역을 안정화시키기 위해 유엔 안전보장이사회로부터 승인을 받아 임무를 수행했다. 아이티에서 다국적군(주로 프랑스와 미국)은 유엔 활동(MINUSTAH : 유엔 아이티 안정화임무단)이 용이하도록 먼저 임무를 수행했다. 유사하게 서아프리카 경제공동체(ECOWAS)의 서아프리카 경제공동체 감시단(ECOMOG)과 서아프리카 경제공동체 코트디부아르 임무단 (ECOMICI)의 활동은 라이베리아와 코트디부아르의 유엔 임무단에 선행하여 실시되었다.

세 번째 조직구성 방식은 기구 간 합동 임무로서 아프리카 연합이 수단의 다르푸르(AMIS : 수단 아프리카연합 임무단)에서 전력을 다하는 동안, 유엔이 남과 북의 내전을 종결시키기 위한 협정을 감시하도록 활동(UNMIS : 유엔 수단 임무단)을 전개한 경우이다. 아프리카 연합 활동은 NATO로부터 군수지원을 받았으며, EU 역시 군수지원, 자문, 재원을 제공해주었다.

혼성 작전은 부분적으로 생성되는데 그 이유는 한 기구가 임무의 특수한 측면을 수행함으로써 얻는 비교우위 때문이다. 그 예로 NATO는 유엔보다 강압적인 조치를 취할 준비는 갖추고 있지만 정치상의 목적은 똑같이 중요하다. 일부 국가나 기구들은 위험성과 경비 혹은 자국의 정치적 고려를 이유로 일부 임무는 회피하거나 다른 조직과 공동행위를 취할 것을 주장한다.

다른 대안들

평화활동을 위한 여타의 조직 구성도 가능하다. 가장 개연성 있는 것은 특정한 임무를 위해 민간 계약업체를 고용하는 것이다. 일정 범위에서 이러한 일들은 민간 기업들이 평화구축활동을 지원하면서 이미 생겨났다. 특히 국가의 치안경찰대(constabulary force)를 훈련시키기 위하여 민간 경찰 요원들을 제공하는 것은 민간 기업들에게 가장 적합한 역할이다. 로이어(Lawyer 2005)는 평화활동을 제공하는 민간군사기업이 냉전종식에 의해 방치된 안보 공백, 군사력의 감축 그리고 많은 국제 활동에 대한 민영화 기준의 출현으로 인해 성장해왔다고 언급하고 있다. 그럼에도 소위 말하는 '민간에 의한 평화유지(private peacekeeping)'는 대체로 평화활동의 여타 조직형태를 대체한다기보다 보충하는 것이다. 딘코어 인터내셔널(DynCorp International)이 아이티와 그 밖의 국가에서 평화활동에 민간 인력들을 공급했던 것처럼 아마도 민간 기업들은 평화활동에 특정한 역할을 담당하게 된다.

또한, 평화유지군 인력들을 활용하는 대신에 단지 기술인력의 관여만으로 평화활동을 원격에서 수행하는 것 또한 가능해졌다. 이러한 임무들은 현존하는 기관체계나 민간 계약자들에 의해 완수될 수 있었다. 그러나 모든 경우에 최신 고급기술이 사용되었다[20]. 감시 기술은 병력이나 민간인 혹은 무기의 이동을 추적하고 측정하기 위해 다양한 방법들을 포함하고 있다. 지상 기술(Above ground technology)은 항공 정찰, 상업용 고해상 위성 영상, 원격조종 비행기와 같은 기술들이 동원된다. 지상 기반 체계(Ground-based technology)는 다양한 종류들의 레이더(일부 경우에는 지상기술과 연계)나 지상 센서(소나와 감진기), 웹캠, 그리고 여러 유형의 카메라를 사용하면서 다양한 형태를 포함하고 있다. 여타 감시기술들은 위치추적기와 장비를 위한 자동 및 수동 잠금장치가 있다. 그리고 평화유지군을 위한 야간 투시경도 있다. 모든 감시기술은 부적절한 병력이동, 정전 위반, 불법 무기 획득과 같은 것을 탐지하기 위해 사용된다. 일반적으로 이러한 수단은 현장 조사관 혹은 원거리에서 인간의 시야로 확인하는 것보다 훨씬 우수하다.

---

20) 살레르노 외(Salerno et al. 2000), 설리반과 코헨(Sullivan, Cohen 2000) 그리고 정치적 함의를 위해 딜(Diehl 2002)을 보시오.

이러한 많은 기술 일부는 이미 평화활동에 사용되고 있다. 그 예로 시나이의 다국적군 감시단(MFO) 활동에서 비무장 지대의 움직임을 감시하기 위해 야간 투시 장비를 사용했다. 또한, 보스니아에서는 위성 감시 장비가 사용되었다. 그럼에도 불구하고 평화활동에서 신기술의 사용은 아직까지 초기 단계이다. 종종 평화유지군은 서로 간의 교신을 위해 전화기조차도 갖추지 못했던 유엔 소말리아 임무단(UNOSOM II) 지휘관처럼 가장 기본적인 장비도 갖지 못한 경우가 있었다. 따라서 현대의 기술이 현존하고 있는 평화활동기구들을 완벽하게 대체할 것이라는 시나리오는 있을 수 없다. 기술이 수행할 수 없는 특정한 정치적, 그리고 작전적 기능들(예 : 여러 평화구축 임무)이 있으며 평화활동에 기술을 적용하는 것의 대부분은 대체적 역할이라기보다는 보완적 역할을 한다고 보고 있다.

비교평가

어떠한 조직 구성이 가장 최선인가? 예상했듯이 이 질문에 대한 간단한 답변은 없으며 어떤 기구들은 아마 여타 기구들과 반대로 일부 상황에서 더 나은 평화활동을 수행할 수 있을 것이다. 이에 다음 장에서는 평화활동의 성공과 관련된 조건에 대해 집중적으로 논의할 것이며 이러한 요인들 대부분은 임무에 대한 조직 구성과는 관련이 없고 영향도 받지 않았다. 사실 지역기구들이 분쟁관리에서 폭넓게 유엔보다 더 우수한(혹은 정말 열등하게) 임무를 수행했다는 기록은 전혀 없다[21]. 비록 유엔 평화활동이 지역차원의 노력보다도 더

21) 베이머 외(Boehmer et al. 2004)를 보시오.

어려운 상황에서 전개된다는 것을 알고는 있지만, 평화활동은 조직기구에 따라 효과성 측면에서 상이하다는 몇 가지 증거가 있다(Wallensteen and Heldt 2008). 다음의 논의에서 가끔 다국적군의 활동 또한 언급은 하겠으나, 주로 유엔과 지역기구에 대해 중점을 두고자 한다.

유엔 내에서 회원국들이 여러 언어를 사용하는 것과 비교해서, 지역기구의 회원국들은 발전수준, 역사의 공유, 민족, 부족의 기원 등이 같은 양상을 띠며 일반적으로 직면하고 있는 지역문제에 대해서도 비슷한 정치적 관점을 가지고 있다. 이러한 공통점은 회원국들 간 더 많은 합의를 형성하고, 또한, 강력한 행동을 가로 막는 불일치 상황이 거의 없기 때문에 분쟁관리를 더 쉽게 해결하도록 한다. 또한 지역기구가 분쟁 가담자들과 현지 주민들로부터 더 많은 지원을 받을 것으로 기대하고 있다. 마지막으로, 지역평화활동은 이해관계가 걸려있는 제3세계 국가들로부터 지원확보가 훨씬 용이하며, 그들은 관련 논의와 지역평화활동의 승인에 대한 참여가 거의 확실한 데 반해 유엔활동에서는 그렇지 않을 수 있다. 이러한 가정은 아마도 왜 국가들과 논객들이 지역기구에 의한 분쟁해결('아프리카 문제는 아프리카가 해결') 방안을 요청하는지 알 수 있게 해 준다. 또한, 지역기구는 유엔과 달리 주도 회원국의 거부권에 의해 구속받지 않는다. 실제로 일부 지역기구는 교착상태를 피해갈 수 있는 절차를 채택하고 있으며 OSCE(유럽안보협력기구)의 콘센서스 마이너스 원(consensus minus one) 규정은 회원국들 중 한 국가가 유보하더라도 조치를 허용하도록 하고 있다. 다국적 동맹은 동맹의 깊이와 관여한 국가들의 동의에 따라 유엔활동보다 더 바람직하거나 그렇지 못할 수도 있다.

역내 활동이 유엔 임무보다 더 많은 지원을 받을 수 있는 점을 고려해 볼 때 이것도 중요한 이점이다. 하지만 역내 활동은 그들이 실수할 수 있는 두 가지 장애를 해소해야만 한다. 첫째, 지역기구는 임무를 승인받기 위하여 반드시 충분한 합의를 거쳐야 하며 이러한 합의를 통해 정당성도 인정받을 수 있어야 한다. 둘째, 역내 지역기구는 반드시 분쟁에서 공정한 중재자(broker)로서 인정을 받아야만 한다. 이 또한 첫 번째 장애와 마찬가지로 성취하기 쉽지는 않다. 예로 미국이 주도하고 미국의 이해관계에 기여하는 미주기구(OAS) 활동은 유엔군보다 적법하지 못하다. 라이베리아 내 서아프리카 경제공동체 감시단(ECOMOG)에서 증명된 바와 같이 서아프리카에서 나이지리아가 주도했던 병력도 비슷한 문제를 경험했다. 만약 분쟁이 머지않은 미래에 지역 전체로 확산된다면 어떠한 행동도 승인을 받지 못 할 것이며, 만약 승인된다 하더라도 모든 관련국들이 공평하다고 인지하지 않을 것이다. 이처럼 이론적으로는 훨씬 더 많은 지원이 유리한 것은 사실이지만, 현실에서 제시되기란 쉽지 않다.

실제로 지역분쟁을 다룰 때 지역기구의 회원국들 사이에 큰 분열이 있어왔다. 예로 이란-이라크 전쟁과 이라크의 쿠웨이트 침공 간 아랍국가연맹(LAS)은 실제로 무기력했는데, 이는 아랍국가연맹 회원국들이 전쟁 중에 있는 국가에 대한 입장에서 크게 분리되었기 때문이었다. 지역적 적대감 또한 지역기구의 활동을 방해하는 경향이 있다. 동질성에서 오는 화합은 이스라엘에 대한 아랍의 단결과 앙골라의 탈식민지화를 지원한 아프리카와 같이 기구의 외부 안보위협에 대응하는 것에서 유래한다. 평화활동의 전개를 가속화하는 가장 흔한 위협인 내부 위협은 합의를 도출할 가능성이 가장 희박한 것들이다. 다국적 평화활동은 시행을 위한 합의에 전적으로 의존할 필요는 없지만, 평화활동은 기본적으로 단일국가에 의해 수행되는 임무에 비해 동맹국이 많을 경우 더욱 적법한 것으로 간주된다.

관련된 제3세계 국가들은 지역평화활동의 승인이나 논의에 거의 확실하게 참여하겠지만 유엔의 토론에는 그렇지 않을 수 있다. 이런 방식으로 제3세계 국가들은 그들의 관점에 따라 활동을 수정하는 호기를 갖고 그러한 방향으로 지역평화활동을 지원하게 된다. 더욱 중요한 것은 그들이 지역기구의 노력을 고의로 방해하지 않는다는 점이다. 물론 이러한 이점이 완전히 보장된다고는 할 수 없지만, 제3세계 국가들의 지원은 지역기구에 확실한 이익이 되며, 글로벌기구나 다국적 형태로 수행되는 임무에 비해 중요한 이점이 되고 있다. 만약 후자의 경우 국가들이 다른 분쟁 가담 세력들로부터 지원을 얻으려는 행동을 취하지 않는다면 그들 역시 잠재적인 반대세력으로부터 어려움을 당할 수 있으며 그 예로 레바논에서 다국적군(MNF)이 여러 파벌로부터 지원을 받지 못했고 파벌들에 대해 차별적 지원을 함으로써 활동에 심각한 문제를 야기했다.

때에 따라서 지역기구나 다국적 동맹이 유엔보다 더 많은 평화활동을 수행할 의지를 보이는 경우도 있으나 상황에 관계없이 그러한 방식이 체계적이면서 절대적인 이점을 가지고 있는 것은 아니다. 물론 유엔활동에서도 많은 경우 일부 중대한 단점과 오류가 있으므로 이들은 실제적으로 상대적인 장점이 있다.

유엔이 평화활동의 경비 마련 과정에서 경험해왔던 여러 난관들이 지역평화활동에서 더 확대될 수 있다는 치명적 위험이 있다. 지역평화활동은 유엔활동과 유사하게 지출이 소요되지만, 지역평화활동에 재정을 지원하는 국가는 거의 드물다. 각 회원국이 전 세계적 차원에서 감당해야 할 비용 이상을 지불해야 하는 경우 회원 규모가 작은 지역기구라면 치명적인 부담을 감내해야 한다. 그러나 앞에 언급한 바와 같이 지역기구의 수용능력에는 여러 변수들이 있지만, 이러한 잠재적인 단점들은 유엔과 대비하여 가장 선진화된 지역기구(예를 들면 EU)와 비교해 볼 때 완화될 수 있다. 자원의 제한은 차드(Chad I)에서의 아프리카 연합작전(OAU) 활동에서 가장 두드러졌다. 많은 국가들이 평화유지군에게 병력과 자금을 공여하겠다고 한 약속을 준수하지 않았기 때문이다. 준(準)지역기구(Subregional organization)들이 외부의 원조 없이 장기간 동안 활동을 지속할 수 있을지도 매우 의심스럽다. 다국적 동맹은 평화활동을 지원하는 국가가 공여한 자원에 의해 많이 좌우된다. 만약 동맹이 대규모(예 : MFO 다국적군 감시단)이고 주도국이 선진국(예 : 동티모르에서의 호주)일 경우에 어려움이 거의 발생하지 않는다. 그러나 이와 반대의 형태는 다국적 평화활동의 경우도 소규모 지역기구의 임무처럼 많은 문제들에 직면하게 된다.

지역기구 분석에서 공통되는 주제는 강대국 회원들을 상대로 일치된 행동을 할 수 있는 능력이 없다는 점이다. 보통 지역평화활동은 세계적 혹은 역내 강국들이 직접적으로 연관된 분쟁에서 승인을 받기가 쉽지 않다. 이러한 기구는 정치적 영향력이 없고 국가들에 의해 거부된 활동이나 지지를 받지 못한 활동을 수행할 자원 역시 가지고 있지 않다. 또한, 역내 패권국은 평화활동을 지원하라는 압력에 반기를 들 수 있다. 비단 임무가 승인된다고 하더라도 패권국은 직접적 행동이나 중재자를 통해 은밀한 방법으로 해당 임무를 효과적으로 방해할 수 있다는 것이다. 이러한 조건은 필연적으로 소규모 국가 간 또는 국내 분쟁에 대한 강력한 지역적 대응을 제한하게 된다. 일례로 독립국가연합(CIS)은 러시아의 지원 없이는 효과적으로 평화활동 조치를 취할 수 없었다. 비록 강대국은 아니지만, 대체로 유엔만이 지역 강대국들을 제한하는 잠재력을 행사하고 있다. 유엔은 일부 국가들의 협력 없이도 자원들을 보유하고 있으며, 인도가 그들의 평화활동을 수용하도록 압력을 행사한 것처럼 그럴만한 충분한 정치적 권력을 보유하고 있다.

지역 차원의 평화활동 수가 눈에 띄게 증가하고 있지만, 이것이 태생적으로 좋고 나쁨의 문제는 아니다. 우리는 코소보의 평화유지군과 같은 지역기구(코소보에서의 KFOR : 나토 코소보군)와 다국적 기구(MFO : 시나이 다국적군 감시단)는 그들(ECOMIL : 서아프리카 경제공동체 라이베리아 임무단과 MNF : 레바논 다국적군)이 실패할 가능성이 있는 것과 마찬가지로 평화활동을 성공적으로 수행할 역량이 있다는 것을 알고 있다. 유엔활동도 마찬가지라고 할 수 있다. 여러 기구에 비해 단일 기구가 조직되는 것의 이점은 분쟁의 종류와 현지 정황 그리고 평화활동에 영향을 미치는 일련의 여러 요소들이 직접적으로 연관되어 있다는 것이다.

인력관리

NATO를 제외한 국제 혹은 지역기구는 자의로 활용할 수 있는 상설병력을 보유하고 있지 않기 때문에 필요한 병력과 구조는 한시적으로 구성되어야만 한다. 다국적 동맹은 해당 동맹국의 군부대 병력들을 차출하게 된다. 어느 기구이든 승인된 평화활동에 병력을 공여하는 것은 해당 기구의 구성원에 의존해야 한다. **표 3-1**은 2006년 기준으로 진행되고 있는 평화활동과 병력수준을 보여주고 있다. 여기에서는 무엇이 평화활동에서 인력소요를 결정하고 어느 국가가 평화활동에 병력을 공여하는지, 그리고 그 이유는 무엇인지에 대해 알아보고자 한다. 또한, 상설평화군 혹은 신속대응군의 제안을 포함하여 평화활동을 위한 병력 공여에 있어서 대안적 기제의 평가와 더불어 결론을 내리고자 한다.

아마도 가장 많은 작전을 수행해서인지, 유엔은 임시적 혹은 사례별로 시행되었든 간에 인원 보충과 지휘의 표준 작전 절차를 가지고 있다. 유엔평화유지활동을 위한 조직구성은 국가별, 그리고 국제적인 요소들의 병합이라고 할 수 있다. 병력들은 소속국가 지휘관의 직접적인 통제 하에서 국가별 부대에 조직된다. 병력의 이동배치나 행동강령 위반에 대한 징계조치 또한 해당 국가의 군에 그 책임이 있다.

표 3-1 임무 수행 중인 평화활동의 병력현황(2006년 현재)

약어	임무단	병력 수
UNMOGIP	유엔 인도-파키스탄 정전감시단	44
UNAMA	유엔 아프가니스탄 지원임무단	11
ISAF	국제안보지원군	32,600
UNOMIG	유엔 그루지아 정전감시단	121
UNMIK	유엔 코소보 과도행정임무단	37
KFOR	나토 코소보군	16,160
EUFOR	유럽연합군-알테이아	5,935

CPKF, CPFOR	독립국가연합 그루지아 집단평화유지군 집단평화조성군	1,600
OSCE Mission	유럽안보협력기구 보스니아 임무단	0
Moldova Joint Force/ Joint Control Commission PK Force	몰도바 연합군/ 평화유지군 연합통제위원회	1,199
So.Ossetia Jnt Force	오세티아 연합군	1,320
OSCE Mission	유럽안보협력기구 그루지아 임무단	68
MINUSTAH	유엔 아이티 안정화임무단	6,642
UNTSO	유엔 예루살렘 정전감시단	151
UNDOF	유엔 골란고원 감시군	1,047
UNIFIL	유엔 레바논 평화유지군	5,147
MIMURSO	유엔 서부사하라 임무단	218
MFO	다국적군 감시단	1,687
RAMSI	솔로몬 제도 지역원조단	200
UNMIT	유엔 동티모르 통합임무단	18
UNOSIL	유엔 시에라리온 임무단	9
UNMEE	유엔 에티오피아 에리트레아 임무단	2,269
UNMIL	유엔 라이베리아 임무단	14,770
ONUB	유엔 부룬디 임무단	2,440
ONUCI	유엔 코트디부아르 평화유지임무단	8,037
Operation Licorne	코트디부아르 프랑스 평화유지군	3,400

출처 : 세계협력센터, 2007.

그러나 유엔 시스템은 많은 문제점을 안고 있다. 대표적으로 파병 국가사이의 언어, 의전, 전문성의 수준 차이 등으로 인한 조정이 어려운 관계로 유엔의 효율적 운영이 큰 문제점으로 대두되고 있다. 또한, 유엔에 공여되는 부대들이 해당국의 정치적 이해에 따라 행동하기 쉽다. 즉 해당국 부대들은 논란이 될 만한 임무, 예를 들면 현지 무장그룹을 공격하는 임무수행은 제한받을 수 있다. 민간경찰(CIVPOL)을 지원하는 데에는 또 다른 문제점들이 있다. 거의 대부분의 국가들이 즉각적인 평화활동 임무수행이 가능한 경찰병력을 보유하지 않고 있다. 이것은 대부분의 경찰들이 그들 국가 문제와는 전혀 다른 문제를 다루는 평화활동의 임무와 환경에 잘 훈련되지 않았기 때문이다.

역사적으로 아프리카 연합(AU)과 유럽연합(EU)은 평화활동을 위한 인력운영에 있어서 주로 임시방편에 의존한다. 아프리카 연합의 위원회 의장은 군대를 소집하여 파병하는 데 있어서 회원국의 자발적 참여를 촉구하고 있다. 유럽연합(EU)은 전통적으로 평화활동에 군을 파병하기 위하여 제3세계 국가와 협약을 체결했으나 특정 임무에 대해서는 승인을 받아야 하고, 임무의 필요에 따라 정확한 공여를 확정짓기 위하여 회의도 필요하다. 그러나 유럽연합은 수년간 계획을 통해 6천여 명의 거의 상설화된 신속대응군(Rapid Reaction Force)으로의 전환기에 있고, 2007년에 드디어 시행되게 되었다. 여전히 이 병력이 상설군의 형태는 아니더라도 파병을 위한 대비병력으로서 유럽연합 회원국들에 의해 조직된 병력이다. 회원국들은 특정한 임무 이외의 것을 부여받기 위해서는 회원국의 결정이 필요하다.

평화활동의 병력 규모 예측

평화활동에 파병되는 병력의 수는 어떻게 결정되는가? 아마 군과 보조 인력의 수는 임무를 달성하기에 최적한지의 여부에 따라 결정될 것이다.

그러나 실제적으로 제공되는 병력의 수는 임무 조직 기구가 승인하고 공여국이 최종적으로 제공하는 병력숫자 간의 함수에 의해 결정된다. 따라서 실제 병력의 수는 차선일 가능성이 높다. 그린(Green) 외는 유엔평화활동을 분석하여 병력의 규모와 연관된 일련의 요소들을 규명했다. 비록 본 연구가 지난 10년간의 평화활동은 포함하지 않았지만, 감시와 전통적인 평화유지 그리고 여러 평화구축임무를 비롯하여 광범위한 과업들을 보여주는 평화활동 임무를 다루고 있다.

대부분 평화활동을 수행하는 임무의 형태가 병력 규모에 중요한 영향을 끼쳤다. 전통적인 평화유지활동은 대체로 감시임무보다 더 많은 병력을 보유하였다. 놀랍게도 평화구축임무단에는 전통적인 평화유지단 병력수준의 거의 두 배가 요구되기도 했다. 예를 들어 보스니아 주둔 나토 코소보군(KFOR : 코소보군)은 최대 45,000명의 병력을 보유했는데, 이는 마케도니아와 여타 지역의 관련 임무단에 비해 수천 명이 더 많았다. 여기에는 심지어 경찰과 행정요원 및 보조원들조차 포함하지 않은 것이다. 반면, 이스라엘과 시리아 간 유엔 골란고원 감시군(UNDOF)은 지속적으로 1,000명 안팎의 군 병력만을 유지했다.

감시단은 세 가지 활동유형에서 가장 적은 규모라고 할 수 있다. 일반적으로 임무단의 제한된 과업이 상대적으로 적은 인력을 요구하게 된다[예로 몰도바 주둔 유럽안보협력기구(OSCE) 임무단은 10명의 감시요원을 초과한 적이 없다]. 반면, 전통적 평화유지임무단은 감시단보다 더 많은 병력을 필요로 하는데 이는 중재기능을 수행함에 있어 적은 수의 병력으로는 공격을 억제하거나 정전 상황을 감시하는 데 부족할 수도 있기 때문이다.

평화구축 임무단은 단순한 중재를 위한 병력의 요구보다 더욱 과중한 임무, 즉 인도적 지원 혹은 선거감시와 같은 활동을 포함한다. 그러한 활동은 전투가 종료되기 전에라도 활동지역에 파병이 될 수 있다는 점에서 타 임무단보다 더 큰 규모를 필요로 한다.

분쟁의 정황은 특히 심각할 경우 상대적으로 큰 규모의 임무단과 연계된다. 극심한 분쟁은 대규모 병력을 요구하게 되는데 이는 우호적인 환경보다 정전을 유도하고 감시하기 위해 더 많은 인력이 요구되기 때문이다. 따라서 2003년도에 파병된 제2기 유엔 콩고 임무단(MONUC-b)의 병력 수는 17,000명을 상회했다. 또한, 분쟁에서 행위자들의 증가가 유엔평화활동의 병력 수를 늘리는 부가적인 효과를 가져왔는데, 결국 독립적 행위자(국가와 비국가행위자를 포함)들의 수가 증가할수록 더 많은 병력을 필요로 하게 되었다. 따라서 복합적인 적대관계는 증가된 교전 당사자들의 행위를 감시하면서 평화를 유지할 수 있도록 부가적인 병력을 요구하게 된다. 그린(Green) 외(1998a)가 무력충돌(예로 내전 對 국가 간 전쟁)의 형태가 파병 규모에 필수적으로 영향을 미치는지 여부를 규명하지는 못했음에도 불구하고 다음 장에서 언급하겠지만 이 차이는 평화활동의 성공에 중요한 함의를 내포하고 있다.

대체로 병력이 파병되는 지역의 지형적 특성과 병력의 규모와는 연관성이 없다. 물론 그 영향은 미미하지만, 파병지역의 면적은 예외이다. 지형적으로 넓은 지역은 교전행위의 감시를 위해서 다소 많은 병력을 필요로 한다. 하지만 국경의 수와 파병지역의 물리적 지형은 평화활동에 배속되는 병력의 수와 큰 개연성은 없다.

평화유지병력의 공여

임시방편에 근거하고 주관기관의 통제를 받는 병력이 부재한 체제 하에서 평화활동은 회원국들의 자발적인 기여에 의존할 수 밖에 없다.

그렇다면, 어느 국가가 평화활동에 병력을 제공하는가? 병력의 공여가 국제체제 혹은 지역 내 모든 회원국들을 대상으로 균등하게 배분되는 것은 아니다. 결코 놀랄만한 일이 아닌 것이 병력의 소요를 조사하거나 파병을 강제하는 메커니즘(평화활동의 재정 출연도 포함, 하단 참조)이 없다보니 이러한 체제에서는 일부 국가들의 '무임승차' 행위에 취약하기 마련이다. 이러한 국가들이 평화활동에 전혀 병력을 파병하지 않지만, 모두가 국제평화와 안보라는 공공재를 누리는 형국이다.

유엔의 설립 초기, 그리고 전통적 평화활동에서는 평화유지병력이 원래 무력충돌에 직접적으로 개입하지 않은 국가에서 파병되었다. 예를 들어 제2차 유엔 긴급 평화유지군(UNEF II) 활동 시 13개 국가(호주, 오스트리아, 캐나다, 핀란드, 가나, 인도네시아, 아일랜드, 네팔, 파나마, 페루, 폴란드, 세네갈, 스웨덴)에서 병력을 파병했는데, 어느 국가도 아랍-이스라엘 전쟁의 참전국과 긴밀히 제

휴하거나 지리적으로 인접하지 않았다. 이에 주둔국 전투부대와 긴밀하게 연계된 국가나 인접국들은 공여국에서 제외된다. 그러지 않을 경우, 평화유지군의 외견적인 중립성이 훼손될 수도 있다. 국가별 지휘통제 하에 있는 병사로서, 무력충돌의 한 쪽 혹은 다른 당사자에 호의적일 수 있기 때문이다. 전통적 평화활동은 분쟁 당사국의 동의에 기반하기 때문에 편견은 외견상 혹은 실제적으로도 활동을 훼손시켜 분쟁을 재발시킬 소지가 있다. 냉전 시 평화활동에서는 초강대국 혹은 동맹국들의 참여도 조직적으로 배제했다. 이 또한 평화유지군의 중립성 유지라는 목표를 지키고자 했던 것이기에 이들이 파병된 많은 분쟁들이, 특히 중동지역에서 냉전의 우려와 직접적으로 연관되었다. 당시에도 평화유지 임무단에 자주 바르샤바 조약기구의 한 회원국(예 : 폴란드)과 북대서양 조약기구(예 : 캐나다)의 한 회원국이 파병한 병력이 있었지만, 대체적으로 그 이상을 넘지 않았다.

파병국의 역할이 호주, 캐나다, 인도와 같이 흔히 말하는 중위권 국가(middle power)에 부여되었다. 이들 국가들은 평화임무단에 잘 훈련된 병력을 파병할 역량을 갖고 있으면서도 제국주의적 야욕은 없었다. 이들 중 많은 국가는 국제관계의 여러 측면에서 그들의 영향력이 크지 않음에도 불구하고 평화활동의 참여를 국제사회를 위한 기여의 한 부분으로 간주했다.

다국적 평화활동은 해당 활동의 맥락과 분쟁 당사자들의 기호에 의해 더욱 조건화되어 왔다. 예를 들어 다국적군 감시단(MFO) 활동에서는 이집트와 이스라엘 간 시나이(Sinai)지역만 순찰했다. 왜냐하면 이스라엘측이 유엔과 회원국 대부분이 그들의 국익에 반하는 편견을 가진 것으로 보았기 때문이고 또 다른 유엔평화활동은 캠프 데이비드 협정 직후 수행될 수도 없었다. 이 협정의 중재자였던 미국은 MFO의 최대 파병국이었다. 따라서 미국은 이집트와 이스라엘 간 합의의 보증인으로서 역할을 했고 MFO의 참여는 이러한 약속의 한 부분이었기에 어떤 이들은 심지어 협정 그 자체에 있어서도 필수조건이라고 말했다.

탈냉전시대에는 평화활동의 참여에 있어 일부 비공식적인 제한이 해제되었다. 이에 많은 유럽 국가들이 더 이상 냉전의 긴장에 구속되지 않아도 되자 자주 평화활동에 병력들을 공여하였다. 그럼에도 유엔평화유지활동에서 주도적인 병력은 기존 공여국들로부터 파병된다. 2006년의 평화활동(Center on International Cooperation, 2007)을 보면 유엔평화활동의 병력공여 상위 3개 국가는 각각 파키스탄, 인도, 방글라데시이고 약간 차이는 있지만 네팔, 요르단, 에티오피아가 뒤를 잇고 있다.

더욱 괄목할만한 변화는 지역기구의 평화활동이 두드러졌고 여기에는 역내 강국 혹은 인접국에 의한 파병이 대세를 이뤘다. 예를 들어 나이지리아는 라이베리아 주둔 서아프리카 경제공동체(ECOWA) 주도 평화유지군(ECOMOG : 서아프리카 경제공동체 라이베리아 감시단)의 주요 파병국이었다. 마찬가지로 러시아도 독립국가연합(CIS) 주도의 평화임무단에서 주요한 역할을 담당했는데, 실제로 1994년 개시된 조지아 주둔 CIS 평화유지군에 유일한 병력 공여국이었다. 다국적 임무단도 유사하게 지역강국과 지리적으로 인접한 국가들에 의존하게 된다. 솔로몬 제도 지역원조단(RAMSI)에서 호주와 다수 인접국들이 병력을 조직하고 공여하였다. 이러한 환경에서 병력을 공여하고자 하는 국가의 의지와 실행할 수 있는 역량은 평화유지군을 구성하는 데 있어 중립성에 대한 근원적 우려를 상쇄시켰다.

평화활동에 있어서 국가의 참여 동기는 다양하다. 닉(Neack 1995)은 '이상주의적' 동기보다 '현실주의적' 동기가 병력을 공여하는 국가의 결정에 우선한다고 주장한다. 평화임무단, 특히 지역평화활동은 특정 국가의 국익에 도움이 되기 때문에 병력을 파병하게 된다는 것이다. 다수의 평화임무단이 현 국제질서를 유지하는 데 기여하고 민주화와 같은 자유주의적 가치를 증진시켰다. 이렇게 일부 선진 서구, 비서구 국가들은 평화활동의 기여가 그들의 국익과 가치를 고양시키는 방법으로 간주했기에 서구 동맹국에 의해 우선적으로 개시된 나토의 코소보 임무단 활동과 아프가니스탄의 국제안보지원군(ISAF) 활동 모두 중요한 사례라고 할 수 있다. 여타 국가들은 국익에 기반한 동기가 각각 다르다. 피지와 같이 소국들은 상대적으로 평화활동에 참여함으로써 중요한 국제적 특권을 얻는다. 또한 군 병력이 평화활동에 복무하지 않고서는 받을 수 없는 훈련을 받고 현장의 경험을 쌓는다. 궁극적으로 평화활동에 병력공여가 일부 국가들에는 실제로 수익을 가져온다. 파병국들은 평화임무단의 각 병사들에 대해 유엔으로부터 고정비율의 경비를 수령하게 되고 많은 국가들이 자국군에게 정부에서 정한 저율의 급여를 지급하고 차액을 갖는다.

평화군(Peace Force)에 대한 제안

누군가가 평화활동의 병력공여에 있어 최적의 시스템을 설계한다면 이는 기존의 방식과 전혀 다를 것이다. 전 세계에서 군대를 조직하는 데 있어 무력충돌이 발발하면 자발적으로 일터를 떠나 참전하는 시민군에 더 이상 의존하지 않는다. 왜냐하면 전문적인 군대가 17세기와 18세기 국제체제에서 그러한 임시방편의 방식을 대체했기 때문이다. 그렇다면 왜 국제사회는 평화활동에 대한 더 개선된 방식을 고안해 내지 못했을까?

평화활동을 위해 대규모 병력을 상비시켜야 한다는 사고는 전혀 새로운 것이 아니고 수십 년에 걸쳐 다양한 형태로 형성되어 왔다. 다음 절에서는 몇 가지 제안들을 살펴본 다음, 왜 그것들이 채택되지 못했는지 설명하고자 한다. 그리고 이러한 제안들이 미래의 평화활동에 어떠한 효과를 줄지에 대한 영향성을 가늠해 보는 것으로 결론을 맺고자 한다[22].

평화군 제안의 역사

상설 평화유지군에 대한 아이디어는 제2차 세계대전 이후부터 시작되었다. 유엔헌장 제43조에 의하면 회원국들은 안전보장이사회가 유엔의 강력한 조치에 동원 가능한 병력과 물자를 가용할 수 있도록 협조해야 한다. 그러나 초강대국들이 계획의 세부적인 것에 합의하지 못해서 제43조의 조항들은 실행되지 못했다. 당시 그러한 병력이 평화유지군이라기보다 단위부대 수준을 의도했음에도, 헌장 제정자들은 국제군(international force)이라는 개념을 구상했다.

국제군의 필요성을 인정하면서도 초강대국들이 집단안보를 내포하는 어떤 것도 합의할 수 없다는 사실을 감안하여 트리그브 리(Trygve Lie) 유엔 사무총장은 1940년대 후반에 혁신적인 제안을 내놓았다. 그는 중동에서 활동했었던 감시그룹 모델에 기초한 국제군 창설을 제안했다. 이는 집단안보를 위해 고안

22) 동 제안에 대한 자세한 논의는 Pichat(2004)를 보시오.

되지 않았던 상설화된 국제군 (창설)운동의 서막이었다. 그러나 이런 제한적인 계획조차도 안전보장이사회, 특히 구소련의 동의를 얻는 데 실패했다. 얼마 지나지 않아 총회는 국제감시임무(international observers mission)를 위해 잠재적인 (병력)보충의 명분으로 '예비군(shadow force)'을 승인했지만, 그러한 명분조차도 실현되지 못했다. 상설부대에 대한 계획이 덜 광범위한 제안으로 신속하게 치환되는 것이 이번 경우에 두드러졌다. 이러한 시나리오들이 이후 몇십년에 걸쳐 되풀이되었다.

다그 함마르쉘드(Dag Hammarskjöld) 사무총장과 같은 이들을 포함하여 많은 아이디어들이 긴급소집에 동원될 수 있는 예비군(military reserve)과 유사한 상비부대(standby force)에 중점을 두었다. 여러 경로에서 일반적 개념에 대해 지지를 표명했음에도 불구하고 초강대국 간의 불일치는 또 다시 상비부대를 창설하는 어떤 가능성도 무효화시키고 말았다.

1960년대 초 제1차 유엔 긴급 평화유지군(UNEF I)의 조직에 기여했던 레스터 피어슨(Lester Pearson) 캐나다 외무차관은 다수 국가들의 공동의 노력을 통한 상비부대 창설을 제안했다. 이는 더 야심찬 제안이 실패할 수 밖에 없다는 현실에 대한 인정이었다. 본 제안은 상설부대(standing force)가 아닌 상비부대를 요구하는 것이었다. 더구나 유엔이 평화유지군의 창설에 중심적 역할을 하지 않아도 되고 그 임무는 다자협정에 의해 참여의사가 있는 국가들로 구성된 컨소시엄에 부여될 수도 있다고 제안했다.

지난 수 십년 동안 병력의 대비태세를 개선하기 위한 다양한 제안은 아주 제한적이었음에도 채택되지 못했다. 많은 계획이 평화활동을 수행함에 있어 필요할 경우 국가별로 긴급소집에 가용한 일정 병력을 지정할 것을 주창했으며, 이는 상비부대를 보유함으로써 성취할 수 있는 대비태세의 수준보다 한 단계 낮은 것이었다. 이 방식도 여전히 임시방편으로 조직되는 유엔 임무단에 불과하지만, 병력들이 그나마 평화유지기술 관련 훈련을 받고 가용성도 높아지게 된다. 그럼에도 개별국가들이 대부분의 훈련을 통제하고 병력을 보충한다.

1992년 당시 부트로스갈리 유엔사무총장은 전통적 평화유지와 기타 임무들을 담당할 수 있는 국제 상설부대(international standing force)의 아이디어를 부활시켰다. 한편으로 그의 제안은 위기 시 파병에 대비하는 상비부대와 유사하게 조직된다는 점에서 제한적이었다. 그러나 부르로스 갈리 총장은 이 부대를 국제안보를 위협하거나 정전을 위반하는 국가들에 대해 더욱 강압적인 임무를 수행할 수 있는 '평화강제부대(peace enforcement unit)'로 구상했다. 더불어 그는 제43조와 이러한 활동을 감독할 수 있는 군사참모위원회(Military Staff Committee)를 재가동시킬 것을 요청했다. 매우 가능성이 있었음에도 불구하고 그 계획은 결코 안전보장이사회의 주요 상임이사국들로부터 지지를 끌어내지 못했다. 르완다 대학살 직후 네덜란드는 정규평화유지군의 도착 전 그리고 인도적 위기상황 시 예방적 파병 성격으로 활동 대비태세를 갖춘 상설부대라고 할 수 있는 '긴급파병여단(Rapid Deployment Brigade)'을 제안했는데, 이는 임박한 재난에 신속히 대응하는 것이 주요 특성이다. 다른 모든 제안과 마찬가지로 미국과 같은 주요국들의 반대로 채택이 무산되었다.

대체적으로 위의 야심찬 제안 대부분은 특성상 진정한 국제적 성격의 평화부대를 위한 조항을 포함한다. 해당 부대들은 합동훈련을 받고 함께 주둔하며 임무에 즉각적으로 가용할 수 있는 국제공무원들로 구성되고 그러한 국제군은 덜 강압적인 역할 혹은 아예 그런 임무를 수행하지 않을 수 있다는 것을 제외하고는 일반 국가의 방위군과 거의 유사하다. 차선적 제안으로서 평화유지 상비부대를 주장하기도 한다. 실제로 상비부대는 합동훈련을 받거나 받지 않을 수도 있지만, 전 세계 어느 지역에도 신속히 파병될 수 있도록 사전에 지정된 국가의 부대를 포함할 수도 있다. 이보다도 덜 공식화된 방향은 평화유지 임무를 위한 부대를 지정하자는 아이디어이다. 여기에서 국가는 사전에 계획을 세워 일정 군인들을 임무에 가용하도록 하는 것이다.

일부 제안은 유엔 병력이 국제적 후원 하에 엄격한 훈련을 받아야 한다고 주장한다. 평화활동은 태도와 방법, 전술이 전통적인 군 교리와 매우 다르기 때문에 특화된 훈련이 꼭 필요하다. 본 제안은 유엔에 의해 운영되는 국가별 단위부대 대상 훈련소에서부터 국제상비부대에 의해 수행되는 정규훈련계획의 범위를 아우른다. 최근까지 노르딕국가들이 수행했던 합동 다국적군 훈련이 또 하나의 좋은 사례이다. 가장 제한적인 훈련형태는 자국 군인들의 훈련 중 하나로서 활동배치를 위해, 아니면 적어도 그러한 임무에 배치될만한 병력들을 국가차원에서 훈련시키는 것이다.

상설평화부대는 군수지원을 위해 매우 발전된 인프라가 필요하다. 다양한 제안들은 필요한 장비와 물자를 적재할 수 있는 창고시설을 강조한다. 다소 제한된 아이디어는 유엔군을 위해 특정 물자나 지원을 제공할만한 국가들의 약속을 사전에 확보하는 것인데, 예를 들어 선진산업국들이 통신네트워크 구축을 지원하는 것이 적절할 수 있다는 것이다. 일부 제안들은 매우 세부적으로 병사들에게 본국의 식량을 제공하는 방법까지 논의하고 있다. 군수부분을 언급하는 모든 계획은 개선된 대비태세를 강조한다. 상설부대로 예상되는 유익은 점증된 대비태세에 따르는 장점에 기인한다. 이렇게 대부분의 주장은 상설부대의 유익이 정치적이기보다 운용적이라는 것을 강조하고 있다 . 그러한 유익은 향상된 전문성과 대응시간, 효율성 그리고 재정적 안정성을 포함한다. 물론, 연속선 상에서 병력의 위상에 대해 제한적인 제안 쪽으로 내려갈수록 상응하는 유익 또한 감소된다.

제안에 대한 평가

확실히 상설평화부대에는 일부 매력적인 특성이 있다. 실제 이런 부대가 있다는 가정은 선험적으로 제임스 보이드(James Boyd)가 밝혔던 일련의 생각과 부합하는 좋은 아이디어인데, 그는 '상설화된 부대를 보유하는 원론적 가치에 대해 반박하는 주장을 펴기 어렵다'고 말했다(1971, p.223). 그러나 상설부대가 현재의 임시적 배치보다 선호되는 데 반해 유익이 크다는 것도 확실하지는 않다.

먼저 현 부대가 야심찬 계획 하에 실시된 훈련을 받지 않았다고 해서 그들이 평화활동 문제에 반드시 숙련되지 못한 것은 아니다. 많은 병력들은 자국 내에서 적합한 훈련을 받고 있으며 일부 국가나 국가그룹들은 이미 광범위한 훈련프로그램을 보유하고 있다. 또한, 이제까지 많은 평화활동이 있었기에 미래의 임무를 위해 현재 기용할 수 있는 경험 있는 군인들로 구성된 대규모 부대를 조직하기에도 무리가 없다. 물론 군인 간 훈련과 경험은 파병 시 편차가 크다. 강간과 약탈을 포함하여, 평화유지군이 자행하는 범죄행위의 문제들이 발생해왔다. 크게 대서특필되었지만, 그러한 사건이 만연한 것은 아니고 훈련을 확대한다고 해서 예방될 수 있는지도 확실하지 않다.

성설부대의 또 다른 특성은 임무승인에 따라 신속히 파병되는 것이다. 만약 누군가가 신속한 파병이 이 부대의 최대 효율성이라고 가정한다면, 이 점은 유보되어야 할 것이다. 다시 말하지만, 현재의 임시배치 체제 하 병력의 파병시점이 예상하는 것만큼 그러한 기준에 못 미치는 것은 아니다. 경험상 재원조달이나 여타 문제로 합의가 이뤄지지 않은 상황에서도 일부 병력은 임무승인 후 며칠 후에 파병이 되어 무장전투원들 사이에 배치된 적이 있다. 실제로 캐나다군은 유엔 사이프러스 평화유지군(UNFICYP)의 승인 후 24시간 내에 현장에 도착했다.

콩고와 수단에서처럼 병력파병이 지체되었던 때는 신속하게 파병할 병력이 가용하지 않았던 것보다 (병사들의 안전을 우려한) 공여국들의 우유부단 혹은 당사국의 반대 때문이었다. 한편 긴급파병여단의 제안 이면에는 대량학살을 예방할 수 있다는 일부 주장을 내포하고 있다. 물론 훌륭한 아이디어지만, 이는 유엔임무단과 나토군이 잔학행위가 발발했을 때 르완다와 보스니아에 각각 주둔해 있었음을 간과하고 있다. 이런 비극에 대해 다양한 설명이 있을지라도 가용할 병력이 없었다는 것은 해당될 수 없다. 더불어 상설부대의 가용성은 만약 유엔 혹은 지역기구가 파병을 승인할 의지가 없다면 아예 타당하지도 않다.

향상된 기획력과 정규직원들의 지원에 힘입은 상설부대는 의심의 여지없이 현재의 시스템보다 더욱 효율적일 것이다. 그럼에도 불구하고 이런 점에서 상설부대를 공식화할만한 비교적 우위 이상의 논리가 필요하다. 즉, 더욱 설득력 있는 기준은 그렇게 해서 얻어진 유익이 임무의 성공에 결정적이어야 한다는 것이다. 개선된 효율성의 사례에서 보면, 이전의 평화활동에서 지휘와 통제, 조정과 관련한 문제들은 상대적으로 크지 않았으며, 자주 모국어가 다른 병력 간 커뮤니케이션과 국가 단위 부대 간 지휘노선의 정립에 대한 문제들은 결코 평화활동이 실패하는 원인이 되지 않았다.

상설부대의 근거가 될 만한 마지막 주장은 재정적 안정화이다. 이 추론은 오류인데 왜냐하면 재정문제가 모든 다른 운용의 문제들과 구별된다고 생각하기 때문이다. 실제로 국가가 특정 평화활동 임무를 지원하는 데 기여할는지 여부는 해당 활동에 대한 정치적 지지의 표출에 기인한다. 역사적으로 국가들이 재정 및 병력의 공여를 유보하거나 철회한다는 것은 유엔 회원제의 핵심요소 중 평화임무에 대한 정치적 지지가 약화되고 있음을 보여준다.

회원국의 기여 이외의 재원조성에 있어 대체가능하고 자율적인 방법이 있다고 해서 일부 강대국들의 불만족 혹은 반대 입장의 내재된 문제를 해결하기는 어렵다. 한편, 재정적 불안정으로부터 오는 난관들이 그리 심각하지 않은 것이 과거의 평화활동에서 적체된 유엔 부채가 현재 활동을 수행하거나 신규 임무를 승인하는 데 크게 걸림돌이 되지 않고 있다.

이와 같이 상설부대가 일부 장점이 있지만, 한계효용이 크지 않다는 것이다. 과거의 기록에서 증명되었듯이 현재의 임시체제가 어려운 환경 하에서도 나름대로 양호하게 운용되고 있다. 실제 이러한 임시배치체제는 활동을 조직하는 데 있어 유연성과 적응성의 이점이 있다. 이 체제가 직면했던 많은 문제들이 부차적인 것이었거나 결과적으로 상설부대체제를 도입한다고 해서 해결될 수 있는 요소들이 아니었던 것이다. 물론 상설부대가 더 효율적이고 전문적이며 대응시간을 개선할 수 있을 것이다. 선택할 수만 있다면 확실히 대부분 현 체제보다 상설부대를 선호할 것이다. 그렇지만 다분히 여기의 많은 분석들은 다분히 추측에 근거하기에 당분간 이런 식으로 지속될 수밖에 없을 것이다. EU를 제외하고는 곧바로 상설부대가 전면에 나올 전망은 없다. 국가들은 대체로 그러한 실체를 조직할 의지도 없을뿐더러 사례별로 평화활동에 대한 정치적 통제권를 보유하는 것을 선호할 것이다.

재원조성

평화활동조직의 세 번째 요소는 재원조성이다. 평화활동에 소요되는 비용은 국가의 국방예산과 비교해 볼 때 상대적으로 낮다. 예를 들어, 미주기구(OAS) 아이티 민주화 특별임무단의 2006년 예산은 미화 1천 3백만 달러인 반면, 미국의 이라크 연간 주둔경비는 해당 연도 국방운영비에서만 약 1천억 달러를 차지했다. 그러나 평화활동비용이 지난 20년간 극적으로 증가함으로써 1990년 유엔 정규 예산의 지출을 상회했다. 2006년 기준으로 수행 중인 일부 평화활동의 경비는 **표 3-2**에 나와 있다.

표 3-2 임무수행 중인 평화활동의 경비현황(2006년 현재)

약어	임무단	연간추정경비 (단위 : US$백만)
UNMOGIP	UN Military Oberver Group in India and Pakistan (유엔 인도-파키스탄 정전감시단)	7.9
UNAMA	UN Assistance Mission in Afghanistan (유엔 아프가니스탄 지원임무단)	68.4
ISAF	International Security Assistance Force (국제안보지원군)	102.2
UNOMIC	UN Oberver Mission in Georgia (유엔 그루지야 정전 감시단)	33.4
KFOR	Kosovo Force(나토 코소보군)	31.4
OSCE Mission	OSCE Mission-Bosina (유럽안보협력기구 보스니아 임무단)	22.1
MINUSTAH	UN Stabilization Mission in Haiti (유엔 아이티 안정화임무단)	489.2
UNTSO	UN Truce Supervision Organization (유엔 예루살렘 정전감시단)	30
UNDOF	UN Disengagement Observer Force (유엔 골란고원 감시군)	39.9
UNIFIL	UN Interim Force in Lebanon (유엔 레바논 평화유지군)	143.5
MINURSO	UN Mission for Referendum in Western Sahara (유엔 서부사하라 총선지원단)	45.9
MFO	Multinational Force and Observers (이스라엘-이집트 간 다국적군 감시단)	59

RAMSI	Regional Assistance Mission to Solomon islands (솔로몬 제도 지역원조단)	159.4
UNMIT	UN Integrated Mission in Timor-Leste (유엔 동티모르 통합임무단)	49.96
UNMEE	UN Mission in Ethiopia and Eritrea (유엔 에티오피아 에리트레아 임무단)	174.7
UNMIL	UN Mission in Liberia(유엔 라이베리아 임무단)	714.9
ONUB	UN Operation in Burundi(유엔 부룬디 임무단)	79
ONUCI	UN Operation in Côte d'Ivoire (유엔 코트디아부르 평화유지임무단)	420.2
Operation Licorne	Operation Licorne (코트디부아르 프랑스 평화유지군)	253.4

출처 : Center on International Cooperation, 2007.

평화활동의 현행 재원조성시스템

여러 정부 혹은 기관과는 달리, 유엔이나 여타 기구들은 평화활동의 재원조달을 위한 단일의 표준시스템을 갖고 있지 않다. 이는 부분적으로 평화활동이 비상상황이 발발하여 세계적으로 주목받게 돼서야 임시체제로 조직되는 경향 때문이다. 따라서 병력공여의 임시시스템은 이러한 임무단을 지원하는 재정계획에 그대로 반영된다.

평화임무단이 임시체제로 조직된다 하더라도 재원조성의 방법이 두서가 없거나 임박한 활동마다 상이하다는 뜻은 아니다. 임무단마다 약간의 편차가 있지만, 유엔평화활동은 여러 메커니즘을 통해 재원을 조성한다. 한 가지 방법은 유엔 정규 예산으로 경비를 충당하는 것이다. 이는 유엔 예루살렘 정전감시단(UNTSO)을 포함한 다양한 감시임무단에 대한 재원조성형태의 전형이라고 할 수 있다. 그럼에도 불구하고 이 메커니즘은 특정 임무단의 경비가 과대해 지거나(감시임무단은 대체로 전통적 혹은 평화구축임무단에 비해 규모가 작고 비용이 적게 든다) 해당 조직이 즉각적으로 여러 활동을 관리해야 할 때 문제가 발생한다. 또한, 평화활동이 유엔의 타 사업 우선순위와 경쟁하게 됨으로써 다면적 임무를 수행할 조직적 능력이 악화되고 전반적으로 극심한 재정적 압박에 직면하게 되어 모든 면에서 졸속한 해결방안이 될 수도 있다. 정무관(political officers)과 여타 사무국 직원들이 다양한 방법으로 임무단을 지원(assist)할 때, 일부 간접경비가 여전히 일반 예산에 편성된다. 일부 초기 임무단은 분쟁 당사자들에게 경비를 부담시켰다. 이는 분쟁 당사자들이 너무 빈곤한 상황이라 평화임무단 경비를 부담할 수 없거나 반대로 재정력을 통해 평화활동을 조작할 수 있다는 점에서 위험한 방안이다.

단순 정전감시임무보다 더욱 확대된 형태의 평화활동이 전개되면서 유엔은 특정 임무단의 특별계정에서 전통적 평화유지경비를 조달하게 되었다. 시기별로 차이는 있지만, 회원국들은 평화활동에 배정되는 경비 마련과 관련 정규예산의 산정에 활용된 방식과 유사하게 분담금을 납부했다. 2006년 기준으로 유엔평화활동의 상위 5대 분담금 지원국은 미국(26.7%), 일본(19.5%), 독일(8.7%), 영국(7.4%), 프랑스(7.3%)인데, 영국을 제외한 모든 국가들이 심각하게 분담금을 연체하고 있다(CIC 2007). 따라서 특정 평화활동에 반대하는 국가들이 자금지원을 보류하기 때문에 이런 방법도 항시 신뢰할 수만은 없다. 일례로 유엔 레바논 평화유지군(UNIFIL)은 특별계정에서 재원을 조달했으나, 일부 국가들이 정치적 이유로 분담금 납부를 거부하자 심각하게 경상비 적자가 발생했다. UNIFIL이 파병된 지 2년이 채 안되어 유엔총회는 특별계정을 메우기 위해 'UNIFIL 가계정'을 만들게 되었다. 이 계정은 회원국과 국제기구, 민간으로부터 자발적 기여금으로 조성됐고 UNIFIL에 병력을 공여한 국가들의 경비보전에만 사용되었다. 다른 임무단들은 현금이나 현물(헬기와 기타 장비)을 포함한 자발적 기부를 받기도 한다. 그러나 자발적 기부에서 나타나는 명백한 문제는 기부자들의 변심으로 철회될 수 있다는 것이다. 따라서 특별계정과 특별계정을 보충하는 구조 둘 다에 결함이 있어 평화활동에 있어 충분한 해결책이 되지 못한다.

유럽연합과 아프리카연합은 평화활동의 재원마련에 있어 서로 다른 형태로 운영한다. 유럽연합은 공통경비로 분류되는 재원조성구조를 가지고 있어, 특정 병력공여에 국한하지 않고 전반적으로 조직차원에서 경비를 지출한다. 그러한 경비는 유럽연합 회원들이 분담하게 되며, (국민총생산에 근거하여) 규모가 가장 큰 국가가 최대경비를 부담하는데 2006년 기준으로 독일(20.97%), 영국(17.57%), 프랑스(16.19%), 이탈리아(13.39%) 순이다. 이런 재원조성구조는 임무단의 승인과 함께 가동된다. 그러나 공통경비가 적용되지 않는 경우 '파병국 부담원칙(cost lies where they fall principle)'에 의거 부담하는데, 실제로 이는 국가들이 임무단에 기여하기로 동의하는 병력의 경비를 지불한다는 의미이다. 일부 국가들이 병력제공으로 재정적 인센티브를 갖는 유엔방식과는 달리, 유럽연합은 어떠한 평화임무단이라도 병력을 제공하는 데 인센티브를 제공하지 않는다.

아프리카연합은 상대적으로 빈곤국들로 구성되어 있기에 재원조성구조도 이를 반영하고 있다. 아프리카연합의 평화기금(Peace Fund)은 복합적 재원으로 조성하는데, 우선 회원국의 자발적 기부와 민간기업, 시민사회단체, 개인 등 타 대륙에서의 기부를 포함한다. 따라서 회원국의 빈곤과 무임승차의 동기로 인해 자체 재원으로는 평화활동을 유지할 수 없는 실정이다. 이에 연맹의 장은 외부로부터 지원을 요청하는데 대부분 유엔과 유럽연합과 같은 국제기구이다. 실제로 수단의 아프리카연합 임무단(AMIS)의 경우, 이러한 자발적 기부가 예산의 상당부분을 차지했다. 아프리카연합은 병력을 공여한 회원국에 경비를 환급해 주겠다고 약속했지만, 부족분이 발생할 경우 회원국에 분담시키거나 자금이 여의치 않으면 병력공여국이 경비를 충당하도록 요청했다. 결국, 회원국의 재원에 의존하는 것은 후방진지(fallback position)와 같은 대비책이라고 할 수 있다.

다만, 평화활동 시에 발생하는 많은 재정적 어려움은 단기적이다. 회원국의 분담금 납부일정을 국가별 예산배정시기 혹은 후원기관의 요구변화에 반드시 따를 필요는 없기에 그 결과 일시적인 재원부족이 발생하게 된다. 임무승인기관이 급히 동의를 얻어 단기에 평화유지군을 편성해야하기 때문에 이러한 신규 평화활동의 요구증대는 일시적인 재원조성문제를 초래하기도 한다. 하지만 더욱 심각한 것은 장기적인 재원문제들이다. 이들 중 일부는 장기적인 평화활동의 수가 증가하는 데 원인이 있다. 몇몇 회원국들이 극심한 빈곤 혹은 갑작스런 재정적 위기로 평화활동의 분담금 납부기한을 맞추지 못하는 한편, 일부는 자발적으로 더 기여할 수도 있다. 가장 중요한 것은 평화유지활동을 재정적으로 지원하는 데 있어 회원국들의 의지박약 문제이다. 이로 인해 회원국들은 납부기한을 준수하지 않고, 고비용을 가져오는 평화활동임무일 경우 승인을 기피하며 아예 자발적인 재정 기여의 의지를 보여주지 않는다. 재정과 정치에 근거한 재원문제는 평화활동의 재원을 회원국들의 기여에 의존하는 것에 직접적으로 기인한다.

평화활동경비의 예측

지원기관이 부담할 평화활동경비는 어떻게 결정하는가? 이는 평화활동을 수행하는 기구와 회원국에 매우 중요한 요소이다. 활동경비를 책정할 수 있게 됨으로써 수행기구는 상당한 재정적 부담을 감당할는지 여부를 결정한다. 또한, 정확한 비용편익분석에도 필수적이기에 아마도 의사결정자들이 평화활동임무의 승인 시 고려하게 되는 요인이기도 하다. 그러나 임무단 경비 측정치는 대부분 파병 시기가 되면 부족분이 드러나는데, 이는 활동기간 및 수행하는 과업의 변경 가능성과 연관된 큰 불확실성 때문이다.

그린(Green) 외는 유엔평화활동 경비에 영향을 미치는 여러 요인을 규명했다. 임무기간과 파병병력의 수는 평화군 비용의 핵심영향요소이다. 다른 조건이 같다면 주둔기간이 장기화되는 임무단에서 경비가 더 소요되는 경향이 있다. 유엔 예루살렘 정전감시단(UNTSO)과 유엔 사이프러스 평화유지군(UNFICYP)의 경우, 주둔한 지 각각 60년과 40년이 경과됐다. 상기 임무단의 1년 경비(2007년 회계연도 기준으로 각각 3천만 달러와 4천 6백만 달러)가 상대적으로 적음에도 불구하고 총 누적경비는 매우 많다. 의사결정자들이 임무기간 승인 시 이를 정확하게 예측하기 어려우므로 임무단의 최종경비는 비용을 부담할 당사국들에게는 충격으로 다가올 수 있다. 그럼에도 경비가 장기간 지급되는 경우 부담은 경감될 수 있으며 사실 의사결정자들은 총경비보다 연단위 경비로 임무단을 평가하기도 한다.

평화활동의 주요 지출항목이 인건비이기 때문에 대규모 병력을 보유한 임무단이 소규모인 곳보다 경비가 더 소요되는 것은 당연하다. 물론, 평화유지군의 규모는 승인기관의 통제 하에 있으므로 경비를 제한하기 위해 조절될 수도 있다.

전통적 평화유지임무단은 정전감시단보다 고비용이 들고 평화구축임무단은 모든 형태의 임무단보다 비용이 가장 많이 소요된다. 정전감시단은 제한된 과업으로 인해 비용이 적게 드는 경향이 있다. 반면, 전통적 평화유지군은 중재기능을 수행해야 하기에 소수의 인력으로는 공격을 억제하거나 정전감시를 수행하기에 부족하다는 점에서 정전감시단보다 더 많은 병력이 필요하다. 선거감시 혹은 인도적 지원업무를 포함하는 평화구축임무단은 단순중재에 개입하는 임무단에 비해 더 노동집약적이다. 이는 불가피하게 더 많은 경비를 소요하게 되며, 이러한 임무단 대부분은 기구의 회원국들이 인건비를 부담해야 하는 다수의 민간인 및 지원인력들을 보유하고 있다. 평화구축활동은 교전이 중단되기 전에 분쟁지역에서 전개될 수도 있고 상황이 더욱 혼란해져 주둔국의 통제가 제대로 이뤄지지 않을 수 있는 점을 감안한다면, 타 임무단보다 규모가 더 클 수밖에 없다. 물론 평화구축임무단의 경우, 경제와 개발원조의 형태, 즉 임무단의 직접 활동비를 초과하는 상당액의 경비를 포함한다.

무력충돌이나 행위자의 성격은 임무단의 재정에 영향을 미치지는 않지만,

예외로 병력규모나 주둔기간에 간접적으로 영향을 줄 수는 있다. 심각한 무력충돌은 (호전성과 논란의 여지로 인해) 해결에 더 많은 시간을 요구하기에 정전감시 혹은 여타 과업수행을 위해 대규모 병력을 필요로 할 수 있다. 내전은 순수 국가 간 분쟁에 비해 분별이 어려운 이슈로, 통제가 불가한 내분을 포함하기에 결국 장기간의 교전을 가져오고 이에 대규모 평화유지병력이 파병된다. 독립적인 행위자들이 늘어날수록 활동경비도 증가한다. 제3국들을 포함하여 많은 행위자들이 실제로 혹은 잠재적으로 분쟁에 개입할수록 늘어난 무장전투원들의 활동을 감시하는 데 더 많은 비용이 소요된다. 직관적으로 광범위한 파병지역이 비용증가를 가져올 수 있다고 예상할 수 있지만, 지리적인 요소들이 전체적인 평화유지군경비에 영향을 미치는 것으로 보이지 않는다.

평화활동경비를 절감하고자 하는 정책결정자들을 위해 한 가지 방법이 있는데 다름 아닌 병력철수 시한을 설정하고 꼭 필요한 최소의 병력을 승인함으로써 직접적인 제반 여건을 조성하는 것이다. 특히 평화활동경비에 정치적으로 가장 민감한 국제기구 회원국, 즉 서구 민주주의 국가들이나 아프리카연합과 같이 한정된 재원이 갖고 있는 기구들이 해당된다. 그러나 최소병력을 파병하는 것은 임무단의 목표를 달성하지 못할 수도 있기에 위험하다. 실례로 제1차 유엔 소말리아 임무단(UNOSOM I) 내 500명의 파키스탄병력이 현지 상황을 통제하기에 역부족이었다는 사실이 확연히 드러났다. 또한, 병력철수의 특정 시한을 설정하는 것은 교전 당사자들로 하여금 평화적 분쟁해결의 목표를 위반하면서 교섭을 지연시키거나 조작하는 등 시한을 활용하도록 부추긴다. 병력의 조기철수는 분쟁지역의 장기적인 안정화에도 역효과를 유발할 수 있다. 그리고 신규 유엔평화활동에서 점차 확대 통용되는 군병력의 대체인력으로서 경찰요원과 민간지원인력의 활용은 비용절감보다 도리어 고비용을 가져온다.

평화활동 재원조성을 위한 제안

평화유지병력의 충원과 마찬가지로 평화활동을 위한 재원조성 메커니즘에 있어 단일의 최적방안은 없다. 따라서 평화활동뿐만 아니라 일반적으로 국제기구들의 재원조성을 개정하기 위한 수많은 제안들이 제시되어 왔다. 그러나 평화활동의 재정상황을 개선할 제안들의 평가에 있어 그러한 개혁이 초래할만한 상황들을 신중히 고려해야 한다. 유엔과 지역기구들이 활동하는 데 있어 일반적인 정황은 그러한 기구들이 회원국, 대부분 그들 중 강대국의 이익에 종속된다는 것이다. 국제기구의 제한적인 자율권은 다음의 제안들을 구체화하는 데에 심각한 제약이 된다.

첫째, 법적으로 유엔 재정의 주요 변화는 유엔헌장의 개정을 필요로 한다. 유엔헌장의 개정은 안전보장이사회의 모든 상임이사국(영국, 프랑스, 러시아, 중국, 미국)을 포함한 회원국 3분의 2의 동의를 필요로 한다. 결과적으로 5개 상임이사국이 헌장개정의 거부권을 갖고 있다. 미국과 의회 내 내부 정치적 반대상황에서는 어떤 제안도 미국의 동의를 받지 못할 개연성이 높다. 국제기구에 대해 미국에 더 많은 기여가 요구될 경우, 이 같은 제안들은 수용되기가 매우 어렵다. 더군다나 유엔이 미국의 리더십에 의존하는 상황에서 재정개혁을 밀어붙이는 것은 비현실적이기에 미국이 동 기구에 주요한 변화를 묵인한다는 것은 있을 수 없는 일이다. 지역기구들도 정도의 차이일 뿐 재원조성 형식의 변화에 대한 법적–정치적 제한은 유사하다.

둘째, 주요 강대국들의 이권에 대한 고려 이외에도 재정개혁은 국가주권의 보존과 침해 사이의 균형을 찾아야 한다. 회원국들은 글로벌 혹은 지역기구들에 과대한 자율권을 부여하는 조치에 반대할 가능성이 높다. 예를 들어 유엔이 재정업무를 적절하게 관리할 수 없다는 의심으로 회원국들은 제반 지출에 대한 통제권을 행사할 수 있다. 한편, 유엔의 재정관리 측면 이외에도 대부분의 회원국들은 정치적 이유로 유엔의 과도한 자율권에 반기를 든다. 회원국들은 분담금을 지연납부함으로써 기구 내 영향력을 행사하고자 한다. 국제기구에 더 큰 자율권을 부여하는 재정개혁은 그러한 통제권을 배제시키거나 축소시킬 수 있기에 주요 분담국들, 특히 유엔에 대해 미국은 기구의 과도한 자율화 노선으로 인해 이러한 균형을 깰 수 있는 노력들을 저지할 것이다. 유사한 우려가 유럽연합을 제외한 지역기구들에도 확연히 나타난다. 유럽연합은 이미 회원국들로부터 막대한 정치적, 재정적 권한을 위임받았고 더불어 평화활동분야에서도 강력한 자율권이 있기에 타 지역보다 제약이 적다고 할 수 있다.

셋째, 태생적으로 평화활동의 조직기구에는 오래된 '무임승차' 문제가 있다. 많은 회원국들이 할당분을 납부하지 않은 채 분쟁상황에 더 많은 이해관계가 있는 국가가 필요한 재정을 부담하리라는 기대로 (국제평화와 안보라는) 공공재를 위한 자금지원을 유보할 수 있다. 역행하는 국가들에 대해 효과적으로 압력과 제재를 가할 수 있는 강제조치가 부족하기 때문에 이런 경향이 심화된다. 따라서 재정개혁이 회원제에서 수용될 수 있는 정도를 감안할 때, 차선의 효과라도 가져오는 개선에 있어서 일부는 이행될 수 없다는 사실을 명심해야 한다.

많은 저자들과 다양한 위원회를 통해 재원조성을 개선하기 위한 제안들이 만들어지고 제시되어 왔지만 평화활동에 국한되기보다는 대체적으로 일반적인 유엔재정문제에 해당되었다.[23] 그럼에도 불구하고 대부분의 제안이 평화활동에 적용 가능하고 유사한 계획들이 지역기구에도 도입될 수 있다.

점진적 수정

제안들 중 한 부분은 현행 활동기금 조성방법을 점진적으로 변경하자는 공통적 특성을 공유하고 있다. 동 제안들은 재원이나 재정 규모를 과도하게 바꾸기보다 현 체제에 문제가 되는 요소들을 시정하는 쪽을 지향한다.

연체에 대한 제재

분담금의 적기 납부를 확고히 하기 위한 제안(유엔의 부채는 분담금을 기한 내 납부하지 못한 것에 기인함)으로 납부지연에 대해 가산금이나 범칙금을 부과하는 것이다. 그러한 범칙금이 고질적인 납부지연 국가로 하여금 분담금을 적기에 내도록 유도할 것이라는 기대에 기인하는데, 기저에는 납부지연을 막을 중요한 비용-편익 인센티브가 있기 때문이다(현행 체제 하에서는 심지어 적기에 납부하지 않음으로써 얻는 경제적 인센티브가 있다).

23) 글로벌거버넌스위원회(2000); Henderson(1995); Butras-Ghali(1995); D'orville and Najman(1995); Ford Foundation(1993); Mendez(1997)를 보시오.

본 제안의 원리는 신용카드와 대출 등의 연체에 대해 범칙금이나 연체이자를 부과하는 금융기관들이 활용하는 방법과 유사하다.

납부일자 변경

또 다른 일련의 제안들은 회원국들의 납부일정에 중점을 둔다. 예를 들어 유엔은 회계연도 시작시점에 분담금을 책정하여 회원국들에게 매년 1월 31일까지 정규예산의 분담금을 납부하게 되어 있다. 반면, 유엔평화활동이 매년 정기적으로 생성되거나 종료되지 않음에도 불구하고 유사한 일정을 적용한다. 일부 국가들은 국가별 회계연도가 개시되기까지 빈번하게 유엔이 정한 1월말이 훨씬 지나서도 분담금을 납부하지 않는다. 예로 미국은 회계연도가 개시되는 10월까지 결코 분담금을 내지 않고 또 다른 거대 분담국인 일본은 매년 6월까지 분담금을 납부하지 않고 지체한다. 본 제안은 분기별로 납부일정을 변경하는 것이다.

유엔헌장 제19조 개정

유엔헌장 제19조는 2년간 분담금을 연체한 회원국의 경우 총회에서 투표권을 박탈한다고 규정하고 있다. 본 규정의 수정 제안은 투표권이 박탈되는 조건기한을 2년에서 1년으로 줄여 유엔의 부채를 낮추는 것이다. 본 제안의 논리는 연체에 대한 제재와 유사한데 그럼으로써 회원국들이 납부의무를 이행하도록 유도하는 것이다.

분담금책정의 적용기간 변경

일부 제안들은 회원국별로 유엔의 정규예산이나 개설된 평화활동의 분담금액을 책정하는 방법의 수정을 다루고 있다.

가장 단순화된 제안은 최근의 짧은 소급기간이 분담금 납부능력을 가늠하는 정확한 지표가 될 수 있다는 논리를 근거로 분담금 책정 시 10년간 평균 GDP에서 3년 치를 활용하는 것이다. 그 밖에 초강대국에 과도한 부담을 주지 않도록 분담금을 재조정하는 제안도 있다. 특히 미국과 관련 동맹국들은 유엔 정규예산의 상당부분을 부담하고 있으며 평화활동의 예산 부담분은 더 많다. 회원국에 분담금을 고르게 분배함으로써 평화활동이 어떤 한 국가의 지급유보에 영향을 받지 않게 하는 것이다. 3년간 평균 GDP 수정과 더불어 이러한 시스템이 더욱 공정한 것으로 인식될 경우, 대규모 분담국들은 그들이 적법하다고 생각하는 재정 기여 약속을 이행하겠다는 정치적 의지를 보여줄 수도 있다.

운영자본기금의 증액

운영자본기금(Working Capital Fund : WCF)은 정규예산과 제한적인 비정규지출을 부담하기 위해 유엔의 최초 재정계획에서 조성되었다. 본 기금은 원래 정규예산보다도 규모가 컸으나 지금은 상당히 축소되었다(몇 년에 걸쳐 정규예산은 유엔의 광범위한 임무를 반영하고 인플레이션에 맞춰 조정되어 증액된 반면, WCF는 단지 약간만 늘어났다). 유엔은 회원국들이 분담금을 연체할 시, WCF에서 자금을 대여받고 해당 회원국이 회비를 완납하면 상환한다. 일부 제안은 WCF를 증액하는 것인데, 각 회원국들이 1회 분담금액을 책정하여 WCF의 기금 규모를 늘리는 것이다. 이러한 비상(rainy day)기금은 유엔이 비상 시에 적절히 대응하고 단기적 재정부족, 특히 평화활동에 수반되는 문제들을 해결해줄 수 있다.

유엔의 자금차입 허용

기업과 정부가 특히 단기적으로 재원을 조성하는 일반적인 방법은 자금을 차입하는 것이다. 유엔에 대한 본 제안은 상업은행이나 여타 국제금융기구들로부터 자금차입을 허용하자는 것이다.

다르게는 국제통화기금 회원국들이 행사하는 것과 유사하게 특별인출권(SDR)을 허용할 수도 있다. 차입한 자금은 유엔 회원국들이 회비를 납부할 때까지 고갈된 자금을 보충하는 데 활용하게 된다. 이런 방법은 국제기구 사이에 전례도 있다. 세계은행은 국제자본시장에서 차입을 통해 자본의 일부를 증액한다.

유엔의 채권판매 허용

정부와 기업이 자금마련을 위해 자주 사용하는 또 다른 방법은 채권판매이다. 관련 제안으로서 유엔에 이 권한을 부여하자는 것이다. 채권의 발행은 원금과 이자를 지급하는 별도의 자금차입방법이지만, 통상적인 대출보다 광범위한 채권시장을 활용할 수 있다. 그러나 대출에서 나타나는 단점이 유엔의 채권에도 마찬가지로 적용될 것으로 예상된다. 실제로 1961년 총회는 사무총장에게 2개의 평화유지활동에서 발생한 재정 부족분을 메우기 위해 2백만 달러의 채권판매 권한을 주었다. 그러나 이로 인해 (상환기한이 25년이 넘는) 장기 부채문제가 발생됐고 일부 회원들은 채권 상환용으로 충당하려 했던 분담금의 납부도 지체했다.

회전평화기금(Revolving Peace Fund) 증액

유엔평화활동은 각 임무를 개시하기 전에 자금을 필요로 하며 그러한 활동을 위해 빈번하게 대폭적인 사전통고를 할 수는 없다. 실제로 유엔이 소요자금을 확보하는 데 몇 주가 걸리기에 보스니아의 유엔평화활동의 초기 사례와 같이 평화활동이 심각하게 지연되거나 복잡한 문제가 발생하기도 한다. 이에 유엔은 비상평화활동을 위한 회전평화기금을 개설했다.

유엔개혁을 위한 많은 분석가들의 공통적 제안은 이 회전평화기금을 증액하는 것이다.

점진적 수정의 평가

평화활동(혹은 유엔 전체)의 재정상황을 개선을 제시하는 대부분의 점진적 수정은 단지 더 큰 문제의 일부만을 지적하고 있다. 이런 점에서 볼 때 그것들이 계획대로 된다 하더라도 하나의 변화가 주는 영향은 미미하다. 따라서 종합적으로 그러한 제안들이 더 효율적인 조직에 대한 전망을 제공해주어야 하고, 이는 유엔이 부족한 재원으로 인한 최악의 단기적 충격에 종속되는 것을 줄이는 것이다. 그러나 단일 혹은 종합적이든 그러한 제안들이 현행 및 확대된 평화활동에 필요한 재원을 제공하는 데 실패했고 유엔과 지역기구들의 모금 역량을 저하시키는 정치적, 경제적 장애를 극복시키지도 못했다. 그들이 본질적으로 현행체제를 조율하는 것에 기대고 있어 여전히 현재의 재원조성체제의 가장 열악한 부분으로 인해 제약을 받고 있다.

국제조세징수

제안들의 두 번째 범주는 유엔뿐만 아니라 평화활동에 있어 재정문제의 근본 요인이 되는 회원국의 과도한 의존으로부터 벗어나 자율화시키는 것이다. 대신 국제기구들은 대부분 중앙정부 혹은 지방정부체제에서 통용되는 방식으로 재정수입을 늘리도록 바로 다양한 국제적 조직체 혹은 활동에 세금이나 각종 관세를 부과하면 된다. 그러나 대부분 과세계획은 회원국들이 국제조세의 세율과 적용 여부를 결정하고 관세를 거둘 책임이 있기 때문에 이는 회원국들의 완전한 자율영역이라는 점에서 재원조성방안이 될 수 없었다. 그럼에도 불구하고 다양한 제안은 국제기구들의 다양한 활동(해저광물개발과 관련한 것은 제외)과 특히 평화활동의 재원을 마련하는 통상적인 방안의 대변혁을 제시한다. 여기에는 국제조세징수의 아이디어에 있어 다양한 조세가 있는데, 이는 기본적으로 많은 국제기구가 부과할 수 있는 제품이나 서비스마다 다르다고 할 수 있다.

토빈세(稅)

토빈세는 노벨경제학상 수상자인 제임스토빈(James Tobin)에 의해 제안된 가장 유명한 국제조세이다. 그의 제안이 본래 포괄적인 유엔활동범위에 있어 재원마련을 위해 고안되었지만 평화와 안보활동에 적용될 수 있도록 변경할 수도 있다. 토빈의 아이디어는 외환거래에 소규모의 균일한 조세부과를 실시하자는 것이었다. 저율의 조세는 국제금융거래에 경제적 영향을 거의 주지 않고도 국제시장에서 정기적으로 발생하는 외환거래의 막대한 규모에서 얻는 수입을 통해 큰 규모의 모금을 할 수 있다.

국제공공재세(稅)

조세징수에 대체가 될 수 있는 방식은 글로벌 공공재와 관련된 조세나 이용자에 대한 세금부과이다. 글로벌 공공재란 한 국가의 주권에 속하지 않고(예로 해양 혹은 우주) 인류의 공동자산이라고 할 수 있는 지역이나 자원을 말한다. 다양한 국제공공재의 조세 제안 중에는 해로, 남극의 개발과 제반 활동, 영공, 위성을 포함한 대기권 밖 우주, 환경오염, 유전학적 자원의 국제거래, 그리고 조업권을 포함한다. 글로벌 공공재세 혹은 이용자 세금이 전례가 없었던 것은 아니다. 해양법협약 내 국제해저기구(The Seabed Authority)는 글로벌 해양공공재에서의 자원개발과 여타 활동에 실효적인 과세를 통해 확보한 자금으로 재원을 마련한다.

초국가활동세(稅)

글로벌 공공재의 이용에 대한 다양한 조세징수는 일반적으로 통상적인 국제공공재를 포함하지 않는 초국가적 활동에 관세를 부과하는 것이다. 통상적 초국가 활동의 일부 사례들은 국제항공여행(예로 공항출국세), 항공화물패키지, 국제통신, 국제우편서비스, 재래무기판매, 기타 여러 범주의 국제무역을 포함한다.

국제조세징수의 평가

국제조세징수는 쉽게 대규모 수입을 거둘 수 있다는 강점이 있다. 국제평화활동과 관련한 활동경비는 거대기업, 중앙정부 혹은 다양한 국제거래 금액 규모와 비교해 볼 때 그리 많은 것은 아니다. 따라서 세율을 아주 낮추면 거래활동 자체에 경제적 영향을 거의 혹은 아예 받지 않을 것으로 예상된다. 그리고 빈곤국보다는 기업과 여타 거부들에게 재정적 부담을 주는 것이기에 본 과세체제는 회원국의 재정적 비상상황에도 구속을 덜 받는다. 그리고 세율도 평화활동의 수요에 따른 변동을 맞추도록 조정할 수도 있어 전술했던 점진적 수정의 어떤 제안보다도 더 유연하다.

국제조세체제의 타당성은 상당 부분 회원국들의 협력에 기인한다. 당연히 회원국이 조세수입을 거둘 책임이 있기에, 아마도 분담금 직접 납부보다 심하지는 않겠지만, 이렇게 징수된 세금의 납부지연 위험은 여전히 존재한다. 무엇보다 회원국 정부들이 국제기구가 거의 독립적인 재정능력을 보유하는 것을 허용할지 여부가 가장 중요하다. 이미 국제조세징수에 대한 부트로스 갈리

사무총장의 제안은 미국의 정치지도자들로부터 극심한 비난을 받은 바 있다. 많은 국가는 이러한 제한적 조세징수역량을 통해 국제기구들이 자율권을 강화하는 것을 위험한 경로(slippery slope)의 첫걸음으로 간주하고 있다.

신규프로그램과 아이디어

제안의 세 번째 범주는 과거 재원 마련 시도와 다른 보다 획기적인 변화를 제시한다. 이전의 여러 아이디어가 유엔과 지역기구들의 태생적인 재원문제를 다루는 반면, 본 제안들은 구체적으로 평화와 안보분야에 맞춰져 있다.

자체 재원마련

한 급진적 아이디어는 평화활동이 자급자족으로 자체 유지될 수 있도록 하자는 것이다(Daudelin and Seymour 2000). 취약국 내 평화구축임무단들에 가장 잘 적용될만한데, 주둔국 내 주요 자원들을 통제하고 이를 판매하여 얻은 수입을 이용하고, 불법자산(도난당한 정부자금) 몰수, 조세와 관세징수, 다양한 그룹에 직접적으로 재건 책임을 일임하는 등 평화활동이 자체의 수입을 마련할 수 있다는 것이다. 다이아몬드 혹은 유전과 같은 자원을 통제함으로써 교전을 지속하고자 하는 자들의 재원을 원천적으로 박탈할 뿐 아니라 평화활동의 재원을 조성하는 수입을 얻게 된다.

• **유엔안보보험공사**

유엔 재원뿐만 아니라 안보적 수요를 제기하는 데 있어 특별히 혁신적인 아이디어는 국가에 대한 보험시스템의 구축이다. 유엔안보보험공사는 주택 혹은 자동차에 대한 보험증권을 인수하는 보험회사와 유사하다. 보험증권은 전쟁 혹은 여타 대형사건 발발 시 유엔 서비스에 대한 국가의 특별한 권리를 보증하게 된다. 보험증권이 각 국가에 대해 개별적으로 맞춰주더라도 적용범위는 대략 예방적인 군사행동, 방위, 혹은 국가에 대한 평화활동병력의 파병에 대한 권리를 포함한다. 유엔안보보험공사의 제안은 비상상황에 대처할 수 있도록 즉각적 소집에 가용한 유엔 상설부대의 실재를 가정하는 것으로 볼 수 있지만, 굳이 상설부대 없이 회원국들로부터 상비부대 파병약속을 포함한 변형된 방식도 염두해 두고 있다. 유엔안보보험과 기존 보험의 차이는 수혜국이 재난 시 현금대신 군사적 지원을 받는 것이다.

보험가입 자격이 있는 국가들은 보험료 프로그램에 따라 납부하게 되는데 위험수준과 유사 시 국가별 보험 적용범위에 근거하여 보험료가 달라진다. 따라서 기존 보험증권처럼 새로운 보험시스템은 모든 보험 계약자들이 부보기간 내 보험금을 지급받을 필요는 없기 때문에 (실제로 본 시스템은 단지 소규모 행위에 근거함) 자기부담방식이 된다.

단일평화기금

두 번째로 제안된 프로그램은 유엔안보보험공사만큼 파격적이지는 않지만, 평화활동을 비효율적인 임시방편적인 자금조성방법에서 탈피시키는 데 주안점을 두고 기획되었다. 단일평화기금은 유엔 정규 예산에서 분리시켜 구체적으로 평화활동을 대상으로 별도로 조성되고 항목별로 구분된 예산을 갖게 된다. 연간운영예산을 개설하는 것은 여러 이점을 갖게 될 것으로 보인다.

첫째, 평화활동을 위한 자금이 단기공지에도 가용하고 기구 직원들이 비상활동 시 신속하게 자금을 유치해야만 하는 의무를 경감시킨다. 둘째, 단기뿐만 아니라 연중에 걸쳐 예상치 못한 평화활동을 위한 자금을 확보할 수 있는 유연성을 제공할 수 있는데, 이러한 예산은 신규활동을 관리하는 데 있어 완충적 역할을 할 것으로 예상된다. 마지막으로 별도 예산의 유지를 통해 유엔이 평화활동자금을 기구 내 여타 부분의 비용지급에 전용할 수 없도록 할 수 있다(유엔은 여타 의무를 감당하기 위해 병력 공여국에 대한 비용지급을 지체했다는 증거들이 있다). 단일평화기금의 순효과는 무력충돌상황에 잘 대처할 시간을 확보하고 기획과 훈련, 커뮤니케이션, 그리고 기타 의무이행 시 현행처럼 관료화된 조직에 산재해 있기보다 통합적 관리로 개선시키는 것이다.

회원국 국방예산에 평화활동예산의 통합

세 번째 신규 프로그램은 평화활동의 자금조성에 있어 회원국의 직접 납부에서 국방예산의 활동비로서 임시자금(ad-hoc fund)으로 전환하는 것이다. 회원국은 그들의 국방예산에 평화유지활동을 위한 관련 항목을 보유하거나 국방예산에 평화활동의 일정 비율(10%로 권장 제시)을 적용하는 것이다. 평화활동지역 내 국가들은 특정 활동에 대해 직접적으로 내거나 역내 모든 평화활동에 자금을 부담하는 것으로 이러한 평화활동과 연관된 제반 비용을 납부하게 된다.

유엔안보보험공사와 같은 신규 프로그램들의 개설은 여러모로 심각한 문제점을 보여준다. 이들은 유엔과 지역기구들이 현행 체제에서 겪는 동일한 문제를 확실하게 해소하기 힘들 것으로 예상되고 기구들의 재정문제를 더 악화시킬 수 있는 새로운 난제들을 유발시킬 수도 있기 때문이다. 또한 신규 프로그램들이 채택될 가능성도 상대적으로 낮다.

평화활동이 50년이 넘는 역사를 가짐에도 불구하고 국제사회는 임시방편의 비효율적인 방식으로 여전히 임무단을 조직하고 병력과 물자를 제공하며 자금을 지원하고 있다. 대부분 공통된 방식으로 유엔과 지역기구들이 수행하는 평화활동은 매번 활동이 승인될 때마다 여전히 회원국들의 아량에 과도하게 의존한다. 물론 이러한 방식들을 제도화하려는 일부의 노력들이 있었음에도, 대부분의 야심 찬 제안들은 저항에 직면해왔다. 평화활동이 조직되는 방식들을 감안할 때, 해당 활동은 임무를 수행하는 데 있어 심각한 어려움에 직면하게 될 것으로 예상된다. 다음 장에서도 드러나듯이 많은 활동이 성공을 거뒀지만, 그럼에도 불구하고 성공과 실패에 영향을 주는 핵심요소들은 대체로 평화활동 자체의 통제를 넘어서는 것들이다.

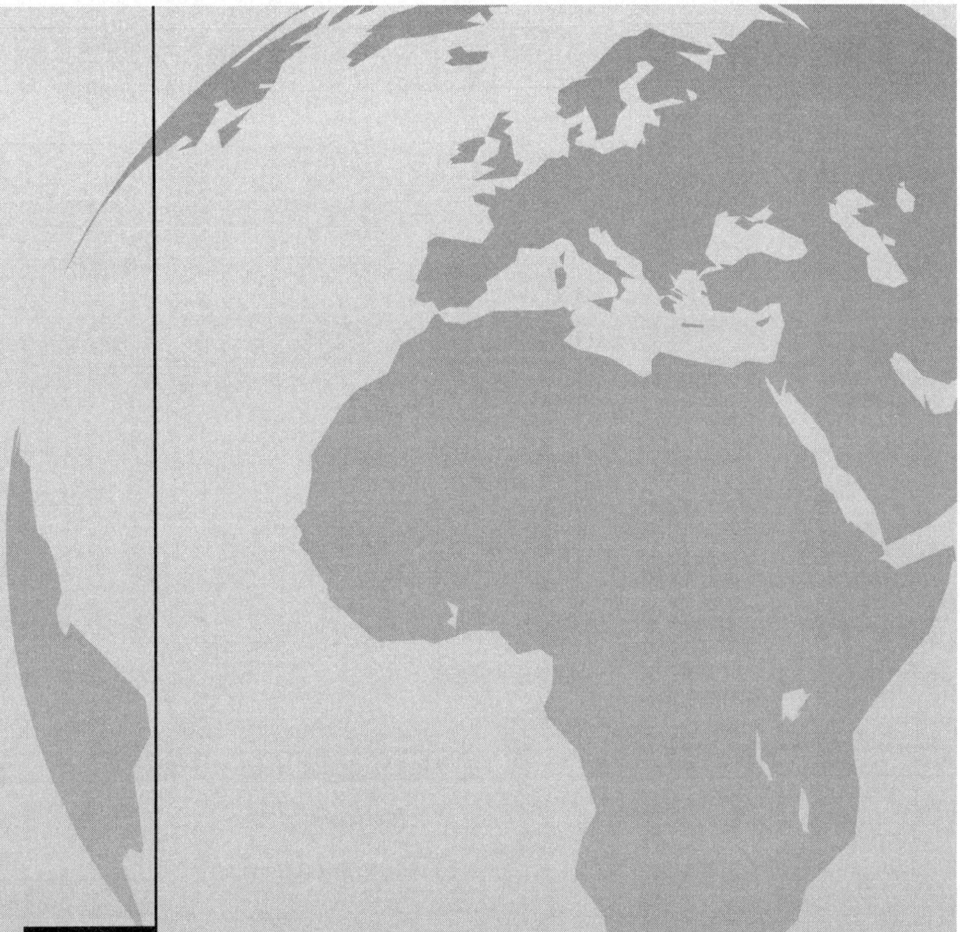

PART 04

평화활동의 성패

The Success and Failure of Peace Operations

평화활동의 성패

1998년 유엔 평화유지군은 노벨평화상을 수상했다. 최소 두 번에 걸쳐 노벨상이 평화활동과 관련하여 개인과 조직(각각 1957년 레스터 피어슨과 2001년 UN과 코피아난 사무총장)에 수여되었다. 이러한 수상 이력을 통해 평화활동은 본래 훌륭하다는 일반적 가정이 지속적으로 팽배했기에 누구도 평화를 증진하는 이 메커니즘에 대해 쉽게 반기를 들 수 없었다. 그러나 정책적 측면에서 우리는 평화활동이 주는 영향에 대한 객관적 평가법을 발전시킬 필요가 있다. 평가가 긍정적이라 할지라도 모든 평화활동이 성공적이라고 할 수는 없다. 오히려 활동의 성공은 일련의 요소들에 의해 조건화되고 정책입안자들의 경우, 언제 평화활동이 유리하게 활용되고 언제 여타 분쟁관리기술이 잘 적용되는지 이해하는 것에서 유익을 얻기도 한다. 따라서 첫 시발점은 평화활동이 성공적이라는 것이 무엇을 의미하는지 이해하는 것이다. 이는 당연한 것처럼 보이지만, 그러한 판단에 명확한 기준을 활용하는 분석가들은 극히 드물다.

성공적이라는 것이 무엇을 의미하는가?

미래의 활동을 위한 교훈 도출을 대부분 목표로 하는 평화활동의 성공에 대해 수많은 연구가 이루어지고 있지만, 상대적으로 성공이 무엇을 의미하는지 정의하는 것에는 거의 관심을 기울이지 않는다. 학자들은 빈번히 어떻게 평가가 내려져야 할지에 대한 구체화 없이 평화활동의 성패 원인만을 탐구한다. 때때로 성공의 연역적 개념화는 명확하나, 평화활동의 운영기준은 소위 영향에 대한 논의에 있어서 함축적이고 운영지표도 상대적으로 드문편이다.

평화활동의 성공을 정의하는 것은 보기만큼 쉬운 일이 아니기에 적정한 기준에 대해 분석가들 사이에 일부 이견이 있다[24]. 첫째, 평화활동의 성공을 개념화할 때 생기는 질문은 '누구를 위한 성공인가?'라는 것이다. 평화활동에는 다수의 이해관계자들이 있고 – 국제사회와 지역기구, 분쟁 당사국 혹은 무장그룹들, 현지주민, 그리고 병력 공여국 등 – 그들 중 각자는 성공에 대한 서로 다른 기준을 산출해낸다. 이해 당사자들이 일부 공동의 관심사(예 : 폭력의 제한)를 공유하겠지만, 그들의 여타 이해관계는 완전히 동일선 상에 있지는 않다. 국제사회는 장기적 안정화와 인권보호를 추구한다. 분쟁의 주요 당사자들도 그들만의 이해관계가 있으며 그중에 가능한 한 많은 지역을 장악하는 것도 포함된다. 교전의 중지는 단지 일시적인 목표일 뿐, 재무장과 재보급을 위한 시간벌기에 불과할 수 있다. 현지주민들은 무장그룹들에 동조하기보다 집으로의 복귀와 함께

24) 운영기준에 대한 일반적인 논의는 Druckman and Stern(1997)를 보시오.

식량과 의료를 충분히 얻는 것이 주요 관심사이다. 병력 공여국들은 자국 병력들의 안전이 가장 중요한 목표 중 하나이다.

위와 같이 상이한 이해관계에 의해 가늠된 성공의 판단은 매우 다른 결과들을 가져올 수 있다. 실제로 한 이해관계자에게 성공이 다른 이들의 눈에는 성공을 훼손시키는 것이 될 수 있다. 미군의 피해가 대서특필된 이후, 소말리아 주둔미군(UNITAF)은 혹시 발생할 자국군의 희생자를 줄이기 위해 현지의 질서회복과 현지주민 보호임무를 회피하는 비정상적인 절차를 밟게 되었다. 보스니아에서 현지주민들을 보호할 수 없었던 유엔 보스니아 평화유지군(UNPROFOR)은 국제사회의 인권보호목표를 달성하지 못한 것이, 도리어 세르비아 군에게는 이점이 되어 영토를 장악하여 현지에서 인종청소를 단행할 수 있었다. 따라서 평화활동의 평가는 다면적 관점을 고려해야 한다.

둘째, 성공의 정의는 단기 혹은 장기적 관점을 채택하는지 여부에 따라 달라진다. 성공은 평화활동을 수행하는 동안 도출한 목표 혹은 병력철수 이후 일정기간에 걸친 목표의 성취로서 개념화될 수 있다. 전자의 사례는 인도주의 작전 동안 기아의 경감과 의료 여건을 개선하는 것이다. 따라서 여타 문제에도 불구하고 두 차례의 유엔 소말리아 임무단(UNOSOM I, II)은 식량 원조와 의약품 지원이 내부 유랑민들에게 전달되었기 때문에 성공으로 간주될 수 있다. 장기적 관점에서는 평화활동 종료 후 수 년 동안 무력충돌이 없었거나 소말리아의 경우에서처럼 제 기능을 하는 민주정부의 강화가 필요하다(그러나 이 조건은 아직 충족되지 못하고 있다).

장 · 단기적 입장은 둘 다 유용하다. 그럼에도 불구하고 장기적 관점은 빈번하게 활동의 성패에 있어 상이한 평가를 가져온다. 예를 들어 동티모르 내에서의 다양한 평화의 노력(예 : UNTAET-유엔 동티모르 임시행정기구)들은 당시 단기적으로 거의 보편적인 성공으로 여겨졌지만, 2006년 폭력과 불안정한 상황이 재발되었을 때, 신속히 재평가가 내려졌다. 대부분의 이해관계자에게 장기적 목표의 성취는 제일 중요한 반면, 가장 평가하기도 어렵다. 여기서 한 가지 '평화활동의 영향을 평가하는 데 있어 어느 정도의 시간을 고려해야 하는가?' 하는 질문이 생긴다. 활동경로에 대한 의존과 다른 효과들을 감안하건데, 평화활동은 수십 년에 걸친 결과를 봐야 알 수 있다. 그러나 비정상적으로 장기간을 설정하면 현재 수행 중이고 최근 종료된 평화활동을 평가하기란 불가능하다. 더불어 평화활동의 종료와 평가 사이의 기간이 장기화되면 될수록, 평화활동의 영향에 대한 인과관계를 도출하기가 더욱 어려워지며 부주의(intervening force)가 미래 조건에서 평화활동이 주는 영향만큼 크거나 어쩌면 그보다 더 큰 영향도 줄 수 있다. 결국 장기평가가 정책결정자에게 불만족스러울 수 있다. 그들은 자주 평화활동의 가치를 판단하는 데 수년간 기다리지 못한다. 분쟁을 관리하는 데 있어 임무단을 지속시킬지 혹은 대체적 수단을 강구해야 할지에 대한 결정에 있어 해당 활동이 종료되기 이전에라도 일정 부분 평가가 필요하다. 실제로 임무단의 지속 혹은 종료를 결정하는 근거 중 하나가 해당 활동이 성공적으로 과업을 마쳤는지 여부이다.

세 번째는 평화유지의 효과를 평가하는 데 있어 기준선 혹은 표준을 개발하는 것을 고려해야 한다. 한 가능성으로 국제사회에서 어떤 조치도 취하지 않은 상황에서부터 평화활동의 평가를 시작하는 것이다. 그러나 이런 '없는 것보다 나은(better than nothing)' 정도의 수준은 어떤 판단에 있어서도 편견을 유발할 수 있다. 첫째, 의사결정자들이 평화활동의 개시 아니면 방임 사이에서 선택하기 보다 오히려 보조적이면서 대체할만한 폭넓은 차선책(예 : 경제적 제재)을 활용한다는 것이다. 둘째, 평화활동이 전개된 이후 상황의 개선을 놓고 투입된 비용을 고려하지는 않은 채 이를 성공으로 간주할 수도 있다. 따라서 긍정적 평가는 어떤 경우에도 가능할 수 있다.

또 다른 기준은 평화활동 이전의 상황과 평화활동 수행 중, 그리고 이후를 비교하는 것이다. 본 기준은 분쟁의 정황에 있어 기준선을 조절할 수 있는 이점이 있는데 이는 평화활동 중에 폭력이 누그러진 수준이 일부 상황에서는 개선된 것(보스니아 내 전면전 중 파병)으로 고려될 수 있는 반면, 다른 경우(에티오피아와 에리트리아의 정전 이후 파병)에는 악화된 것으로 평가될 수 있기 때문이다. 하지만 이 기준도 여전히 더 광범위하고 장기 임무목표로서의 개선에 관한 문제를 안고 있다.

또 다른 분석가들은 평화활동에 걸쳐 효과성의 비교를 제시한다. 그러나 이 또한 단지 무엇이 평화활동을 차이나게 하고 완벽한 평가기준선을 제시하지 못하게 하는지에 대한 비교평가를 할 뿐이다. 더군다나 극심한 교전 중에 민주콩고와 수단에 파병된 임무단과 포괄적 평화조치가 시행된 상황에 있는 나미비아 혹은 여타 국가에 파병된 임무단을 실제로 비교할 수 있을지 의문이다.

임무별 혹은 평화유지활동이 전개되는 무력충돌의 국면과 관계없이 모든 임무에 적용될만한 몇 가지 일반적인 성공의 기준이 있다. 아마도 가장 공통적인 기준은 무력충돌의 완화이다. 모든 평화활동은 폭력적인 무력충돌(예 : 재발된 전쟁, 조직범죄)을 억제한다고 볼 수 있고, 이는 대부분 임무단이 수행하는 업무의 선행조건이기도 하다. 상황진전의 다양한 지표들은 무장전투원들의 숫자와 평화유지병력 중 사상자, 피격사건 혹은 대개 교전이 재개되지 않은 일자나 개월수를 포함한다.

약간은 덜 흔하지만, 그래도 여전히 현저하게 고려하는 것이 있는데, 이는 무력충돌의 봉쇄로써 분쟁이 추가적인 내부 행위자들과 주변국, 혹은 주요 강대국으로 확대되는 것을 억제하는 것이다. 이러한 성공기준의 지표들은 무력충돌에 개입하는 교전 당사자의 숫자와 무장전투원들에게 유입되는 무기와 자금도 해당된다. 결국, 많은 분석가는 평화유지군에게 무력충돌 해결에 적합한 환경을 조성하는 역할을 부여한다. 그러나 이는 평화협정 이전에 전개된 평화활동에 한해 적용 가능하다고 볼 수 있다. 이러한 기준에 의거하여, 진행중인 교섭과 사실적인 평화협약의 실재는 상황의 진전 여부를 도표화하는 척도로 쓰일 수 있다.

일부 전형적인 기준 이외에도 성공은 빈번하게 개별 과업의 완수에 근거하여 정의되기도 한다. 전통적 평화유지단과 평화구축임무단에서 수행하는 광범위한 임무들을 감안할 때, 이들 중 선거감시, 교전병력의 철수와 무장해제, 시민사회단체들의 설립, 인권 등과 관련하여 고안된 기준들이 있다. 이러한 기준 대부분의 출발점은 해당 평화활동에 부여된 위임명령에서 비롯된다. 어떤 의미에서 보면 특정 임무단에 해당 임무가 적절한지는 부여된 과업에 의해서만 판별되지만, 한편으로 성공을 정의하는 데 있어 위임명령들을 활용하는 것과 관련해서 여러 맹점도 있다. 첫째, 위임명령은 정치적 숙고와 타협의 산물이기에 결과적으로 자주 모호해질 수 있다는 것이다. 평화활동 임무의 범위와 세부사항에 대한 논란의 여지가 많기에 이것만으로 해당 임무의 목적이 성취되었는지 평가하기는 어렵다. 둘째, 임무는 변화하는 무력충돌 환경에 유연하게 적용될 수 없어, 결국 평화유지단이 실행하고자 하는 바가 위임명령이 제시하는 기준을 더 이상 반영하지 못하게 된다. 셋째, 일부에서는 '위임명령의 명료함'이 평화유지와 관련하여 성공으로 간주되지만, 평가에 있어 위임명령을 최대한 활용하는 것만을 볼 경우 역시 문제가 될 수 있다.

이러한 문제에도 불구하고 평화활동의 성공에 대한 수많은 연구가 있었다. 다만, 대부분 성공에 대한 명확한 기준을 도출하지 못했고 대부분 단일 활동의 범위를 넘어 폭넓게 적용되지 못했다. 그럼에도 평화활동이 성공적인지 그리고 어떤 조건 하에서 성공할 수 있는지에 대해 구분할 수 있는 몇 가지 정형화된 양식이 있다.

평화활동의 영향(Impact)

평화활동에는 다양한 목적이 있지만, 그중 대부분은 무력충돌과 관련한 여건들의 개선을 추구하는 것이다. 그렇다면 이러한 활동들이 어떻게 효과적일 수 있을까? 일련의 연구들이 평화활동이 실제로 상황의 개선을 가져오는지 측정할 목적으로 수행되어왔다. 전형적으로 그러한 연구들은 무력충돌의 완화라는 단순한 지표를 가지고 성공을 정의하는데, 대부분 평화활동의 전개에 이은 '평화의 존속기간'에 집중한다. 그러나 우리는 평화활동만으로 향후에 발발

할 수 있는 무력충돌을 막거나 장기간의 무력충돌을 해결할 수 없다는 사실을 알고 있다. 따라서 이러한 많은 연구가 다른 중요한 요소에 비하여 평화활동의 효과에 가중치를 두고 평화활동이 전개된 무력충돌 사례들만을 고려하며 이러한 평화활동을 제외한 요소들을 통제하게 된다. 본 절에서 이러한 연구들의 결과들을 살펴볼 텐데 우선, 평화활동이 긍정적인 영향을 갖는지 여부를 확증하고자 한다. 그런 다음 두 번째 연구로 넘어가서 평화활동을 보는 데 있어 성패를 가져오는 요소에는 무엇이 있는지 판별할 것이다. 비록 제한적이기는 해도 이러한 연구들은 평화활동이 긍정적 혹은 부정적 결과를 낳는지 여부를 조건화하는 상이한 요소들을 보여주고 있기에, 엄밀한 의미에서 평화활동은 획일적으로 바람직하다고 할 수 없고 그렇다고 해서 조직적으로 회피할 수도 없다.

평화활동과 성과

평화를 유지하는 데 있어 평화활동이 어느 정도로 실질적인 도움이 되는가? 많은 연구가 단일의 활동에 초점을 맞추고 효과성에 대한 결론을 도출한다. 이러한 분석의 형태를 들여다 보면, 성공과 실패, 그리고 양 극단 사이에 놓인 상황들의 사례를 쉽게 발견하게 된다.

전통적 평화활동 중에서 유엔 골란고원 감시군(UNDOF)의 활동을 대부분 성공으로 분류한다. 이스라엘과 시리아 간 대립이 지속되었고 양국이 레바논에서 (직 · 간접적으로) 수차례 충돌했음에도 골란고원지역에서는 어떤 교전도 발생하지 않았다. 반면, 레바논 남부에 파병된 유엔 레바논 평화유지군

(UNIFIL)은 통상 확연한 실패사례로 인용되고 있다. 본 평화활동은 로켓포가 팔레스타인 난민촌으로부터 평화유지군의 상공을 지나 이스라엘로 비처럼 투하되는 때에도 속수무책이었고 이는 이스라엘이 보복공격을 하게 되는 결과를 가져왔다. 1982년과 2006년 이스라엘의 레바논침공 역시 유엔 평화활동이 억제하지 못했다. 유엔 사이프러스 평화유지군(UNFICYP)의 사례는 더욱 모호하다. 1964년에 파병된 이래 초기에는 수차례 폭력사건이 발생하고 1974년에는 터키군의 침공으로 이어짐으로써 북 사이프러스 터키 자치공화국이 수립되었다. 그러나 그때 이후로 거의 충돌이 없었으며 대체적으로 안정을 유지하고 있다.

좀 더 최근의 평화활동 기록을 살펴봐도 마찬가지로 복합적이다. 일부 초기의 문제점이 없지는 않지만, 유엔 나미비아 선거지원단(UNTAG)은 대체로 성공적인 활동으로 간주된다. 본 활동은 나미비아에서 남아공화국 군대의 철수를 감시하고 다수결의 독립국가를 수립하도록 자유롭고 공정한 선거를 지원했다. 이에 반해 유엔 르완다 지원임무단(UNAMIR)은 평화활동의 가장 실패했다는 오명을 갖고 있다. 영화 호텔르완다의 상당부분에서 나타난 대로 본 평화활동은 후투족이 투치족을 에워싸고 그들을 조직적으로 살육할 때 무기력했으며 이는 기하급수적인 대량학살을 야기하여 약 80만 명으로 추산되는 사망자가 발생했다. 2004년 아이티 주둔 다국적군(MIF)을 인계받은 유엔 아이티 안정화 임무단(MINUSTAH)은 안정화를 촉진하고 과도정부를 지원하며 민주화와 인권을 촉진시키는 위임명령을 부여받았다. 그러나 여전히 본 임무의 최종판단은 유보적이다. 시간이 경과됨에 따라 상황이 개선되는 일부 증거들이 있지만, 아이티에서는 여전히 제 기능을 하는 안정된 민주화는 요원하다.

따라서 역사적 기록을 보면 그 안에 주목할 만하게 성공한 그리고 실패한 평화활동도 있다. 그러나 평화활동이 얼마나 많은 칭송과 비난을 받아야 하는지에 대해 의문을 제기할 수 있다. 2장에서 보듯이 평화활동은 가장 극심하고 제어가 불가능한 무력충돌상황에서 자주 전개된다. 그러므로 임무단이 적군의 무자비한 폭력행위 중에 중요한 변화를 가져올 것이라고 기대하기가 어려울 수 있다. 다른 한편으로 무력충돌의 완화와 해결에 기여할 수 있는 복합적인 요소도 있다. 이에 평화활동이 자체적으로 성패를 가져올 것이라는 정확한 인과관계 정도를 확실하게 구분해내기란 불가능하다. 실제로 하단에 명시한 대로 평화활동을 성공에 이르게 하는 수많은 상관관계는 처해진 정황에 기인할 뿐 임무단의 계획과 행위와는 관련이 없다. 그럼에도 단일 사례분석의 범위를 넘어서 여타 요소들을 통제함으로써 상이한 임무단에 걸쳐 수행한 평화활동의 영향을 조사하는 것은 가능하다.

브랫(Bratt 1996)은 1990년 중반에 걸쳐 유엔평화활동을 평가한 결과, 성공률을 중간수준으로 결론지었는데 39회 중 11회만 완벽한 성공으로 판정한 반면, 거의 절반에 해당하는 19회는 실패로 분류했다. 더욱 구체적으로 포트나(Fortna 2003, 2004a, 2004b)는 평화활동이 전쟁이 재발하는 데 걸리는 시간을 연장시켰는지 여부를 고찰했으며 여기에는 상이한 평화활동(정전감시, 전통적, 다면적 평화유지)을 다 포함시켰을 뿐만 아니라, (1945년 이후) 내전과 국가 간 전쟁의 모든 사례를 연구했다. 평화활동이 전개된 사례와 파병하지 않은 사례들을 비교했고 평화가 지속될수록 동 기간 동안 더욱 성공적인 여건들이 안착되었는지 증명했다. 또한, 전반적으로 평화활동이 수행되었을 시 평화가 더 지속되었음을 발견했다. 포트나(Fortna 2004b)는 그러한 성공에 기인하는 여러 가지 요인을 제시했다. 우선, 평화유지군이 교전을 어렵게 하고 기습 요소들을 저지하며 침략에 대한 국제적 경각심을 환기시켰다. 평화를 원하는 당사자 사이에서 평화유지군은 안보 딜레마(security dilemma)를 완화시키고 평화적 해결을 위한 상호의 관심사를 전했으며 긴장을 고조시킬 수 있는 사건이나 소규모 교전 가능성을 줄였다. 그러나 분쟁감소에 있어 고찰된 총체적 효과들이 평화활동과 연관이 있음에도 불구하고 이러한 인과관계의 메커니즘을 직접적으로 증명하기는 어렵다.

이러한 연구들은 평화활동과 폭력의 부재 간 상관관계가 통계적으로 유의미하다는 것을 입증했으며 이 효과는 우연에 기인하지 않는다고 할 수 있다. 한편으로 평화활동의 실질적인 효과 혹은 그것들이 특별히 다른 요인들에 비해 얼마나 많이 상황을 개선시켰는지에 대한 의문이 제기된다. 포트나는 다양한 분석과 시기에 따라 평화활동이 30%에서 95%까지 전쟁의 재발을 감소시킬 수 있기에 실질적으로 효과가 있다고 강조했다. 포트나는 평화유지군이 파병되는 어려운 상황의 극심한 분쟁들을 통제함으로써 평화활동이 개입되거나 그렇지 않은 정황 간 무력충돌 결과의 비교가 현지에 처한 상이했던 조건들에 의해 편차가 발생하지 않도록 했다. 그 결과, 평화활동의 효과가 다른 중요한 요인들을 고려해 볼 때도 인상적이다. 물론 전쟁에서 한 쪽의 확연한 군사적 승리가 아마도 이후 장기간 평화를 지속시키는 최고의 담보가 될 수도 있다. 그러나 이런 성과가 항상 확실하게 보장될 수 없고, 비록 그렇더라도 그러한 성과는 수많은 사상자와 인권의 탄압, 그리고 여타 바람직하지 않은 결과들을 초래할 수 있다. 평화활동이 전후의 폭력사태를 제한하는 데 덜 효과적일 수 있지만, 전쟁의 장기화로 인한 영향을 막는 데 있어 여전히 선호할만하다. 그럼에도 교전 당사자들 간(장기적 대립관계에 있는) 무력충돌의 역사는 전쟁이 재발될 수 있는 높은 개연성과 연관이 있으며 또한 통제되지 않는 무력충돌의 경우 해결이 어렵고 평화활동도 단지 일시적인 유예밖에 되지 않는다는 것을 보여준다.

포트나의 분석들은 광범위한 시간과 상이한 많은 유형의 분쟁을 다루고 있다. 평화활동에 있어 최근의 변화를 반영해 본다면, 또 다른 일련의 연구가 평화구축임무단에 중점을 두고 있다. 이 연구들은 폭력의 제한을 넘는, 즉 분쟁국가들이 민주화로 이양할 수 있는지 혹은 추가적인 무력충돌을 회피할 수 있는지 여부를 포함한 광범위한 성과와 관련하여 평화활동의 영향을 고찰한다. 도일과 삼바니스(Doyle and Sambanis 2006)는 1945~99년 사이에 발생한 모든 내전을 조사했다. 이들 내전 직후의 시기를 보면서 저자들은 무력충돌이 재발하는지, 그리고 해당 국가가 민주화로 이양하는지 여부와 함께 종전 후 경제성장의 양태를 연구했다. 조사된 핵심요인 중에는 유엔의 평화활동 전개 여부가 있었으며 일련의 사례는 유엔 평화활동의 영향을 평가하기 위해 비교 연구되었다. 대체적으로 평화구축은 유엔 평화활동이 전개되지 않았을 때보다 전개되었을 때가 더 성공적인 것으로 나타났다[이는 2006년 콜리어(Collier) 외의 연구에서도 확인된 바 있다]. 특별히 유엔 평화활동은 폭력적 무력충돌의 재발을 지연시켰거나 어떤 경우는 아예 억제할 수 있었다. 더불어 정치적 참여와 민주화의 여타 지표도 긍정적인 진전을 보여주었다. 그러나 유엔의 활동이 경제적 성장을 촉진시키지는 못했다. 그렇다고 해서 이런 사례로 평화활동의 실패를 비난하는 것은 적절치 않은데, 이는 정황적 요인과 유엔 활동의 다른 측면에 더 책임이 있을 수도 있기 때문이다. 이러한 긍정적 결과에도 불구하고, 유엔 평화활동이 문제해결의 만병통치약이 될 수는 없으며 평화구축의 확실한 담보도 되지 못한다. 캄보디아와 엘살바도르의 성공을 인용하면서도 도일과 삼바니스는 르완다를 포함하여 일부 주목할만한 실패사례를 제시했다.

평화구축에 있어 유엔 평화활동의 잠재성과 함께 한계성은 파리스(Paris 2004)가 연구한 평화구축의 평가에 잘 나타난다. 내전에 대한 그의 사례연구에서 수많은 평화활동이 전쟁의 참화를 겪은 지역에서 평화와 번영을 가져왔음을 보여주었다. 그러나 마찬가지로 일부 눈에 띄는 실책도 있었다. 그의 핵심요지는 평화활동이 개입하는 평화구축의 과정이 기본적으로 격동적이면서 분쟁을 유발시키며 해당 사회가 극적인 전환 시기를 거칠 때 더욱 그러하다는 것이다. 이러한 경향을 볼 때, 그는 평화활동에 있어 올바른 정황판단의 중요성뿐만 아니라 단기적 문제들은 장기적 실패의 전조가 될 수도, 그러지 않을 수도 있기 때문에 장기적인 평가가 필요하다는 것을 환기시켜준다.

평화활동의 일반적인 연구들은 무력충돌을 제한하거나 평화구축활동을 활성화하는 능력에 중점을 두며 다소 완벽하진 않지만, 실증적 조사결과들은 긍정적인 효과를 제시한다. 그러나 무력충돌의 완화 혹은 평화의 지속성에 대한 연구들은 내재된 현안을 해결하는 평화협약의 실재 여부에 대해서 거의 관심을 두지 않고 있다. 유사하게 평화구축의 분석들은 일종의 평화협약이 실재하는 것으로 여기지만, 마치 이는 당연히 주어진 것이고 그것을 가져온 조건들을 주의 깊게 보지 않는다. 그러나 평화활동의 성공을 평가하는 한 가지 기준은 분쟁해결을 촉진시키는 능력이지 단순히 분쟁을 관리하는 것은 아니다. 따라서 평화활동의 영향을 평가하는 또 다른 방법은 내재된 분쟁을 해결하는 역할을 고려하는 것이다.

이러한 것을 평화유지군에게서조차 기대해야 하는지에 대해 적지 않은 이견이 있다. 결국, 평화활동이 분쟁 주체들의 양보를 유도하여 평화협약에 서명하도록 할 수는 없지만 동 협약이 교섭되는(혹은 그러지 못하는) 여건들에 대해 영향을 줄 수는 있다. 소위 평화유지와 평화조성(peace making)의 관계에 대한 분석들은 거의 독보적 단일 사례인 사이프러스에 의존하는 경향이 있다(예로 Sambanis, 1999). 사이프러스는 평화유지군이 거의 40년간 주둔해 있고 섬 내 그리스와 터키 지역사회 간 대립이 해소되지 않았다는 점에서 대표적인 사례라고 할 수 없지만, 당연하게 동 사례가 참고가 되는 이유는 평화활동이 분쟁의 해결을 막고 있다는 평가를 받고 있기 때문이다.

아마도 이런 부류의 가장 체계적인 연구에 있어, 그레이그와 딜(Greig and Diehl 2005)은 평화조성에 있어 평화활동의 영향, 즉 분쟁 당사자들이 평화협약에 서명하게 될 가능성을 연구했다. 그들은 1945년 이래 국가 간 대립과 내전의 범주들을 살펴본 결과, 첫째 그 효과가 내전보다 국가 간 무력충돌에 더 강했음에도 불구하고 평화유지군의 주둔은 직접적인 교섭과 제3자에 의한 중재 가능성을 반감시키는 것으로 나타났다. 이는 평화활동이 전개될 당시 분쟁 당사자들이 외교적 해결을 추구하지 않을뿐더러 제3의 중재자들도 내재된 충돌을 해결하고자 많은 노력을 기울이지 않았음을 보여준다. 더군다나 중재와 교섭이 평화활동의 과정 중에 이뤄질 때, 당사자들이 합의를 도출할 가능성은 낮은 경향이 있다. 이에 평화활동은 조사된 어떤 다른 요인보다도 자주 이러한 평화협약의 과정에서 더 큰 영향을 미친다.

그렇다면 왜 평화활동이 분쟁해결에 대한 전망을 훼손시키는 것일까? 그레이그와 딜(2005)은 평화유지군들이 교전을 중단시킴으로써 오히려 교착상태를 돌파할 기회를 반감시킨다고 주장한다. 교착상태의 돌파구는 무력충돌이 어느 쪽도 승리를 장담할 수 없는 난국에 도달하여 양측이 지속적인 비용을 부담해야 할 때 비로소 발생하며(Zartman 2000) 당사자들이 협상테이블에 앉아 합의에 이르도록 이끈다. 한편, 평화유지군이 주둔하게 됨으로써 계속 지출되던 전쟁비용이 감소되거나 아예 들지 않게 되기에 협상과 합의에 이르게 하는 인센티브가 사라지게 되는 것이다. 정전의 확정과 평화유지군의 주둔은 또한 교전 중인 당사자들의 역량과 가능한 평화협상의 조건들에 대한 정보의 흐름을 제한한다. 비록 잠재적으로 비도덕적인 해결방법임에도 한쪽 혹은 다른 한쪽의 승리는 강요에 의해서라도 안정된 결과를 가져온다. 교전 중단으로 인해 한쪽이 우세해 지는 것을 막거나 적어도 교전 결과가 교전 당사자들에게 있을 법한 전쟁의 결과에 관해 암시를 주지 못하게 된다. 일부의 개념으로 보면, 오히려 후자의 경우 교전이 이어져 장기화되기보다 현재의 조건들을 수용하는 것이 경비가 덜 든다는 점에서 당사자들이 이러한 조건에서 교섭에 나설 충분한 이유가 있다고도 볼 수 있다.

상기의 조사결과들은 개전 중인 무력충돌에 직면한 정책입안자들이 평화유지와 평화조성 사이의 잠재적 거래와 같은 어려운 딜레마에 맞닥뜨릴 수 있음을 보여준다. 한편으로 유혈의 참사가 난무하는 무력충돌 현장에 평화유지군을 파병할만한 강력한 정치적, 전략적, 도덕적 이유도 있다. 대량학살 혹은 되풀이되는 교전 사례들이 더욱 극단적으로 진행되면 이러한 분쟁의 발생을 막기 위해 평화유지군을 요구하게 된다. 실제로 평화활동의 전개에 대한 기대가 우선 분쟁 당사자들이 정전에 합의하도록 유도하는 유일한 방법일 수 있다. 그러나 평화유지군의 개입이 교전에 대한 일시적인 방책이기도 하지만, 우선적으로 무력충돌을 초래했던 장기화된 대립관계에서의 현안들을 해결하고자 하는 분쟁관리의 노력에 방해가 될 수도 있다. 이러한 모순은 평화유지군이 수십 년간 파병되었음에도 평화협약이나 분쟁해결을 향한 어떠한 진전도 없는 사이프러스와 같은 상황을 야기한다. 그렇다고 해서 유혈의 참사를 끝내고 현지주민들이 가능한 한 평상의 삶을 영위하도록 하는 긍정적 효과까지 반감되는 것은 아니지만, 만일 평화유지군이 레바논 남부와 민주 콩고의 사례에서처럼 효과적으로 평화를 지키지 못한다면, 제3자나 당사자 자신들의 분쟁해결노력도 고갈될 수 있다. 그러한 경우 분쟁해결에 부정적인 영향을 미칠 뿐만 아니라, 대부분 평화활동 전개의 기본 목적인 분쟁지역의 안정화 촉진 및 인명보호의 유익조차 없어지게 된다.

만약 의사결정자들이 평화협약이 체결될 때까지 평화유지군의 파병을 유예하기로 결정할 경우, 딜레마의 또 다른 측면이 드러난다. 어떤 의미에서는 분쟁 당사자들이 문제해결에 나서는 단계까지 진전시키기 위해 평화유지군의 개입 없이 장기간 무력충돌이 완화되지 않은 채 방치하는 것이 나을 수 있지만, 이러한 무간섭적인 접근이 극단적인 무력충돌 사례에서는 적절하지 않으며 확전의 위험에까지 이르게 하여 결국은 제3자가 군사적으로 개입하는 요인이 된다. 더군다나 의사결정자들은 결코 성사되지 않을 평화협약을 마냥 기다리기도 하는데, 이는 장기간의 대립 혹은 내전을 종결시키기 위한 조건들이 명백해졌는지 장담할 수 없기 때문이다.

평화활동의 성공을 위한 조건

이전 절에서 요약된 연구의 결과들은 평화활동이 대체적으로 무력충돌의 경감과 평화구축의 성공을 촉진하는 데 있어서는 긍정적인 효과를 가져왔으며 동시에 분쟁해결을 향상시키는 데에는 일부 부정적 효과도 있다는 것을 보여주고 있다. 그러나 이러한 효과들이 모든 평화활동에 적용되지 않을뿐더러 서로 다른 평화활동과 시대에 걸쳐 성공과 실패도 있었다. 이는 '평화활동의 성패와 관련된 조건이 무엇인가?'라는 의문을 제기한다. 평화활동의 연구들도 자주 이러한 질문들을 직 · 간접적으로 제시하는데, 그 이유는 대체로 답변에 있어 중요한 정책적 함의를 갖기 때문이다. 그럼에도 대부분의 연구들이 평화활동이 수행되지 않은 무력충돌과의 비교 없이 단지 실시된 평화활동만 보고 있다. 이런 가운데에서도 다소 체계성은 떨어지지만 다수의 체계적 연구 결과와 성공 혹은 문제점을 예상할 수 있는 통찰력을 주는 교훈들도 있다.

평화활동의 성공을 위한 조건들은 대략적으로 세 가지 범주로 구분된다. 우선 첫 번째가 '작전적' 요인으로, 평화활동이 조직되고 실행되는 방법과 관련된 것이다. 실제로 이러한 요인들은 작전 자체의 통제 하에서 환언하면 최소한 임무의 승인기관의 권한 하에 있게 된다. 두 번째가 '정황적' 요인으로, 무력충돌과 관련된 요소들을 말한다. 마지막이 '행위적' 요인으로, 즉 주요 행위자들의 반응으로 잠재적으로 평화활동의 성패에 매우 중요하다. 따라서 일련의 조건들이 각기 어떻게 평화활동에 영향을 주는지 살펴보고자 한다.

작전적 요인

성공전망을 높일 수 있도록 평화활동을 조직하는 방법이 있는가? 바로 현장 실무자들과 (평화활동에 참여한) 전직 군 장교들이 성공을 위해 작전의 수준에서 일련의 요인을 규정한 바 있다(예 : Skogmo, 1989). 여기에는 평화활동에 보급되는 자원들을 개선하는 것과 훈련 및 부대단위별 조정에 관련된 다양한 문제들을 포함한다. 그러나 이들 주장 중 상당 부분에 의심의 여지가 있는데 그 이유는 관찰자의 편견과 개인적 경험에 근거한다는 점과 단일 임무단에서 도출된 평화활동의 성공이 체계적 개념화 없이 적용될 수 있기 때문이다.

물론 이러한 많은 요인(지휘, 통제, 통신)이 임무단을 조직하는 데에 중요하기는 하지만, 평화활동의 전반적인 성공에 있어 주요 결정요인이라기보다는 효율성에 영향을 주는 요소의 지표로 이해하는 것이 더욱 바람직하다. 그러한 미시적 요인들은 정책입안자들을 위한 전략계획보다는 부대교범의 내용이 되어야 한다. 심지어 일부 요인들이 광의의 관점에서 연관이 되더라도 단지 일부 광범위한 프로세스의 지표에 지나지 않는데, 예를 들면 위임명령의 명확성과 자원에 관련된 문제들은 지역 혹은 국제체제에서 동맹체 혹은 강대국들의 합의부족에 대한 지표나 징후가 된다고 할 수 있다.

한편, 여러 전문가가 성공의 연관요소로 평화활동에 부여된 위임명령과 그것의 명확성에 중점을 두고 있다. 그들의 주장은 명확하고 구체적인 과업이 명시된 평화활동은 해당 임무를 성취할 개연성이 높다는 것이다. 그러나 앞에서 언급한 대로 위임명령의 명확성은 자주 근원적인 정치적 과정(행위자의 행동, 파병의 맥락 등 기타 유사한 것)의 산물이기에 성패에 영향을 주는 독립적 요인은 아니다. 자원의 경우도 유사한 사례이다. 확실히 불충분한 병력은 평화활동에 있어 문제의 소지가 되지만, 그보다는 왜 차선의 병력들이 파병되었는지에 대한 의문이 먼저 제기된다. 통상 이는 임무승인기관, 즉 유엔과 회원국들이 군 전문가가 생각했던 충분한 병력 규모를 제공하지 못했기 때문일 것이다. 하지만 어떤 실패사례도 병력 규모에만 기인하지는 않는다(Pushkina 2006).

2장에서는 평화활동의 승인기관은 경험을 통해 활동에 변화를 가져왔고 3장에서는 특정 방식이 여타 방식보다 우월하다고 제시한 바 있다. 그러나 일반적인 연구는 분쟁관리에 있어 지역기구 주도의 방식에 비해 유엔의 방식이 더 유용하지만은 않다는 것을 보여준다(Boehmer 외 2004). 이는 특정 지역기구가 평화활동을 수행할 만반의 대비를 갖췄다는 말이 아니라, 유엔과 지역기구 간 평화활동을 교체했다고 해서 성공이 확실하게 보장되지 않는다는 뜻이다. 최적의 사례는 특정 지역기구가 수행한 평화활동이 심각한 문제(예 : 서아프리카 경제공동체)에 봉착함으로 인해 선택한 대안이 성공을 담보할 수 없다는 것이며, 여전히 활동의 명운을 결정짓는 여타 영향요소에 달려 있다.

결론적으로 평화활동에 있어 작전의 조건들로 인해 부여된 임무가 성공하거나 실패하는 일은 없을 것으로 보인다. 즉, 평화유지군이 오합지졸이거나 훈련 혹은 장비가 부족해서 실패하는 것이 아니라 다면적인 평화구축활동에 있어 확실히 더 큰 위험이 있다는 것이다. 최상의 대비를 갖춘 활동조차도 확실히 성공을 장담할 수 없는 이유는 이러한 임무가 외부의 힘에 크게 영향을 받기 때문이다. 헬드(Heldt 2001)는 내전 시 평화임무단들에 대한 평가에서 다른 요인들에 의해 "평화유지활동과 연관된 변수들은 별로 중요치 않으며 전쟁에서 발생하는 거의 모든 변화(예 : 성공)는 다른 요인들에 기인한다."라고 확연히 결론지었다. 따라서 이제 평화활동의 성공에 영향을 주는 것으로 규명된 정황적 조건과 행위적 조건을 알아보기로 하자.

정황적 요인

평화활동은 공백상태에서 전개되지 않는다. 오히려 무력충돌의 여러 상황을 다뤄야 하고 그러한 충돌 중 일부는 활동의 성공에 걸림돌이 될 수 있다. 2장에서 언급했듯이 평화활동은 평시보다는 심각한 무력충돌 하에서 전개된다. 그럼에도 활동의 맥락들 – 전쟁을 구분 짓는 중요한 상호 연계적 측면, 파병의 작전적 단계, 무력충돌이 발생한 지형 – 간 상당한 차이가 있다.

무력충돌의 정황에서 가장 중요한 특성은 내전인지 혹은 국가 간 충돌인지 여부일 것이며, 물론 민주콩고와 레바논 남부에서의 무력충돌과 같이 두 개의 특성을 함께 보여주는 것도 포함된다. 대체로 평화활동은 순전히 두 개 혹은 그 이상의 국가 간 무력충돌에 비해 국가 내 분쟁 시 더 많은 문제에 봉착하게 된다(Diehl 1994; Wesley 1997; Jett 2000)[25]. 이는 평화활동이 탈식민지시대 이후 점차 내전상황에 맞춰 전환됐다는 점에서 특히 불길한 징후이기도 하다.

내전에서 이루어지는 평화활동이 어려움을 겪는 데에는 여러 가지 이유가 있다. 첫째, 내전은 자주 두 개 이상의 확인된 분쟁 당사자들을 포함하고 있

25) 포트나(Fortna 2003, 2004a, 2004b)는 반대의견을 주장하는 소수 연구자 중 한 사람으로서 평화활동이 소위 내전과 국가 간 전쟁의 정황으로 볼 때 유사한 경로를 거친다고 보고 있다.

는데, 굳이 정의하자면 국제전화된 내전(internationalized civil war)은 두 개 이상의 분쟁 당사자들을 포함한다. 반면, 국가 간 분쟁은 확연히 두 국가 간 관계이다. 그러므로 분쟁에서 행위자들의 수가 증가하게 되면 그들 중 한 개 혹은 그 이상의 당사자들이 정전과 평화유지군 파병에 반대할 수 있고, 더 나아가 다른 행위자들이나 평화유지군에 대하여 군사행동을 감행할 수도 있다. 이에 국가 간 분쟁보다 내전에서 방해자들(spoilers)이 생길 가능성도 높다. 예를 들어 이집트와 이스라엘 간 시나이 반도에서의 전통적 평화유지군들(UNEF I, UNEF II : 유엔 긴급평화유지군, MFO : 다국적 감시군)은 단지 두 국가의 군대만 관리하면 되었다. 반대로 남부 레바논에 주둔한 유엔 레바논 평화유지군(UNIFIL)은 이스라엘과 레바논 정부뿐만 아니라, 시리아와 팔레스타인 무장그룹인 헤즈볼라, 그리고 여타 레바논 무장세력들의 협력에 의존해야 하는 상황이었다. 말할 필요 없이 모든 관련 그룹들로부터 지원 혹은 암묵적 동의를 받은 적은 거의 드물었다.

평화활동의 지원에 있어 총체적이고 복잡한 선호사항들로 인한 난관 외에 지형적 요건이 국가 간 분쟁보다 내전에서 사뭇 다르다. 즉, 내전에서는 여러 무장그룹들이 해당 국가 내 여러 지역에서 활동하게 된다. 이 경우, 해당 평화활동은 과격한 분쟁의 발발 가능성이 있는 더욱 광범위한 지역을 위수할 수 있어야 한다. 더구나 확연한 국경이나 정전선(停戰線)과는 달리, 무력충돌 시 한 개의 전선 혹은 여러 분할된 구획을 구분하는 것도 불가능하다. 에티오피아와 에리트리아의 정전선은 시에라리온의 다양한 무장그룹들의 지역을 분리하는 것보다 훨씬 명확하다. 동일국가에 체재하면서도 자주 군복을 착용하지 않는(실제로 정규군 혹은 준군사단체도 아닌) 교전 참가자들은 식별 자체가 어렵고 같은 지역을 점유하더라도 구분이 쉽지 않다. 반면, 국가 간 분쟁 당사자들은 쉽게 구별이 되고 국제적으로 공인된 국경이나 군사적으로 제정된 정전선을 통해 구분할 수 있다.

또한 내전은 평화유지군에 상당히 위험하고 상황통제도 어렵다. 제임스(James 1997, p.17)는 내전 시 "많은 무기들이 사용조작법도 제대로 모르고 엄격한 훈련도 받은 적이 없으며 주로 게릴라 전술을 사용하는 무장그룹들의 손에 들어갈 가능성이 많다. 경화기들 또한 개별 가옥에 보관될 정도로 광범위하게 퍼져 있다"고 강조한다. 이러한 조건들로 인해 평화유지군들이 저격과 여타 문제에 노출될 뿐만 아니라 실제로 담당한 지역을 완전히 안정화시키는 것도 불가능해진다. 이에 내전에 대한 국제적 대응, 적어도 유엔 평화활동의 대응은 적절하지 않았으며 효과성을 훼손한 측면이 있다(Wesley 1997). 유엔의 기획자들은 상황의 여러 부분을 오판했고 전통적 평화활동 전략으로는 내전의 정황들을 쉽게 간파할 수도 없었다. 후자의 문제는 유엔과 여타 기관들이 내전에서의 경험을 축적함에 따라, 시간이 지나면서 다소 해결되었다.

내전의 다양한 형태 간 차이점도 있다. 확연한 기준은 민족 간 분열이 연관되었는지 아닌지, 분리주의자들 간 충돌인지, 그리고 반란단체들이 정부를 전복하여 전 국토를 장악하고자 하는 것인지 등이다. 이러한 차이점이 평화활동의 성공에 영향을 미치는지 증명하기에는 다소 복잡한 면이 있다. 헬드(Heldt 2000)는 분리주의에 의한 무력충돌을 다루는 데 있어 여타 내전과 별반 차이가 없다고 말한다. 포트나(Fortna 2003, 2004a, 2004b)는 민족분쟁이 재발의 여지가 높다고 제시했으나 그녀의 연구결과를 보면 통계적으로 유의미한 수준은 아니며 오히려 헬드(2001)는 민족적으로 분열된 사회는 오히려 전쟁의 발발

가능성이 낮다고 주장한다.

전쟁의 형태 혹은 평화활동이 개입되는 무력충돌인지 여부와 무관하게 평화유지군들이 관계해야 할 분쟁 당사자들 간에는 과거사가 있다. 평화활동이 이전에 있었던 일들을 깨끗이 씻겨줄 요술지팡이가 결코 아니기에 긴 역사가 결부된 무력충돌이 평화활동의 성공에 중요한 제약이 될 수 있다는 것은 그리 놀랄 일이 아니다. 국가 간 분쟁에서 장기간 군사적 대립의 역사가 있는 국가들 – 자주 숙적관계(enduring rivalry)로 명명되는 – 은 평화유지군이 주둔하더라도 교전이 재개될 여지가 많다(Fortna 2003, 2004a, 2004b). 또한 더욱 참혹하면서도 장기화된 전쟁(예 : 많은 사망자들이 발생하는)은 평화의 지속에 대한 전망을 어렵게 한다. 각 사례에서 이러한 무력충돌은 상대측에 대해 적개심을 고조시키고 굳게 한다. 따라서 충돌이 심하지 않은 경우에 비해 당사자들 간 서로를 용인하고 화해하고자 하는 경향을 보이기 어렵다. 더군다나 그러한 경향을 가진 지도자라 하더라도 대중의 여론과 그러한 행동을 수용하지 않는 내부의 정치행위자들(군과 정당)에 의해 제한받게 된다. 모순적으로 평화활동이 요구되는 무력충돌이 가장 해결하기도 어려울 수 있다는 것이다.

평화활동은 무력충돌의 특정단계에서 더욱 효과적이라고 보는데, 이는 수행하는 임무의 종류와 긴밀하게 연관되어 있다(Dihel 1994; Bratt 1997; McQeen 2002; Jett 2000). 일부 연구자(Heldt 2001)들은 분쟁의 예방임무가 평화활동에 적합한 한 형태라고 믿고 있지만 분쟁발발 이전단계에 전개된 평화활동은 유일하게 한 번(유엔 마케도니아 예방전개군)밖에 없었으며 이를 일반화할 근거도 없다.

또 다른 연구는 평화유지군들이 강한 적대감이 상존하는 무력충돌의 제2단계 동안에 많은 문제를 겪게 된다고 말한다. 통상 이 단계에서 임무는 평화강제 활동을 수반한다. 평화유지군이 대응할 장비도 없고 심지어 그러한 위엄 명령도 부여받지 못할 경우, 난관에 봉착하게 되는 것이다. 이에 유엔 보스니아 평화유지군(UNPROFOR)은 많은 지역을 진압하지 못함으로 인해 내전상황을 전반적으로 호전시키지 못했다. 무력충돌의 제2단계 동안보다 성공적이었던 것은 인도적 지원과 연관된 임무들이었다. 심지어 여러 평화활동이 안정화 과정에서 어려움을 겪었던 소말리아(제1, 2차 유엔 소말리아 임무단; 연합 기동군)에서조차도 평화유지군은 내부 유랑민(IDP)들에게 필수적인 식료품과 의약품을 보급할 수 있었다.

대체적으로 평화활동은 정전 이후 및 평화협정 이전단계에 무력충돌을 완화시킨 것으로 널리 알려져 있다. 유엔 골란고원 감시군(UNDOF)과 시나이반도에서의 두 차례 유엔 긴급평화유지군(UNEF)과 같이 중동지방에서 활동한 전통적인 평화유지군은 안정화를 증진시키는 데 성공했다. 그러나 평화활동이 가장 효과적인 때는 분쟁 당사자들이 (단순한 정전이 아니라) 평화협정에 서명하고 평화유지군이 협정 추진을 지원하는 무력충돌의 제4단계라는 것에 대체로 합의한다(Heldt 2001; Diehl 1994). 이 단계에서의 파병을 통해 평화활동은 그레이그와 딜(Greig and Diehl 2005)이 규정한 평화조성 딜레마에서 벗어날 수 있고 유관 당사자들로부터의 협력 가능성도 높이게 된다. 그럼에도 제4단계의 성공은 평화구축과 연관된 여러 임무들을 주관하는 것보다 전쟁의 발발을 막는 능력에 더 관련이 있다.

평화구축활동에 있어서는 성공을 높이는 정황적 요인이 위에서 말한 것처럼 분쟁의 재발을 막는 요인과 반드시 동일한 것은 아니다. 물론 전통적 평화활동에서처럼 낮은 수준의 적개심이 평화구축임무단에 도움은 된다. 하지만 분쟁의 제한 차원을 넘어서는 과업을 수행하는 데 있어 평화구축의 성공을 증진시키는 요인들은 분별이 쉽지 않은데, 그 이유는 평화구축이 장기간의 과정인데다 대부분의 사례에서 보듯이 그러한 과정이 여전히 완벽하지 않기에 성공의 상관관계를 규명하기가 어렵다.

파리스(Paris 2004)는 이제까지 추진된 평화구축전략의 방법에 대해 비판적이다. 그는 민주화와 안정화를 조성하려는 국제사회의 시도들이 너무 조급했으며 충분한 자원을 활용하지도 않았다고 설명한다. 그는 또한 평화구축이 성공하기 전에 해당 국가 내 제도를 적절하게 강화시킬 필요가 있다고 보고 있다. 민주화된 국가에서 전쟁이 발발하는 성향(Mansfield and Snyder 2005) 역시 평화구축의 시도가 복잡하게 얽힐 수 있는 조건이 된다. 파리스는 이러한 조건들의 올바른 순서배열이 성공의 핵심이며 평화구축임무는 적절한 전략의 선택으로 효과를 볼 수 있다고 주장한다. 그는 무력충돌을 악화시키기보다 온건적인 경제정책을 활성화하고 해당 국가가 효과적인 안보체제와 경쟁력 있는 관료제를 갖출 수 있도록 보장해 줄 것을 주장한다[26]. 이를 보완하는 것이 시민사회단체로서 이들은 사회 내 서로 다른 분파를 결집시키고 분쟁을 촉발하는 요인을 완화시킬 수 있다. 이런 시민사회단체가 이미 있는지 아니면 설립되어야 하는지 간에 그들은 단기적으로 꼭 필요하고 장기적으로도 어떤 방

26) 이 전략은 콜리어(Collier) 외(2006)의 결과와 일치한다.

향이든 기여하게 될 것이다. 이와 유사하게 도일과 삼바니스(2006)도 분쟁국의 경제적 건전성과 자원들로 정의한 현지의 역량이 중요하게 성공과 결부된다고 주장한 바 있다. 평화구축임무단이 파병된 국가는 통상 환자로 비유된다. 무력충돌과 그 직후는 일련의 병리현상이지만, 만약 환자가 다른 질병에 의해 합병증이 생긴다면 회복은 그만큼 어려워진다. 견실한 경제와 제 기능을 하는 거버넌스체제는 여타 평화구축활동을 원활하게 하며, 해당 국가는 또 다른 행위체들이나 평화활동에서 수행하는 추가적인 조치를 받을 채비를 갖추게 되는 것이다. 정치적 참여의 증가수준이 반드시 경제적 성장을 확대시키지는 않기에, 후자는 전자보다 훨씬 우선순위에 놓일 수 있다.

주목해야 할 것은 파리스와 여타 학자들이 민주화를 평화구축활동에 있어 만병통치약 혹은 첫걸음으로 보고 있지 않다는 것이다. 실제로 도일과 삼바니, 그리고 다른 학자들은 민주화가 성공의 원인체(causal agent)라기 보다 가늠자로 본다. 파리스는 평화구축과정에서 너무 이르게 시행하는 민주적 선거에 의문을 제기한다. 그 전에 화해와 안정화를 위한 계기가 필요하다는 것이다. 이런 점에서 선거나 통치체제구축을 위한 계획은 신중하게 접근해야 한다. 도일과 삼바니는 민족적으로 분열된 사회들이 이미 평화구축과 관련해서 어려운 정황을 내포한다고 보고 있다. 만일 선거규정(초과득표제 對 과반득표제)이 편파적 발언을 조장하고 민족적 차이를 강조하는 운동조직과 정당들의 득세를 부추긴다면 장기적인 평화의 전망은 어두워진다. 보스니아와 크로아티아에 파병된 평화유지군(IFOR)의 노력으로 내전의 재발은 막았으나, 광범위한 평화구축(예 : 난민귀환)의 경우 민족적으로 양극화된 정당에 권한을 이양하는 선거로 인해 어려움을 겪게 되었다.

마지막 정황적 요인은 무력충돌의 지리적 지형과 이와 관련한 평화활동의 전개에 관한 것이다(Diehl 1994). 평화임무단은 정전위반을 감시하고 여타 위임명령이 충분히 이행되는지 여부를 모니터링할 목적으로 파병될 때 가장 성공적이다. 그러나 종종 평화활동의 능력범위를 벗어나는 때가 있다. 만약 평화활동이 유엔 캄보디아 임무단(UNTAC)과 같이 선거를 관리하거나 [두 차례의 유엔 콩고 감시단(MONUC a-b) 사례처럼] 광범위한 내전 이후를 감시한다면 이는 전 국토를 관할해야 한다는 것을 의미한다. 최대의 평화유지군 규모라 하더라도 이는 대체로 비현실적인데, 예를 들어 민주콩고는 2,267,599m^2인데다 인접한 9개 국가들과 국경을 공유하고 해상경계도 갖고 있다. 제한적인 운송체계는 이곳에서 발생하는 행위를 감시해야 하는 평화유지군의 능력을 더욱 감소시킨다.

큰 국토가 효과적인 평화임무 수행에 걸림돌만 되는 것은 아니다. 그러기 위해서는 지형지세가 감시를 용이할 수 있도록 해야 한다. 개활지와 낮은 인구밀도지역은 분쟁 당사자들이 저지르는 부적절한 행동을 감시하기가 용이하다. 만약 당사자들이 위반행위를 하고도 모면할 수 있다고 믿는다면, 이후에는 저격과 밀수 등 여타 불법행위를 자행할 가능성이 있다. 따라서 [다국적 감시군(MFO)이 활동했던] 시나이반도의 개활 사막지역이나 [유엔 골란고원 감시군(UNDOF)이 임무를 수행한] 골란고원은 이러한 행위를 추적하는 데 있어 지형적으로 이상적이다. 반면, 민주콩고의 정글밀림지역이나 (유엔 레바논 평화유지군이 활동한) 남부 레바논의 교통혼잡지역은 감시가 어려운 곳이다.

평화활동에 있어 평화유지군은 자신들에 대한 공격에 안전을 확보해야 하며 이와 관련하여 전투원들을 구분할 수 있어야 한다. 평화임무단의 반대자들은 평화유지군에 대한 공격이 전반적으로 임무단의 지원기관 혹은 병력 공여국들의 결의를 약화시킨다고 판단할 경우, 그러한 행동을 감행할 가능성이 높다. 평화유지군은 파병지를 선택할 수 없기에 (로켓포와 여타 공격에 최적지인) 구릉지로 둘러싸인 저지대가 1980년대 초기 레바논에 파병된 다국적군 병사들에게 치명적이었던 것은 어찌보면 당연하다. 마찬가지로 중요한 것은 분쟁 당사자들 상호 간 직접교전을 막는 것이다. 이는 특정 정황에서는 거의 불가능하다. 베이루트, 키갈리, 모가디슈든 도시의 환경은 동 지역에서 활동하는 대규모의 다양한 인구로 인해 감시가 매우 어렵다. 예로 기독교와 모슬렘 사회를 구분하는 베이루트의 협소한 경계선(green line)은 이상적인 방식과는 거리가 멀다. 물론 식별이 가능한 국경은 확실히 우선시되지만, 내전에서는 자주 구별할 수 있는 정전선이 없다. 레바논과 보스니아의 스레브레니차(Srebrenića) 지방의 유엔 평화유지군은 그들 위를 넘나드는 로켓공격을 중단시킬 수 없었다. 유엔 시에라리온 감시단(UNMOSIL)이 어떻게 여러 무장그룹을 지속적으로 추적하겠는가? 그러므로 많은 평화구축임무는 이전의 적대그룹들과의 상호작용을 원활히 하는 것에 입각하여 활동하는 것이 필요한 반면, 평화프로세스의 방해자들이 공격을 감행하는 위험 역시 증가하게 된다.

행위적 요인

분석가들에 의해 규명된 대부분의 요인은 무력충돌에서 행위체들의 행동과 관련이 깊은데 이들은 직접적인 가담자나 제3자를 포함한다. 무력충돌에 개입하는 서로 상이한 행위체들의 수가 많을수록 평화활동의 성취가 더욱 어려워진다는 것은 널리 일반화된 사실이다(Diehl 1994; Doyle and Sambanis 2006)[27]. 분쟁 가담자들의 수가 증가하면 모든 당사자가 만족할 수 있는 합의나 정전협정조차도 도출하기가 더욱 어려워진다. 더구나 어느 한 그룹이라도 국가재건프로그램에 협력을 거부하거나 그들의 목적달성을 위한 전략으로 폭력의 재개를 선택하여 평화활동을 훼손시킬 수 있는 기회주의적 행동이 증가하게 된다. 따라서 고도로 복잡한 내전들은 해결이 가장 어렵다. 예로 민주콩고에서는 수많은 분파들과 르완다, 우간다, 짐바브웨 외에 기타 국가들의 직접적인 군사개입이 있었기에 수많은 당사자의 협력이 평화활동을 전개하고 임무를 수행하는 데 필수요건이 되었다.

주요 분쟁 당사자들의 협력(McQeen 2002; Bratt 1997; Jett 2000; Pushkina 2006)은 평화활동의 성공에 있어 가장 중요한 것으로 간주된다. 그러나 그러한 주장은 동어반복(同語反覆)의 위험이 있는데, 성공이 분쟁 당사자들에 의한 폭력의 감소로 정의된다고 해서 그러한 폭력의 감소가 성공의 유발요인으로 볼 수는 없다. 현행 연구는 언제 그리고 왜 분쟁 당사자들이 정전을 포기하고 평화활동을 훼손시키는 결정을 하는지 확실하게 설명하지 못하고 있다. 어떤 이는 평화활동이 진화함에 따라, 하나 혹은 그 이상의 분쟁 당사자들이 전통적 임무단의 현상유지 혹은 선거와 평화구축과정에서의 사회적 변화에 의해 불리한 처지에 놓이게 된다고 언급하고 있다. 이러한 시점에서 그러한 당사자들의 이해관계를 보면 더 이상 평화활동을 지원하기보다 폭력을 재개하게 되는 것이다. 2006년 이스라엘 병사의 납치 이후, 레바논 남부에서는 이스라엘이 헤즈

27) 재차 언급하지만, 포트나(Fortna)는 이 주장에 동의하지 않고 있다.

볼라에 대해 맹공을 퍼부었고 의도한 것인지 아닌지에 관한 상반된 설명만 무성한 채, 그러한 공격에 유엔 레바논 평화유지군(UNIFIL)도 대상이 되고 말았다. 대체로 성공한 것으로 보였던 1992년 앙골라 선거에서 조나스 사빔비(Jonas Savimbi)가 패하자 그가 이끄는 앙골라 완전독립민주동맹(UNITA)과 그를 추종하는 병력들이 폭력을 행사함으로써 이후 내전이 재발하고 말았다.

주요 분쟁 당사자들 이외에 주변국들(Pushkina 2006)이나 이해관계가 있는 주요 강대국들(Bratt 1997)의 행위도 관련이 있다. 제3국들도 국가들도 여러 방면으로 평화활동의 성공에 영향을 미칠 수 있다(Urquhart 1983). 당연히 그들은 직접적으로 무력충돌에 군사적 개입을 할 수 있기에 이는 교전이 재발하는 원인이 되거나 평화활동에서의 안전과 임무를 위태롭게 한다. 또는 교묘하게 분쟁 당사자들[혹은 준국가단체들(subnational actors)] 중 하나에게 무기를 공급하거나 여타 지원을 할 수도 있는데 이는 결국 폭력을 억제하는 평화유지군의 능력을 반감시키는 계기가 된다. 헤즈볼라에 대해 시리아와 이란으로 추정되는 주변국들의 무기와 자금의 공급은 후에 레바논 내 불안정화를 가속시켰고 여러 번에 걸쳐 그렇지 않아도 불안한 이스라엘과의 평화를 수포로 돌아가게 했다. 동족 세르비아에 대한 구 유고슬라비아의 지원도 보스니아 내전에서 동일한 결과를 가져왔다. 제3국도 당사자들 중 하나를 대상으로 외교적 압력을 행사할 수 있는데 해당 당사자는 대체로 평화활동의 전개를 지원하는 쪽이다(Bratt 1997; Jett 2000; Diehl 1994).

제3국은 다른 맥락으로 주요 분쟁 당사자들과의 관계에 의해 평화활동에 간접적인 영향을 끼칠 수 있다. 문제시되는 무력충돌에 연관되거나 혹은 연관도 없는 이슈들에 대해 제3국과 분쟁 당사자들 중 하나가 충돌하게 되면 해당 지역의 긴장이 고조될 수 있다. 새로운 무력충돌이 번져 주요 당사자들 간의 정전을 악화시키게 된다. 가장 위험한 것은 주요 분쟁 당사자가 제3국과 연계된 상황이며 이는 다른 주요 당사자와의 군사적 충돌에 개입할 소지가 된다. 이런 경우, 주요 당사자들은 경쟁적으로 연계행태를 취함으로써 무력충돌을 재발시키는 쪽으로 유도한다. 이에 제3자는 평화활동의 수행에 있어 잠재적으로 긍정적 혹은 부정적 역할을 할 수 있는데, 일부는 후자 쪽으로 생각하고 있다. 왜냐하면 평화활동을 지원하기보다 복잡하게 만드는 쪽이 더 많기 때문이다. 더구나 평화활동을 지원하는 제3국은 무력충돌이 종료되기를 바라는 반면, 반대측은 악화시키는 활동을 할 경향이 있다.

예외는 주요 강대국들인데, 특히 현존하는 초강대국인 미국이다(Bratt 1997; McQueen 2002). 주요 강대국들은 군사적 역량을 보유하고 반항적인 분쟁 당사자들이 평화유지군에 협조하도록 종용하는 정치적 압력을 행사할 수도 있다. 그러나 대부분의 평화임무에 대해 강대국들은 비록 그들이 분쟁의 주역 중 하나와 연계된다 하더라도 공정하게 행동해야 한다. 또한, 주요 강대국들은 평화활동의 조직기구에 대한 정치적 지원, 재정기여, 군수지원을 비롯한 여러 형태의 도움을 줌으로써 중요한 보완적 역할을 할 수 있다. 특히 강대국들은 평화구축활동의 후반기에 전후국가를 지원하는 데 중요한 역할을 하는 국제통화기금과 세계은행과 같은 국제기구들을 이끄는 주요 행위자이기도 하다. 이런 선진국가들의 후원 없이는 그러한 지원을 얻을 수 없다.

제3국만이 관련 행위체가 아닌 이유가 있는데 여러 평화활동의 전개에 있어 바로 준국가단체들의 행위에도 영향을 받기 때문이다(예 : Norton 1991). 이는 민족그룹, 경쟁적인 정치운동단체, 그리고 테러조직들을 포함한다. 특히 이들 그룹들의 행위는 내부가 불안정한 지역에 평화유지군이 개입 시 매우 중요할 수 있다(Diehl 1994; Bratt 1997; Jett 2000). 일부 사례에서 준국가단체들은 공인된 정부보다 실제로 더 넓은 지역을 통제하는 경우가 있다. 그러나 제3국과 달리 준국가단체들은 지원이나 반대의 직접적인 행위를 통해 평화활동에 주요하게 영향을 미친다. 예를 들어, 2006년 코트디부아르에서 봉기한 젊은 애국자단체(Young Patriots)는 유엔 인력을 공격 대상으로 삼고 임무단(UNOCI, 즉 유엔 코트디부아르 임무단)으로 하여금 해당 지역으로부터 소속인력과 직원들을 이주시킬 것을 종용했다. 유사한 사례로 유엔 레바논 평화유지군(UNIFIL) 소속 7명의 스페인병사들이 팔레스타인 이슬람단체의 분파가 자행한 차량폭탄테러로 사망한 바 있다. 따라서 준국가단체들의 협력은 파병지역에서 폭력을 최소수준으로 조장하는 데 중요하다.

전반적으로 제3국과 준국가단체의 협력과 관련한 주요 관심사항은 그들의 ①우선순위 및 이익과, ②그들이 통제하는 자원이다(Dihel 2000). 만약 평화활동이 제3국의 이해관계에 기여하지 않는다면 이는 평화유지군에 대한 반감을 조성하게 된다. 그러나 이 반대 자체가 성공을 위태롭게 할 만큼은 아니다. 오히려 해당 당사자들이 임무에 타격을 줄 수 있는 중요한 자원들이 있어야 한다. 그러한 자원들은 주요 행위자들과 파병지역의 현지주민들에 대한 정치적 영향력을 포함한다. 평화활동에 대해 군사적으로 개입하고 무기를 공급할 수 있는 능력 또한 중요하다.

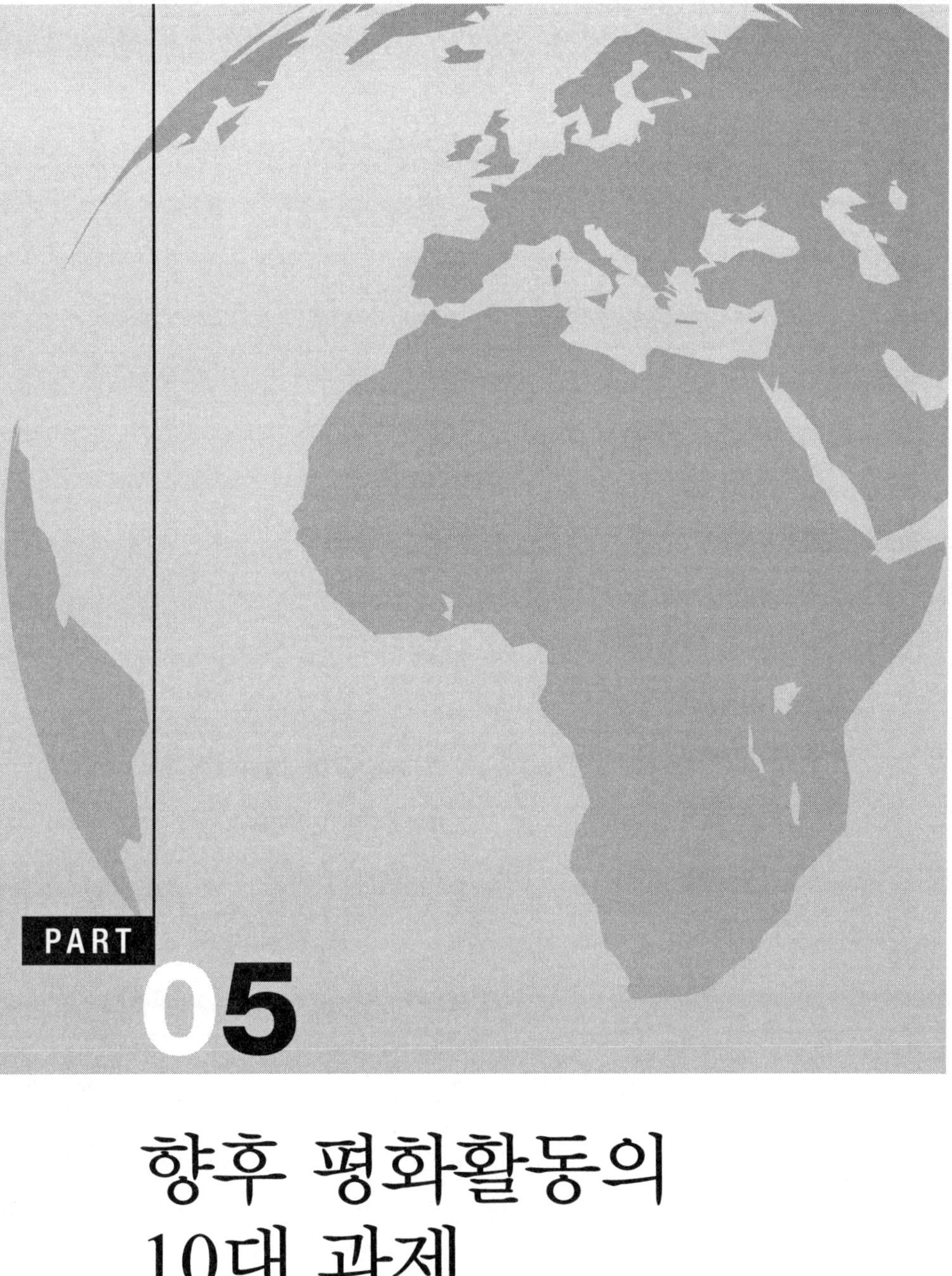

PART 05

향후 평화활동의 10대 과제

The Challenges for Future Peace Operations

향후 평화활동의 10대 과제

국제연맹과 유엔의 설립자들이 현대의 평화활동을 보면 분명히 꽤 놀랄 것이다. 그들은 외교적, 법적 수단을 통한 분쟁해결이나 좀 더 강력한 집단안보 행위가 국제평화와 안보를 책임지는 주요한 방법이 될 거라고 예상했다. 더군다나 해외 파병 병력이, 현재 평화구축에 중심 요소가 되어버린 분쟁국가의 사회적, 경제적 변화를 위해 적극적인 역할을 맡고 있는 것을 보면 더욱 그럴 것이다.

평화활동이 진화될수록 예상치는 못했으나 중요한 변화들이 생겨났다. 비록 이전에 여러 차례의 감시 임무가 있었지만, 1956년 처음 개시된 전통적 평화유지 임무는 과거 틀로부터의 극적인 도약이자 수에즈 위기의 독특한 상황에 대한 대처이기도 했다. 이러한 임무는 당시 도래할 수 년 동안 평화활동의 모델로 기여했다. 1970년대에 들어 신규 평화유지활동이 거의 신설되지 않았고 일부 분석가들은 이러한 평화의 접근이 냉전이 깊어짐에 따라 국제 안보의 위협에 대처하는 데 있어 시대착오라고 선언했다. 이후 냉전의 종식은 대부분의 정책 입안자들과 학자들에게 경종을 울렸고 일부는 평화유지의 회복과 평화구축으로의 발전으로 인해 소위 '새로운 세계의 질서' 속에서 보여질 평화활동의 역할에 대해 과대평가하기도 했다. 이러한 과열 현상은 소말리아와 르완다에서 나타난 평화유지활동의 실패로 재빨리 수그러들었다. 하지만 다국적 동맹이 그랬던 것처럼 유엔과 지역 내 기구들이 유사하게 그들의 활동을 넓혀감에 따라 평화활동이 쇠퇴할 것이라는 예상은 들어맞지 않았다.

이제까지 평화활동에 대한 예측들은 유난히 빗나간 적이 많았다. 이러한 활동의 빈도와 배치는 항시 정확하게 예측할 수 없는 국제체제 속에서 주요한 정치적인 사건들에 의해 민감해질 수밖에 없었다. 따라서 평화활동의 미래를 살펴보는 것으로 이 책을 마무리 짓는 것이 여간 부담스러운 일이 아니다. 너무 많은 부분이 변화하는 정치적 사건에 의해 좌우되고 현재 수행 중인 평화활동의 성패도 마찬가지이기 때문이다. 그럼에도 예측하기 어려운 것과 무관하게 국제사회가 평화활동과 관련해서 반드시 직면하게 될 수많은 과제가 있다. 이러한 과제들을 어떻게 해결하는가에 따라, 평화활동이 평화와 안보를 증진하는 데 중심적 역할을 할지, 아니면 집단안보와 같이 쓸모없는 접근방식을 모아둔 리스트에 올라 있을지 판가름이 나게 될 것이다.

아래에 평화활동이 중 · 장기적으로 직면한 열 가지 과제들을 나열했다. 각 과제에 대해, 배경 혹은 왜 포함되었는지에 대한 설명과 함께 평화활동에 있어서의 의미 및 이러한 과제들을 역점을 두어 다룰만한 선별된 정치적 방향에 대해 알아보고자 한다.

평화활동의 과제는 원인별로 구분된다. *환경적* 과제는 무력충돌의 종류와 평화활동에 있어 문제의 소지가 되는 더 광범위한 시스템적 이슈들을 말한다. *정치적* 과제는 평화활동의 승인, 각종 보급, 행위와 관련된 의사결정과 결과들을 포함한다. 즉, 평화활동은 (유엔, 지역기구, 다국적 동맹체) 회원국들의 이해관계에 기인하기 때문이다. *역량* 과제는 평화활동이 효과적으로 수행되도록 필요로 하는 것과 현재의 조직적, 자원역량 간의 불일치를 다루게 된다.

물론 위의 범주에 포함되지 않으면서도 아주 중요한 과제들도 있다. 바로 현지의 경제, 인권, 범죄행위 등과 관련된 것을 포함하여 평화활동의 의도하지 않은 결과로 발생하는 과제이다. 이 책에서는 이러한 중요한 과제를 '정치적 의지의 실패' – 즉, 평화활동의 과거와 미래 모든 문제의 근원이 되는 과제 – 로 결론을 맺고자 한다. 어느 과제도 상호배타적인 것은 없으며 실제로 이들은 너무도 상호보완적이라 하나의 과제는 또 다른 과제들을 효과적으로 해결하는 필요조건이 되기도 한다.

환경적 과제

변화하는 전쟁의 양상

평화활동은 수요와 공급의 균형에서 항시 수요측, 즉 그들을 개입하게 만드는 무력충돌에 주의를 기울이게 된다. 냉전 시 무력충돌은 국가 간 전쟁이 주를 이뤘는데 1990년대부터 내전으로의 현저한 선회가 일어나 새로운 세기에 지속되었다(Hewitt 외 2008). 단기와 중기에 걸쳐 이러한 형태가 계속되리라는 데 의심의 여지가 없다. 동시에 국가 내 무력충돌에서도 새로운 변화가 등장하게 되는데, 좀 더 구체적으로 독립 혹은 기능적 민주화로 가는 정치적 전환기를 겪는 실패국가들과 해당 지역들을 말한다. 어느 경우에나 평화활동은 분쟁에 가담한 내부 행위체들과 관계해야 할 뿐 아니라, 이러한 평화활동을 지원하고 장기적 평화를 증진해야 할 정부구조가 결핍되거나 붕괴된 새로운 상황에 놓이게 된다. 실제로 평화활동은 점진적으로 이러한 간극을 메우고 필요한 제도들을 재구축할 것을 요구받고 있다.

평화활동은 국제평화와 안보에 대한 위협에 대응하는 데 있어 이러한 문제에 심각하게 직면하게 된다. 4장에서 언급했듯이 국가 내 무력충돌은 낮은 성공률과 연관이 깊다. 내전에는 수많은 행위체와 담당해야 할 광범위한 지역, 그리고 각종 행위를 감시하기에 어려운 상황들로 만연하다. 테러공격은 현지의 안정화와 평화유지군의 안전을 위협할 수도 있다. 또한, 시민사회와 제도들의 붕괴는 다면적인 평화활동을 필요로 하는데 여기에는 상이한 임무의 범주들과 더불어 비정부기구들과 국제기구들과의 광범위한 조정도 포함된다. 따라서 이로 인한 순효과는 더 많은 병력과 비용 그리고 장기간의 헌신을 요구하는 평화활동이 될 것이다.

이러한 과제들을 해결하는 데 있어 국제사회에 가용할 수 있는 선택에는 어떤 것들이 있을까? 한 가지 선택은 '자원의 선별적 분배(triage)'에 의한 안보를 시행하는 것으로 일부 무력충돌에 한정하여 평화활동을 전개하는 것이다. 이렇게 되면 국제기구와 지역기구들이 성공 기회가 더 보장된 무력충돌에만 선택적으로 개입하게 될 수도 있다. 특별히 어려운 양상의 무력충돌은 방치되거나 그것들을 여타 세계로부터 봉쇄시키는 쪽으로 노력을 기울이게 될지 모른다. 예로 다르푸르 평화활동이 여러 결핍으로 고전하고 있던 때임에도 유럽연합은 다르푸르에서 피난 온 난민들을 보호하기 위해 주변국 차드에 평화유지군을 파병한 사실에 주목해야 한다. 그러나 수많은 사상자와 심지어 대량학살조차 발생할 수 있기 때문에 그러한 전략은 확실히 도덕적 문제가 제기될 수 있다.

반면, 국제사회는 평화활동에 대한 참여를 확대하기로 결정함으로써 모든 주요 무력충돌에 개입할 수도 있다. 이는 어느 한 기구로서는 도저히 감당이 안되기에, 분쟁대응의 요구를 충족시키는 데 필요한 국제기구와 지역기구들의 조정된 노력과 심지어 다국적 동맹체까지 필요하게 될 것이다. 수행 중인 평화활동의 수가 지난 10년간 실제적으로 증가했기에 추가확대에 대한 아이디어가 전혀 불가능한 것은 아니다. 그렇다면, 더 많은 자원과 더불어 아마도 실패국가들의 과제를 해결하거나 전환기 사회 내 임무를 지속시키기 위해 수정된 평화구축전략이 요구될 것이다.

무력충돌의 정황적 도전에 대한 모든 대응에 반응할 필요는 없다. 평화구축활동에 대한 수요를 줄이거나 적어도 평화활동이 전개되는 정황을 수정하는 시도는 할 수 있다. 그러한 활동은 국가의 붕괴를 차단하기 위해 평화유지군을 예방적 전개로 활용하거나 무력충돌의 원인이 될 정치적, 인도적 재난을 완화시키는 것을 포함한다. 마찬가지로 중대한 외교적 노력을 통해 관련 당사자들의 적극적 협력을 얻고자하는 계획을 즉각적으로 수립하고 평화활동이 전개되었을 때에도 성공에 대한 전망과 조기 철수가 진전될 수 있도록 이를 재건과정의 초기에 집행할 필요가 있다.

신규 임무에 대한 요구

냉전의 종식과 평화구축의 발전은 평화활동이 중재 이상의 광범위한 임무들을 수행하는 데 일조했다. 이는 평화활동이 전개되는 시점과 장소에 있어서 중요한 의미를 갖게 한다. 어떤 평화활동이 더 적합할지 고려하는 과업도 있지만, 특별히 안보 영역에서 어떤 다른 활동의 대안이 부재한 상황과 무관하게 평화활동은 많은 문제의 해결을 요구받고 있다. 이미 평화활동은 많은 신규 임무들을 제안 받았고 실제로 팔레스타인, 이라크 혹은 세계의 여타 국가에서 과도정부 임무를 수행하는 평화활동을 볼 수 있다. 유엔이 이전에도 이러한 기능을 수행했으나, 그러한 임무의 범위와 기간은 낯선 것이었고 지역기구의 경우에는 더욱 그렇다. 현재의 국제규범에서 진일보하여 평화활동은 만연한 인권유린(Bellamy와 Williams 2004)과 대량학살 외에 인도적, 경제적 그리고 잠재적인 무력충돌의 문제들을 초래하는 환경적 재난을 해결하기 위해 전개될 수도 있다. 개별국가의 군은 이미 자연재해에 동원되기에 평화유지군이 유사한 역할을 수행하게 될 것을 예측하는 것이 그리 무리는 아닐 것이다.

특별히 현 과업에서 실제적으로 파생된 새로운 임무를 수행하려면 일련의 상이한 기술들과 가능하게는 조직적 배치를 필요로 하게 될 텐데, 예로 브랫(Bratt 2002)이 제시한 바와 같이 평화유지군이 아프리카의 AIDS를 퇴치하는 데 중요한 역할을 할 수 있다는 것이다. 또한, 신규 임무는 정황의 범위를 명시하는데, 이 범위 중 중요한 것에는 주둔국 정부의 동의를 받는 것에 있어서 변화를 포함한다. 여타 기구들과 비정부기구들의 개입은 많은 신규 임무에 있어서 가장 중요한 것이며, 어떤 신규 임무도 병사들만이 배타적으로 필요한 인력이라는 순수 군사적 임무를 계획하지는 않는다.

물론, 국제사회는 신규 임무를 반대하는 결정을 내리거나 그러한 임무들을 명시하는 평화활동에 개입하지 않는 전략을 선택할 수 있다. 평화유지와 평화구축이 그러한 필요에서 진화하기는 했지만, 새로운 전략과 제도들은 이러한 과제들에 부합되게 만들어지기 마련이다. 아마 이런 새로운 임무는 평화활동에 있어 일부 변화를 요구하게 될 것이다. 한 가지 옵션은 오직 특정 부류의 임무와 관련해서 (현 규정의 임시체제 하에서라도) 훈련을 받고 파병이 되는 전문화된 부대를 육성하는 것이다. 지금까지는 평화활동이 임무에 걸쳐 일정 부분 균등한 기술과 의무를 필요로 한다는 가정에 근거하여 평화유지군이 여러 상이한 종류의 무력충돌에 개입해왔다. 그러나 개별국가의 군대는 이미 특정한 과업에 전문화된 부대를 갖추고 있기에 특정 평화유지의 전문화가 이러한 방식의 연장선 상이 될 수 있다. 이미 평화활동은 법과 질서를 유지하도록 민간경찰부문에 광범위하게 의존하고 있기에 전문화는 어느 정도는 실재하고 있다고 볼 수 있다.

신규 임무를 수행하는 데 있어 평화활동을 조직하는 기구의 변화도 가능하다. 평화활동을 승인하고 지휘하는 유엔의 안전보장이사회나 지역기구 대신에 세계은행 혹은 유엔 인도주의업무조정국(UNOCHA)이 평화활동을 조직하는 것이다. 세계은행에는 이미 내전 담당부서가 있기에 동 기관이 해당 업무범위를 추가 확대하는 것이 억측은 아니다. 그러한 기구들이 자체의 평화활동을 운영할 경우, 일정 부분 운영의 감각 또한 생길 법도 하다. 결과적으로 현장에서의 훌륭한 기획과 조정, 장기적 참여를 가져올 수 있다.

국가주권

냉전기 당시에는 평화유지활동이 개시되기 이전에 평화유지군이 파병될 당사국이 동의를 해야만 활동이 가능했다. 반면, 탈냉전기에는 당사국의 전적인 협조가 있었던 때뿐만 아니라 협력이 부재한 (그리고 이 둘 사이 여러 상황에서) 무력충돌에도 평화활동이 전개되었다. 이러한 변화는 국가주권에 대한 국제규범에 있어서의 변화를 반영한다. 전통적 주장을 보면, 주권은 거의 절대적이며 국경 내에서 어떤 일이 발생하더라도 이는 온전히 해당국 정부의 영역이다. 하지만 좀 더 최근에는 국가주권에서 예외적인 일들이 발생하고 있는데 가장 두드러진 것은 인도적 재난과 만연한 인권유린 사건이다(Weiss 2007). 따라서 평화활동이 법적 주권국가의 전적인 협조가 없거나[예 : 나토 코소보군(KFOR)] 제 기능을 하는 정부가 부재한[제1차 유엔 소말리아 임무단(UNOSOM I)] 지역에도 파병되었다.

완전히 국가주권의 역방향으로만 격변한 것은 아니기에 국제사회도 정확히 어느 수준에서 국가 내 사법권을 제한할는지에 대해 상당한 논쟁을 하고 있다. 물론, 국가주권의 개념화에 있어 지역별로 차이가 있을 수 있는데, 아시아(특히 중국)와 아프리카 국가들은 이전 국가의 영역에 대한 국제사회의 새로운 개입에 대해 반대해왔다. 이에 많은 문제가 제기되는데 주권과 개입의 경계선은 어디인지, 국제사회는 국내 사안에 대해 평화활동을 전개할 의지는 있는지, 그러한 개입을 주요한 부정적 외부 효과(예 : 난민, 국경 간 교전)를 갖는 국내문제에 한정해야 하는지, 아니면 가능성은 희박하지만, 국제사회가 좀 더 국가주권의 전통적 주장으로 회귀하든지 등이다.

평화활동은 주권이 어떠한 개념으로 받아들여지든지 간에 필연적으로 연계되어야 한다. 이는 그러한 평화활동이 부여받을 가능한 임무의 범위에 대해 중요한 의미를 갖는다. 주권에 대한 유연한 개념은 평화활동의 선택범위를 넓힘으로써 평화구축활동을 활성화하고 인권, 경제개발과 일련의 정부기능을 포함하는 임무로 확대시킨다. 반면, 주권에 대해 엄격한 구성주의적 관점에서는 평화활동이 주둔국 동의 여부에 더욱 좌우되고 만약 주둔국 혹은 (실패국가의 사례에서는) 주둔지역이 그러한 노력에 호의적이지 않다면, 임무에 있어서도 평화구축과 거리가 있는 전통적인 평화유지활동에 맞도록 제한하게 된다. 이에 국가주권이 잠식되는 정도가 높을수록 평화활동이 무력충돌에서 점차 적극적이고 (제3자에 대해) 주요 당사자로서 역할을 부여받게 된다. 그러한 경우 분쟁해결을 위한 외교적 역량이 군사력을 통해 합의를 종용하는 평화활동으로 대체될 수 있다. 한편 이로 인해 평화유지군에 대한 위험이 증가되고 평화활동의 주요 원칙인 공평주의를 포기하게 될 수도 있다.

국제사회는 평화활동을 통한 개입시점을 위해 자체 가이드라인을 발전시켰다. 서구와 같은 일부 지역에서는 동 지역 내 널리 제도화된 민주화를 지원하는 활동을 포함한다. 반면 타 지역에서는 임무의 범위가 더욱 제한적일 수 있다. 이처럼 주권에 대한 개념의 변화는 다국적 동맹체를 강화시켜 강압적 목적을 띤 평화활동을 통해 여러 무력충돌에 개입하게 될 수 있다.

한편, 국제사회가 당사국들과 더욱 긴밀한 협력을 선택하는 것도 예측 가능하다. 이렇게 되면 평화활동이 여러모로 순탄하게 수행될 것이다. 그러나 현지 정부와 교섭하는 동안 임무가 승인되는 데 장기간의 시일이 소요된다. 일례로 다르푸르에서 수천 명이 죽어가는 동안, 유엔-아프리카연맹 합동군 파병에 대한 수단 정부의 동의를 받는 데 수 년간의 압력과 교섭이 선행되어야 했다. 심지어 동의 이후에도 당사국 정부가 평화활동을 심각하게 제한함으로써 임무가 원활하게 수행되지 못하게 할 수 있다. 역시 수단 정부는 2007년 7월, 어느 평화활동에도 공격성향(평화강제)의 군사력을 사용할 권리를 허가할 수 없다고 발표하여 무장세력들을 억제하기 위한 평화유지군의 능력을 제한했다. 결국, 이로 인해 평화활동 행위자들에 대해 인권 딜레마(Eide 외 2005) 문제가 제기되었는데, 그 이유는 그들이 인권남용의 외부적 비판역할을 해야 하는 반면, 일부 임무를 수행하는 데 있어 취약한 인권침해전력이 있는 자들과 협력해야 했기 때문이다.

정치적 과제

수행역량

(국제적, 지역적, 국가적으로) 어느 형태의 거버넌스도 무한한 자원을 바탕으로 무제한의 서비스를 제공할 수는 없다. 각 거버넌스 구조상 '수행능력'을 갖고 있는데, 환언하면 얼마나 많은 서비스를 제공할 수 있는지에 대한 최대한의 한계라고 할 수 있다. 마찬가지로 국제사회도 평화활동 수행과 관련하여 한계가 있다. 재정적, 정치적, 그리고 외교적 자원들이 제한적이다. 적어도 회원국들이 동시에 수행할 수 있는 임무의 수를 제한하게 된다. 평화활동을 수

행하는 국제사회의 역량은 1990년대 급신장되어 21세기에 접어들어서는 유엔 이외에 타 기구에서도 일부 부담을 감당했고 일부 국가들은 이러한 평화활동을 지원할 의지를 피력하기도 했다. 2006년 말 기준, 역사적으로 가장 많은 35개의 평화활동이 수행되고 있다. 그럼에도 앞에서 언급한 환경적 변화로 인해 평화활동의 추가 수요들이 수면 위에 대기 중이다. 또한 평화구축임무가 더욱 강조됨에 따라 이러한 임무들이 더욱 확대되고 고비용화되어 조직역량에 추가적인 부담이 가중됨으로써 이론상 임무가 성공하는 데 장기간이 소요되게 된다.

종합해보면 평화활동이 향후 더 많은 자원과 정치적 관심이 요구된다는 명확한 의미를 보여준다. 유럽연합은 평화활동의 참여를 확대할 수 있는 자원이 있으나, 아프리카연맹은 그렇지 못하다. 아프리카는 타 대륙보다 더 많은 내전이 발생하는 지역이기에 아프리카연맹은 이미 임무를 수행하는 데 있어 국제기구나 지역기구로부터의 지원에 의존하고 있으며 아프리카연맹의 평화활동 확대에는 유엔과 유럽연합의 원조가 불가피하다.

국제사회가 평화활동의 수행역량을 증대시키고자 할 때 관련되는 주요 위험에는 크게 두 가지가 있다. 첫째, 현존 평화활동의 부담을 감안할 때 이미 승인받은 일부 평화활동이 전개되지 못할 수 있다. 평화활동의 선정과 거부 여부가 안보적 필요와는 거의 무관하게 현재 부담하는 의무의 정도에 의해 결정될 수 있다. 둘째, 신규 평화활동의 수가 부담되는 수준은 아니더라도 새로 승인된 임무는 그들의 위임명령, 개시시점, 혹은 자원(예 : 병력 수)에 비추어 볼 때 차선일 가능성이 있다. 따라서 누락된 평화활동 기회의 개별사례 대신 모든 평화활동은 초과의무의 부담이 기존 활동에 걸쳐 나눠지기 때문에 영향을 받게 된다는 것에 주목할 필요가 있다.

이러한 과제에 대해 가장 확실한 대응방안은 역량을 증대시키거나 희소자원을 어디에 투입할지 결정하는 좋은 시스템을 찾아내는 것이다. 역량확대와 관련해서 국제사회가 영구적인 재원이나 병력들을 갖춘 평화활동을 환기시킬 기미가 거의 보이지 않는데 하물며 모든 비상상황을 대응하는 데 필요한 수준의 도달은 더더욱 아닐 것이다. 첫 번째 과제에서 설명했던 것과는 다른 차원에서 자원의 선별적 분배와 더 유사하다. 성공의 기회가 더 많은 분쟁을 선택하기보다 유엔과 지역기구들은 ①더욱 시급하고, ②최소한의 자원부담 의무를 요하는 무력충돌에 중점을 두게 될 것이다. 전자는 일부 분쟁들이 악화된 상황에 있지만 그중에서도 가장 심각한 위협에 가장 관심을 갖는다는 점에서 확실히 타당성이 있다. 후자는 관료주의적 입장에서 이해는 되지만, 광범위한 글로벌 목표를 성취하는 견지에서는 다분히 근시안적이다.

제한적인 수행역량은 일부 조직적인 개편과 변화를 촉진시킨다. 앞에서 언급했듯이, 유엔은 일부 평화활동에 대한 책임을 지역기구에게 조직적으로 전가할 수 없는데, 이는 상당 부분 유엔으로부터 재원과 군수지원이 요구되기 때문이다. 대신 비용효과성의 토대 위에 (재정지원을 담당하는 측과 병력공여 측, 제3자의 보완계획과 같은) 다양한 분업방식을 갖춘 혼성형(hybrid) 평화활동이 많이 필요해지고 있는데, 이미 합동임무단의 증대가 두드러지고 있다.

사설업체(private contractors)나 고도의 기술을 더 많이 활용하는 것이 비용효율성 측면에서 더 좋다는 것이 확인되면서 일부 과업은 더욱 확대되고 있다. 유엔과 지역기구들 역시 일부 평화활동의 책임을 선별된 개별국가들에 위임하는데, 이런 특별한 경우 적법한 활동승인은 하지만 군사행동에 있어 기타의 지원은 없다. 이는 부담을 개별 국가에 전가하는 것이기는 하지만 해당 국가들은 이러한 임무를 수행할 역량을 갖고 있다. 문제는 이해관계도 없는 지역이나 무력충돌에 그러한 의무를 감당할 국가들을 찾아내는 것이다. 국가들이 이해관계도 있으면서 단독적으로라도 평화활동을 선도할 의지가 있을 때, 만약 미국, 프랑스, 영국과 같은 국가들이 개입할 경우에는 국익이 국제적 이해관계보다 우선시되는 문제도 있다.

주둔 對 철수

유엔(과 마찬가지로 지역기구에도 적용되겠지만)은 일찍 자리를 뜨는 무례한 손님에 비유되기도 한다. 수행역량은 (적어도) 평화활동이 전개될 때 영향을 끼치지만, 마찬가지로 중요하게 수행자들은 임무를 완수하기 위해 주둔하는 것과 문제의 국가 혹은 지역이 자치를 실현하도록 철수하는 것 사이에 균형점을 찾아야 한다. 제2차 유엔 소말리아 임무단(UNOSOM II) 병력이 철수했던 논쟁적 사례에서 보듯이 국제기구의 회원국과 다국적 동맹군들에게는 중요한 정치적 압력이 있다. 계속 지출되는 운영비와 위험지역으로의 병력파병은 국내의 정치적 압력을 야기한다. 역시 평화활동의 전개 초기 집중된 외교적 관심도 새로운 문제들이 국제적 그리고 지역적 정책의제로 다뤄지면, 시간이 지남에 따라 점차 사라진다. 평화구축이 장기적 과정이고 이러한 평화활동의 임무가 더욱 다면화되어가고 있음에도 최근 십년간 수행기간이 실제로 더 단축되었다. 전혀 다른 측면에서 평화활동은 상설화되고 있는데, 한시적이거나 전환기적 존재감을 준다기보다 해당 지역의 정치적 상황에 있어 고유의 역할을 감당하기 위해 전개되기 때문이다[예 : 유엔 레바논 평화유지군(UNIFIL)과 유엔 사이프러스 평화유지군(UNFICYP)].

조기철수는 재난적인 결과를 초래할 수 있으며 중요하게는 무력충돌이 재발하는 요인이 될 수 있다. 만약 평화구축활동이 중도에 종료되면 그 과정이 훼손되어 해당 국가는 불안한 상황을 겪게 된다. 다수의 평화활동이 동일한 국가들(예 : 아이티와 앙골라)에 계속적으로 전개되었다는 것은 첫 번째 활동이 그들의 목표를 달성하지 못했거나 임무가 완수되기 전에 조기에 철수했다는 것을 보여준다. 회고해보면 국제사회는 동티모르가 신규 독립국가로 안정화되고 경제적으로 성장할 수 있는 시점으로 판단하여 조기에 철수시킨 면이 있었다. 한편, 4장에서 말했듯이 동전의 양면으로서 평화활동의 실재가 오히려 분쟁해결에 방해가 되면서도 일부 활동의 파병기간이 더 장기화될 수도 있다. 이렇게 일부 평화활동, 특히 전통적인 평화유지활동은 장기적 목표들이 성취되는 데 걸림돌이 되기도 한다.

어떻게 하면 국제사회가 '평화유지의 피로(peacekeeping fatigue)'와 장기파병의 덫 사이에서 중간지대를 찾을 수 있을까? 실제로 엄격한 시간표를 확실한 해결택으로 삼는 것은 가능성이 희박하다. 이처럼 평화활동 착수 시 시간제한을 두는 것은 현실적이지 못한데 이는 설정된 목적과 중요한 종료행사가 있을 수 있는 선거감시와 같은 임무에서조차도 그렇다. 분쟁관리와 해결의 과정은 종종 예측이 불가하기에 마감시한이 정치적으로 제시되더라도 다분히 비현실적이다. 앞에서 언급한 바와 같이 6개월 단위로 평화활동을 승인하는 관행은 단지 해당 임무들을 재연장하는 요식행위일 뿐이다. 종료시점을 정하고 실제로 이를 준수하는 것은 대부분 병력 감축보다는 조기철수를 가져온다. 다른 측면에서도 수 년간 파병되었다고 해서 분쟁지대에서 군을 철수시키는 것은 비현실적이다. 국제사회는 바람직한 접점을 찾아야겠지만, 결과적으로 교전의 재개가 확실히 예측된다면 너무 위험하기 때문에 평화활동의 종료는 사실상 어렵게 된다. 예로서 골란고원에서 유엔 골란고원 감시군(UNDOF)의 활동종료는 이스라엘과 시리아 간 긴장의 재발을 가져왔다.

이러한 정치적 과제들을 해결할 옵션들은 국내의 정치적 그리고 외교적 노선의 측면에서 볼 수 있다. 유엔 평화구축위원회(UN Peacebuilding Commission)의 설립과 함께 파병, 전략, 재정의 결정에 있어 주요국들의 참여가 시발점이 되고 있다. 평화활동에 있어서 병력 공여국과 재정 지원국들의 교체 확대는 해당 활동의 부담을 배분하고 한두 국가에 의한 지속적 지원의 중단으로 인한 취약성을 줄일 것이다. 이는 소규모 지역기구보다는 유엔과 같이 크고 다양한 회원국을 보유한 기구들이 당연히 용이하다. 다국적 동맹군은 지속성을 위해 착수 시나 중간시점에 확대시킬 필요가 있다. 또한, 국제기구들에 의한 외교적 노력이 분쟁의 관리와 해결에 진전이 있도록 활성화되어야 한다. 그러한 진전은 궁극적 성공에 대한 전망이 희미하고 불확실하여 회원국들이 빠져나가려 하더라도 해당 평화활동을 지속시킬 수 있을 것이다. 마찬가지로 재개된 외교적 노력은 평화활동 종료 시 현지 환경이 안정화되고 장기적으로 그러한 상태를 유지하리라는 확신을 줄 수 있도록 분쟁의 궁극적 해결을 가져올 수 있다.

역량

조정에 대한 요구

초기에 전통적 평화유지활동은 비교적 복잡하지 않았다. 유엔은 대체로 공여국들로부터 지원확약을 받을 책임이 있을 뿐, 활동의 실제적 수행은 지휘관과 개별 국가부대의 몫이었다. 기획절차는 제한적이었으며 평화활동의 모니터링도 1980년대에 걸쳐 미숙하게나마 실시되었다. 평화유지임무가 확대되고나서야 이러한 방식의 결함이 확연히 드러났다. 여기에는 브라히미 보고서(Brahimi Report)와 보고서의 개혁 방안이 기폭제가 되었다. 여전히 불완전하지만, 이로 인해 평화활동의 기획과 수행에 진전이 있었고 여러 방법으로 이런 변화가 미래의 과제보다 과거의 문제에 더 잘 대응할 것을 촉구했다. 브라히미의 개혁은 유엔에 한정되었지만, 현재는 평화활동의 거의 반 이상이 타 기관에 의해 수행되고 있다. 따라서 평화구축위원회는 업무조정의 필요성을 반영하고 있지만, 동 위원회는 단지 자문 역할이고 평화구축지원실(Peacebuilding Support Office)의 비교적 소수 직원들의 지원을 받아 운영된다.

평화활동 주체들은 향후 심각한 조정 문제에 직면할 것으로 예상되며, 어느 정도는 이미 겪고 있다. 여기에는 부분적으로 해당 임무에 직 · 간접적으로 관여하는 수많은 행위체의 함수관계가 있다. 평화구축의 노력에 있어 군(軍)은 현장에서 발생하는 경제적, 사회적, 정치적, 인도주의적 노력들과 조정되어야 한다. 이는 유엔 내 다른 기관[예 : 유엔 인도주의업무조정국(OCHA)], 여타 국제기구(예 : 세계은행 혹은 지역개발은행들), 비정부기구(예 : 국경 없는 의사회), 잠재적으로는 민간기업 등을 포함한다. 더불어 현지의 행위체, 단체, 군벌, 정부관료들과의 조정도 추가된다. 합동활동은 복잡성이 더해지는데, 왜냐하면 상이한 과업들이 여러 평화활동 주체들 간에 부여되거나 공유되기 때문이다.

효과적인 조정의 결핍은 활동, 특히 다면적 평화구축활동의 효율성에 피해를 준다. 이는 장기적으로 활동의 효과성에 제한을 줄 수 있다. 파리스(Paris 2004)는 만약 효과적인 경제성장과 적절한 선거체제의 진전이 없을 경우, 분쟁의 재개와 평화활동의 붕괴가 올 수 있다고 강조한다. 따라서 활동에서 한 부분의 실패가 다른 임무에 영향을 줄 수 있다는 점에서 '안보우선' 전략은 근시안적이라는 것이 입증되었다. 평화활동의 훌륭한 관리는 행동에 있어 책무성을 요구하고 이를 통해 적합한 정책개발로 이어진다. 비효과적인 조정은 활동의 다른 요소들에 대한 책임소재를 교란시키고 중간과정의 조정도 어렵게 한다.

임무별로 자체의 특성이 있기에 단일 조정모델을 개발하는 것은 불가능하고 반대하는 목소리도 있다. 실제로 동 분야의 선도적 연구그룹은 '형식이 기능을 따른다는(form should follow function)' 원칙에 의한 고정된 방식에 대해 경고한 바 있다(Eide 외 2005). 그럼에도 평화활동의 주체 – 국가 혹은 여타 기구들 – 간 협약은 협력 체계를 구축하는 시발점이 될 것이다. 평화활동은 한시적으로 전개되고 종종 신속하게 파병이 되어야 하기 때문에 그러한 협약이 현장에서 교섭될 수는 없다. 그래서 과업과 책임에 대한 대강의 기술은 사전에 이뤄지고 필요 시 집행된다. 그리고 유엔, 지역기구, 그리고 비정부기구들은 이러한 평화활동 행위에 대해 (비록 각 행위체별로 일련의 기준이 설정되어 있지만, 상호 간 항시 일치하지는 않기에) 일종의 공통기준을 제정할 수도 있다. 예를 들어 인도적 지원물자 전달 시 다양한 과업에 책임이 있는 상이한 기관들과 조정규칙 및 특정하게 연결되는 과업에 대해 선별된 규약을 따르도록 하는 것이다. 또한, 통합임무단은 합동작전센터, 정책기획역량, 그리고 실시간 평가 메카니즘을 포함하는 조정에 대한 일련의 규약을 개발할 수 있다[28].

강력한 평화활동(robust peacekeeping)을 위한 대비

국제연맹과 유엔 내 집안안보체제의 실패로 국제사회는 주요한 군사적 역량과 고도의 강제력을 요하는 행동능력을 상실했다. 이러한 격차는 북대서양조약기구(NATO)와 같은 지역군사동맹으로 일부 봉합되었다. 본래 전통적 평화유지활동도 거의 군사작전과는 상반된 것으로 고안되었기에 강력한 역량의 결핍은 이슈가 되지 않았고 이를 요구하는 임무도 없었으며 실제로 강제력은 평화유지임무의 목적과 목표를 훼손하는 것처럼 보였다.

그러나 평화활동이 진화되어감에 따라 활발한 교전상황(예 : 무력충돌의 제2기) 가운데 생성된 임무를 수행하도록 요구받았으며, 여기에는 분쟁조정, 적대적 상황에서의 인도적 지원물자 보급, 대량학살과 같은 불법행위 억제 등의 활동을 포함하고 있다. 이러한 임무에서의 교전수칙은 광범위한 공세적 군

28) 통합임무단의 문제와 해결방안에 대한 전체적 분석은 에이드 외(Eide et al. 2005)를 보시오.

사력의 사용을 허가하고 실제로 보다 큰 군사적 역량도 필요해졌다. 그럼에도 평화활동은 강력한 평화활동에 관한 기획 및 배치 역량은 여전히 부족하다. 이는 한시적 병력의 조직방식의 범위를 넘어서는 것으로, 어떻게 병력들이 장비를 갖추고 위임명령은 어떤 종류의 행위를 허용할 것인지를 포함하게 된다. 다국적군 가운데에서 북대서양조약기구(정도는 덜하지만, 유럽연합)만이 강력한 군사력을 행사하는 데 필요한 능력을 갖추고 있다.

국제기구 간 효과적인 강력한 군사능력의 결핍은 두 가지의 치명적 결과를 가져온다. 첫째, 기구들이 수행해야 할 평화활동을 방관하게 된다. 점차적으로 국제기구는 내전 중에 인도적 그리고 여타 재난에 직면하고 있다. 그러한 필요를 방치하거나 충분히 대응하지 않음으로써 향후 더 큰 인명손실과 (실패국가와 난민의 유입증가와 같은) 위험한 결과를 초래하게 되고, 문제는 더욱 심각해져서 결과적으로 국제사회와 평화활동에서 이를 해결할 수밖에 없게 된다. 둘째, 만약 평화활동이 그러한 문제들을 다루기 위해 전개된다 하더라도 그러한 임무들을 성공적으로 완수할 수 있는 대비를 제대로 갖추지 못하고 있다는 것이다. 유엔 보스니아 평화유지군(UNPROFOR)은 대비가 부족하여 세르비아군들이 통제하던 길목에서조차 인도적 지원임무를 수행할 수 없었고 스레브레니차(Srebrenića)지방에서 발생한 민간인 대상 포탄공격도 거의 막지 못하였다. 특히 강력한 군사행동은 선제적이어야 하거나 방해집단을 제압하고 민간인들을 보호하는 데 필수적이다.

3장에서 언급했듯이 대체로 상설평화유지군 혹은 신속대응군에 대한 제안은 결실을 보지 못했기에 이들에 대한 전망도 짐짓 가까운 미래에 성사될는지

불확실하다. 더구나 그러한 계획들은 향상된 군사적 능력을 보유하는 것 이상의 신속성과 효율성에 대한 필요를 제시하고 있다. 좀 더 현실적으로 세계는 그러한 작전을 수행할 수 있는 주요 군사력을 보유한 국가들에 의존한다. 이는 유엔 혹은 지역기구들이 수행하는 평화활동에 참여하는 국가들의 조직이라고 할 수 있다. 아마도 지역 혹은 글로벌 강대국(미국, 프랑스, 영국, 호주, 러시아, 나이지리아, 남아공)이 단독적 혹은 다국적 평화활동의 노력을 주도할 것이다. 국제기구들은 그러한 군사행동을 적법화하는 결의안을 통과시키기는 하나 참여국들이 작전방향에 대한 전반적인 통제권을 갖는다. 한편으로 이는 개별국가의 군대가 강력한 임무를 수행할 태세를 갖췄다는 점에서 여러 역량의 문제들이 해결되지만, 다른 한편으로 개별국가들에게 그러한 군사행동을 위임하는 것은 본질적으로 또 다른 문제를 양산한다. 이런 형태의 평화활동이 필수적으로 지역 혹은 국제사회의 이익에 대한 책무를 다하지 못하는 것은 주도국들이 그들의 국익수호를 우선시하고 그것이 포괄적인 국제사회의 이익과 일치할 수도, 그러지 않을 수도 있기 때문이다. 불안정한 지역에서 위 강대국들의 장기적 개입이나 이들 국가들에 의한 분쟁해결의 중재는 해당 평화활동이 제국주의적이라는 위험의 양상으로 몰고 가며 국가의 자결권과 자치권을 훼손할 수도 있다.

훈련

평화활동의 초창기에는 전통적 평화유지활동이 일반적인 군사작전과 다르기 때문에(비교에 대해서는 제1장 참조) 훈련의 문제가 발생했다. 지금은 평화구축과 관련한 신규 임무의 확대로 인해 더욱 복잡해졌고 임무 중 상당 부분은 전통적 평화유지와는 다른 기술들을 포함하고 있다. 국제사회에서 평화활동의 수와 형태가 증가할수록 병사들의 준비태세에도 더 많은 관심을 기울여야 하는데 여기에도 여러 가지 고려해야 하는 측면이 있다.

대부분의 병사들은 기본전투기술에 있어 광범위한 군사훈련을 받는다. 이는 강력한 목적범위에 있는 일부 평화활동에는 좋을 수도 있다. 그러나 여타 임무는 효과성에 있어 소위 (외교적인) '대면(contact)' 기술로 명명되는 복잡한 능력에 의존한다. 예를 들어 주요 목적이 감시인 임무에는 관찰과 분석적 기술이 요구된다. 시민사회가 제 기능을 하도록 국가를 재건하는 임무에는 대인 간 그리고 단체 간 관계형성과 커뮤니케이션, 교섭능력이 필요하고 군사작전의 사례에서는 전투와 더불어 정치적 역량을 포함하는 보다 광범위한 기술들이 요구된다. 조직관리 기술 또한 인도적 지원과 같이 피해를 최소화하고자 하는 임무에서 필요로 한다. 이에 첫 번째 우려는 병사들이 그러한 대면기술에 대한 훈련을 실제로 받았는지 여부이다. 평화유지활동 훈련프로그램에 대한 조사(Diehl 외 1998)에서 보면 이러한 기술들을 강조한 프로그램이 거의 전무했다. 최근의 임무단에서 이러한 기술들이 활용되는 빈도수가 증가하는 것을 감안하면 훈련과 실습 간 주요한 차이가 분명히 있다.

두 번째 우려는 평화유지군들이 상이한 형태의 임무를 위해 받아야 할 훈련의 적합성 문제이다. 이와 관련한 첫 번째 이슈는 현재 혹은 확장된 훈련제도가 이러한 교육들을 반영할 수 있는지를 가정해 볼 때 병사들이 위에 언급한 모든 기술과 행위를 마스터할 수 있는지 여부이다. 한 접근방식에서의 훈련이 다른 접근방식을 요하는 훈련에 해가 될 수 있는 것이다. 두 번째 이슈는 임무가 진화하면서 방침과 기술을 전환해야 하는 병사들의 능력문제이다. 이러한 이슈는 군사적 목적을 위해 수행하는 것으로부터 전통적인 평화유지에 가까운 임무를 분리하는 편이 나은지 여부와 관련이 있다.

전통적인 전쟁에서의 교전은 지속적으로 대부분 국가의 군대에 필수적이고 최고 우선순위의 임무가 될 것이다. 그렇다면 병사들의 교전기술을 다른 것에 양보할 수 있는가? 예를 들어 전통적인 평화유지활동에서는 대체로 병사들에게 자위권 차원에 한해 무기사용을 허용하고 있는데, 이는 보통의 군사전략과 실제로 많은 신규 평화활동과 대립되는 것이다. 국가별 군대를 보면 훈련과 전문성에서 큰 차이가 있기 때문에 평화활동은 대비태세의 최소공통수준에 저촉을 받게 된다.

만약 병사들이 임무를 수행하는 데 필요한 적정기술을 갖고 있지 않을 경우, 평화활동은 미시적 수준에서 효과를 볼 수 없고 일부 광의적 목표들을 위협하게 된다. 예로 장애물설치를 통한 차량검색에 있어 적절한 교섭기술의 부족은 현지주민들과의 관계와 협력에 해를 끼치게 되고, 이로 인해 평화유지군에게 무기 밀반출입 감시를 받는 여타 분쟁 당사자들이 평화활동에 대한 신뢰를 무너뜨릴 수 있다. 임무 전체가 위험해지지는 않더라도 평화유지군에 의한 실수로 인해 민간인들이 사망하거나 혹은 평화유지군 자신들도 무력행위에 취약해질 수 있다.

지난 10년간 평화유지군에 대한 훈련제도에도 개선이 있었기에 대부분 군대에서 더 이상 기본군사훈련이 평화활동의 의무에 필요한 전부라고 주장하지는 않는다. 북유럽 국가와 같이 일부 국가들은 수년 동안 합동평화유지 훈련을 실시하고 국제평화아카데미(International Peace Academy)와 같은 민간단체들이 평화활동실습과 관련한 워크숍과 세미나들을 후원하고 있다. 그럼에도 평화임무의 복잡성이 증대되어, 기존의 프로그램이나 이의 확대보다는 여러 다양한 잠재적 대응방안이 있다. 한 가지는 유엔과 지역기구들이 공통 훈련관리를 제정함으로써 이런 특정 훈련기준을 충족하지 못한 국가들은 평화활동의 참여를 허용하지 않는 것이다. 이로써 전문성의 수준을 높이고 실행기준을 증진시키며 역량의 최소수준을 보장하게 된다. 그러나 이러한 요구는 병력공여에 걸림돌이 될 수가 있으며, 초과병력공급의 상황에서는 어느 정도 괜찮지만, 현상유지 때나 병력을 지원받을 때에는 문제의 소지가 있다. 일부 빈곤국들에는 너무 호사스럽겠지만, 국제사회는 국가 부대별로 평화활동의 전문화를 채택할 필요가 있다. 평화유지군 병사들은 평화활동만을 위한 전문적인 훈련을 받고 일반 군부대에는 배치되지 않도록 할 수도 있다. 여러 가지 점에서 이 방식은 평화활동을 위한 지정부대와 유사하기는 하지만, 3장에서 제안된 것보다는 덜 형식화되었다. 이 계획을 통해 국가들이 평화활동임무를 위한 전담부대를 보유하게 된다면, 그들로 하여금 병력공여의 의지를 높일 수도 있다. 그럼에도 대부분 국가 부대는 평화활동을 부차적으로 보고 있으며 평화유지군으로서의 경력이 통상적인 전쟁에 참전하는 것보다 인정받지 못한다는 그들 자체의 문화를 극복해야 한다. 그런 점에서 평화활동에서의 민간경찰요원 활용의 대폭적인 증가는 또 다른 접근방식을 보여준다. 결국, 재래식 군 편제 밖의 전문적 인력들이 특성화된 의무의 수행을 요구받게 될 것이다.

기타 중요한 과제들

의도하지 않은 결과

평화활동의 목적은 다분히 복합적이기 때문에 여기에는 분쟁재발의 억제뿐만 아니라 활동에서 부여된 위임명령에 거론된 수많은 목표를 포함한다. 앞에서 언급한 바와 같이 이는 평화활동의 성패를 평가하는 근거를 제공한다. 그러나 평화활동은 이외에도 많은 상이한 결과도 있는데 이들 중 상당 부분이 의도하지 않거나 바람직하지 않은 것일 수 있다[29]. 이러한 의도하지 않은 결과들은 다양한 형태로 나타난다. 일부는 젠더문제에 기초한 것들인데, 이는 평화유지군 병사들이 현지인을 대상으로 강간을 저지르고 HIV/AIDS를 전염시키며 현지인력 채용 시 차별적인 고용행태가 끊이지 않기 때문이다[30]. 예를 들어 2007년 (유엔 코트디부아르 평화유지군의) 병사들이 강간과 성희롱으로 비난받았으며, 최근에 전 세계 평화유지군 병력들에 대해 유사한 혐의가 줄을 잇고 있다. 경제적 왜곡현상도 평화활동, 특히 평화구축활동이 있으면서 발생했다. 이는 (평화구축활동과 주둔국가 정부의) 이중적 공공부문경제가 형성되는 것인데 평화활동에 의해 동질화가 실종됨으로써 현지 시장의 상품과 서비스를 서서히 약화시킨다. 정치적 부패와 기타의 결과들도 발생할 수 있다.

29) 평화활동에서 의도하지 않은 결과에 대한 논의는 아오이 외(Aoi et al. 2007)를 보시오.

30) 이러한 문제들에 대해서는 히게이트(Higate 2007)를 보시오.

이러한 결과들은 전쟁으로 인한 사상자나 난민처럼은 아니더라도 분쟁의 새로운 피해자들을 발생시키는데 이는 평화활동의 직접적인 결과이기도 하지만 확실히 피할 수 있었다. 따라서 부정적인 경제적, 정치적 결과들은 안정화의 장기적 목표와 역내 평화와 안보유지의 필수조건인 경제적 성장을 약화시키게 된다.

비록 지역기구들과 다국적 동맹체에 의해 관련 비교조사가 있었는지 불확실하지만, 유엔은 이러한 모든 문제들에 대해 방관만 하지는 않았다. 유엔은 군기 및 규율부서(Conduct and Discipline Unit)를 설립했고 동티모르 평화활동에서는 반매춘 담당부서(anti-prostitution unit)의 시범운영을 준비해왔다. 성희롱사건이 미디어의 관심을 집중적으로 받았음에도, 실제로는 경제적 혼란과 부패문제가 더 만연했으나, 단일사건에 의해서 잘 증명되지 않기에 이 문제들에 대한 조사와 단속행위가 제대로 이뤄지지 않고 있다. 이를 해결할 첫 번째 단계는 그러한 결과의 발생 가능성을 평화활동 기획 시 충분히 고려하는 것이다. 비록 그러한 것들이 의도하지 않은 결과일지라도 예상하지 못하는 것은 아니기에 정책입안자들은 활동의 재설계 혹은 조치들을 통해 그러한 결과들을 제거하거나 완화시킬 수 있을 것이다. 개선된 모니터링과 위반에 대한 책임소재 규명도 상황을 개선시킬 수 있다. 병사 개개인의 위반행위에 대해서는 임무를 수행하는 주체와 무관하게 해당 국가부대가 조치할 책임이 있다.

정치적 의지의 결핍

평화활동의 실패에 대해 가장 빈번하게 거론되는 이유는 국제사회의 정치적 의지 부족, 즉 성공적인 활동을 위해 충분한 노력과 책임감 없이 임했다는 것이다. 반면, 이것은 자주 오도된 면이 있는데 문제를 제기해보자면, 정치적 의지의 부족이 평화활동의 실패로부터 추론이 되고 이러한 실패는 국제사회가 충분히 노력하지 않았기 때문이라고 가정하게 되며 결과적으로 만약 그러지 않았다면 성공했을 것이라고 보게 된다. 비록 정치적 의지의 결핍을 완전히 배제하지 못하겠지만, 대신 이렇게 질문할 수 있다. “무엇이 그리고 왜 국제사회로 하여금 행동을 꺼리게 한 것일까?

유엔 혹은 지역기구가 행동할 정치적 의지가 부족하다고 말할 때, 책임을 져야 할 대상은 해당 기구의 관료 혹은 지도자가 아니라 바로 회원국들이다. 소위 정치적 의지의 결핍은 다양한 방식으로 표출된다. 회원국들은 행동을 꺼리는 것이 아니라 단지 어떤 행동을 취해야 할지에 대해 동의하지 않는 것이다. 국제기구의 평화활동 개시는 집단적 결정이며 행동에 옮기지 못하는 것은 무엇이 적절한 행동인지에 대해 양립될 수 없는 이견의 결과이다. 조직의 규정 여부에 따라 기구의 행위에 반대하거나 타 국가들과 이견을 고집하는 일개 국가만으로도 그러한 행위를 막기에 충분하다. 예를 들어 다르푸르에 대해 어떤 방식으로 개입할지에 대해 유엔 내에서 상당한 이견이 있었는데, 중국이 강력한 개입에 반대를 주도했다. 평화활동이 승인될 때 해당 위임명령은 회원국들 간 합의에 있어 최소한의 공통된 합의를 반영하게 되는데, 이로 인해 결과적으로 평화활동[예 : 유엔 르완다 지원임무단(UNAMIR)]이 과업을 수행하기에 부족한 면을 보여주게 된다. 따라서 정치적 의지의 결핍을 임무승인기관 내 불일치와 혼동해서는 안 된다.

한편, 국제적 분쟁에 대응 시 회원국 간 아예 행동을 취하지 않거나 단지 제한적인 방식으로만 행동하도록 합의가 이뤄지는 경우들이 있다. 이는 수행기관에 과도한 권력이나 자치권을 부여할 의지의 부재로 발생한다. 또한, 자국 혹은 미래의 동맹국들에 대한 개입을 초래할 수 있는 선례(예 : 인권보호를 위한 강력한 평화활동)를 남기길 꺼려하는 것일 수도 있다. 실제로 정치적 의지의 결핍으로 인해 신규 평화활동과 관련하여 인력과 재정적 부담을 감당하지 않으려고 한다. 결과적으로 정치적 의지의 결핍은 평화활동 혹은 충실한 위임명령과 권력 중 어느 한 가지도 특정 회원국, 특히 기구 내 초강대국의 국익에 보탬이 되지 않는다는 정확한 현실 정치의 계산인 것이다. 만약 평화활동이 주요 국가들의 국익과 직접적으로 연계되어 있다면, 유엔 혹은 지역기구의 의사결정이 교착에 빠질 때 이를 타개하기 위한 단독적 혹은 소수라도 다국적 노력을 예상할 수 있다. 특별히 탈냉전시대에 평화활동에 대한 요구가 주요국 혹은 지역 패권국의 이익의 관심 밖에 있는 아프리카와 기타 국가들에 있었는데 이는 위의 사례가 될 수 없는 것이다.

정치적 의지의 결핍을 풀어 보면 국가들이 평화활동을 막거나 제한하는 집합적 동기들이 보인다. 물론 국제정치체제와 운영규범을 즉각적으로 바꿀 정책이나 해결책은 없다. 필요한 것은 국제사회의 이익이 개별국가의 국익보다 우선한다는 규범적 변화이다. 이것이 꼭 지나친 낙천주의적 꿈인 것은 아니다. 지난 세기 동안, 국제사회는 인권에 대한 규범을 제정하고 환경 표준을 개발했으며 국익조차 감수하고 공공재를 장려하는 첫걸음을 내딛는 등 장족의 발전을 이뤄왔다. 동시에 국제기구, 특히 특정 과업에 있어서 유럽에는 보다 강력한 자치권과 책임을 부여하는 움직임도 있다. 이러한 변화들이 단번에 일어난 것이 아니기에 가까운 미래의 평화활동도 정치적 의지의 결핍이라 명명되는 조건들에 의해 좌우되겠지만, 평화활동의 수적 증가와 범위 확대를 보면 그러한 의지가 비록 기대에 미치지는 못하더라도 이전보다는 더 강해졌다는 것을 알 수 있다.

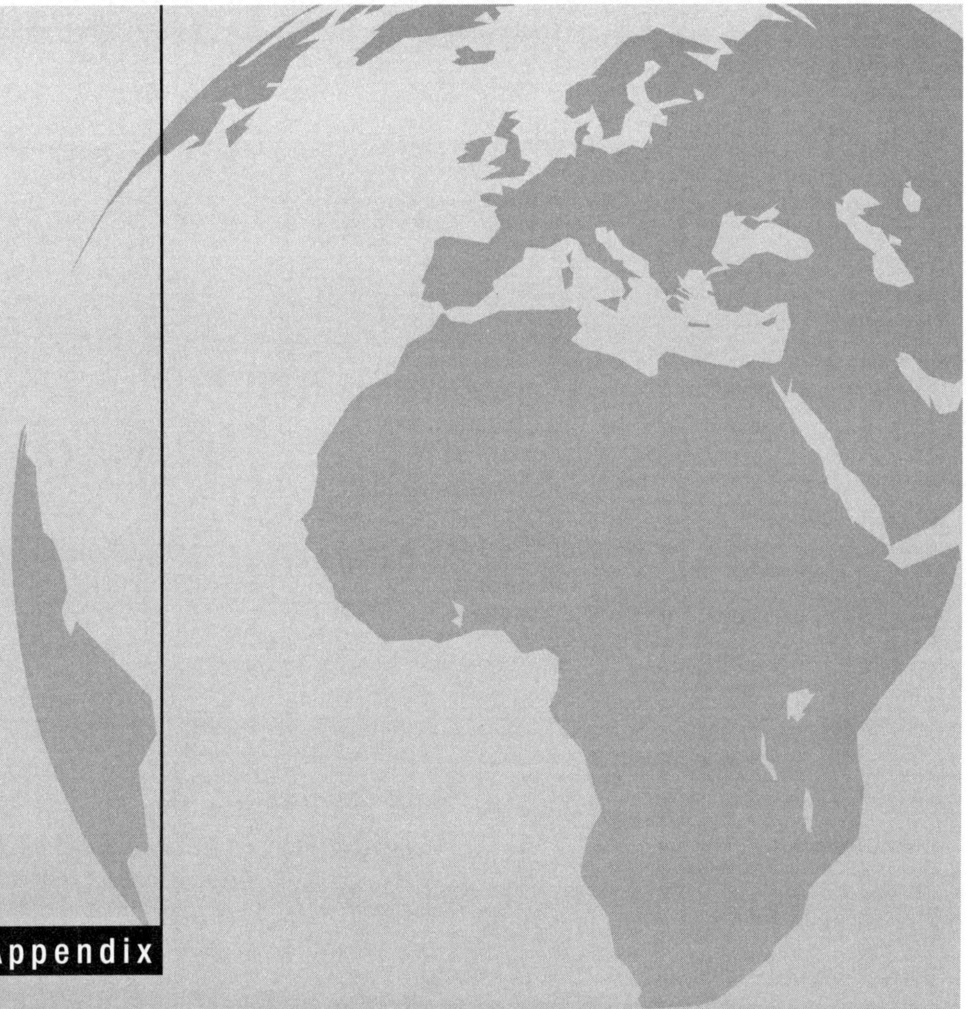

Appendix

부록
(평화활동 현황 : 1948~2006)

Peace Operations

1948-2006

약어	임무단	해당국	개시	종료
UNMOGIP	UN Military Observer Group in India and Pakistan 유엔 인도–파키스탄 정전감시단	인도 파키스탄	1949	
UNIPOM	UN India-Pakistan Observation Mission 유엔 인도–파키스탄 감시단		1965	1966
UNGOMAP OSGAP	UN Good Offices Mission in Afghanistan and Pakistan 아프간과 파키스탄의 유엔 주선임무	아프가니스탄	1988	1989
	Offices of the Secretary-General for Afghanistan and Pakistan 아프간과 파키스탄의 유엔 사무총장실			
UNMOT	UN Mission in Observation in Tajikistan 유엔 타지키스탄 감시단	타지키스탄	1994	2000
UNAMA	UN Assistance Mission in Afghanistan 유엔 아프가니스탄 지원임무단	아프가니스탄	2002	
ISAF	International Security Assistance Force 국제안보지원군		2001	
CPKF	CIS Collective Peacekeeping Forces/ CIS Tajikistan Buffer Force 독립국가연합 집단평화유지군	타지키스탄	1993	2000
IPKF	Indian Peacekeeping Force 인도 평화유지군	스리랑카	1987	1990
UNFICYP	UN Peacekeeping Force in Cyprus 유엔 사이프러스 평화유지군	사이프러스	1964	

약어	임무단	해당국	개시	종료
UNPROFOR -C, UNCRO	UN Protection Force-Croatia 유엔 크로아티아 보호군 UN Confidence Restoration Operation 유엔재건활동	크로아티아	1992	1995
UNPREDEP	UN Preventive Deployment Force 유엔 예방전개대	마케도니아 사령부	1993	1999
UNOMIG	UN Oberver Mission in Georgia 유엔 그루지아 정전감시단	그루지아	1993	
UNMIBH	UN Mission in Bosnia and Herzegovina 유엔 보스니아-헤르체코비아 임무단	보스니아	1995	2002
UNMOP	UN Mission in Observers in Prevlaka 유엔 프레브래카 감시단	크로아티아	1996	2002
UNPF	UN Peace Force 유엔평화군		1996	1996
UNPROFOR-BH	UN Protection Force Bosnia and Herzegovina 유엔 보스니아-헤르체코비아 예방군	보스니아	1992	1995
UNTAES	UN Transitional Administration for Eastern Slavonia, Baranja, and Western Sirmium 유엔 동슬라보니아, 바란자, 서시르미움 과도행정임무단	크로아티아	1996	1998
UNMIK	UN Interim Adminstration Mission in Kosovo 유엔 코소보 과도행정임무단	코소보	1999	

<table>
<tr><th>약어</th><th>임무단</th><th>해당국</th><th>개시</th><th>종료</th></tr>
<tr><td>RRF</td><td>Rapid Reaction Force
신속대응군</td><td rowspan="3">보스니아</td><td>1995</td><td>1995</td></tr>
<tr><td>IFOR</td><td>Implementation Forces
실행부대</td><td>1995</td><td>1996</td></tr>
<tr><td>SFOR</td><td>Stabilization Force
안정화부대</td><td>1996</td><td></td></tr>
<tr><td>MPF-
Operation
ALBA</td><td>Multinational Peace Force “Operation Alba” 다국적 평화유지군 “알바작전”</td><td>알바니아</td><td>1997</td><td>1997</td></tr>
<tr><td></td><td>Kosovo Force 나토 코소보군</td><td>마케도니아</td><td>1999</td><td></td></tr>
<tr><td>KFOR</td><td>Kosovo Force 나토 코소보군</td><td>코소보</td><td>1999</td><td></td></tr>
<tr><td>AFOR</td><td>Albanian Force 알바니아군</td><td>알바니아</td><td>1999</td><td>1999</td></tr>
<tr><td>EUFOR</td><td>European Union Force-Althea
유럽연합군–알테이아</td><td>보스니아</td><td>2004</td><td></td></tr>
<tr><td colspan="2">Russian Abkhazia Peacekeeping Operation
러시아 압카지아 평화활동</td><td rowspan="3">그루지아</td><td>1993</td><td>1994</td></tr>
<tr><td rowspan="2">CPKF, CPFOR</td><td>CIS Collective Peacekeeping Force in Georgia
독립국가연합 그리지아 집단평화유지군</td><td rowspan="2">1994</td><td rowspan="2"></td></tr>
<tr><td>Collective Peacemaking Force
집단평화조성군</td></tr>
<tr><td rowspan="2">OSCE Mission</td><td>OSCE Mission - Bosina
유럽안보협력기구 보스니아 임무단</td><td>보스니아</td><td>1995</td><td></td></tr>
<tr><td>OSCE Mission - Croatia
유럽안보협력기구 크로아티아 임무단</td><td>크로아티아</td><td>1998</td><td></td></tr>
</table>

<table>
<tr><th>약어</th><th>임무단</th><th>해당국</th><th>개시</th><th>종료</th></tr>
<tr><td colspan="2">Moldova Joint Force/Joint Control Commission PK Force
몰도바연합군, 연합통제위원회 평화유지군</td><td>몰도바</td><td>1992</td><td></td></tr>
<tr><td colspan="2">So. Ossetia Joint Force 오세티아 연합군</td><td>그루지아</td><td>1992</td><td></td></tr>
<tr><td rowspan="2">OSCE Mission</td><td>OSCE Mission-Moldova
유럽안보협력기구 몰도바 임무단</td><td>몰도바</td><td>1993</td><td></td></tr>
<tr><td>OSCE Mission-Georgia
유럽안보협력기구 그루지아 임무단</td><td>그루지아</td><td>1994</td><td></td></tr>
<tr><td>ONUCA</td><td>UN Observer Group in Central America
유엔 중앙아메리카 감시단</td><td>중앙아메리카</td><td>1989</td><td>1990</td></tr>
<tr><td>ONUSAL</td><td>UN Observer in El Salvador
유엔 엘살바도르 감시단</td><td>엘살바도르</td><td>1991</td><td>1995</td></tr>
<tr><td>MINUGUA</td><td>UN Verification Mission in Guatemala
유엔 과테말라 검증단</td><td>과테말라</td><td>1997</td><td>1997</td></tr>
<tr><td rowspan="2">UNSMIH
UNTMIH</td><td>UN Support Mission in Haiti
유엔 아이티 지원단</td><td rowspan="8">아이티</td><td rowspan="2">1996</td><td rowspan="2">1997</td></tr>
<tr><td>UN Transition Mission in Haiti
유엔 아이티 과도임무단</td></tr>
<tr><td>MIPONUH</td><td>UN Civilian Police Mission in Haiti
유엔 아이티 민간경찰임무단</td><td>1997</td><td>2000</td></tr>
<tr><td>UNMIH</td><td>UN Misssion in Haiti 유엔 아이티 임무단</td><td>1995</td><td>1996</td></tr>
<tr><td>MINUSTAH</td><td>UN Stabilization Mission in Haiti
유엔 아이티 안정화임무단</td><td>2004</td><td></td></tr>
<tr><td colspan="2">Operation Uphold Democracy 아이티 민주화 수호작전</td><td>1994</td><td>1995</td></tr>
<tr><td>MIFH</td><td>Multinational Interim Force in Haiti
아이티 다국적 임시군</td><td>2004</td><td>2004</td></tr>
</table>

약어	임무단	해당국	개시	종료
OAS Military Experts Comm 미주기구 군사전문가 위원회		코스타리카	1995	1995
OAS IAPF	OAS Inter-American Peace Force 미주기구 평화군	도미니카 공화국	1965	1966
OAS Military Observers-II 미주기구 군사감시단		온두라스	1976	1981
MOMEP	Mission of Military Observers Ecaudor-Peru 에콰도르-페루 군감시임무단	페루, 에콰도르	1995	1999
UNTSO	UN Truce Supervision Organization 유엔 예루살렘 정전감시단	이스라엘, 이집트, 레바논, 시리아	1948	
UNEF-I	First UN Emergency Force 제1차 유엔 긴급군	이스라엘, 이집트	1956	1967
UNOGIL	UN Observation Group in Lebanon 유엔 레바논 감시단	레바논	1958	1958
UNYOM	UN Yemen Observation Mission 유엔 예멘 감시단	예멘	1963	1964
UNEF-II	Second UN Emergency Force 제2차 유엔 긴급군	이스라엘, 이집트	1973	1979
UNDOF	UN Disengagement Observer Force 유엔 골란고원 감시군	이스라엘, 시리아	1974	
UNIFIL	UN Interim Force in Lebanon 유엔 레바논 평화유지군	레바논	1978	
UNIIMOG	UN Iran-Iraq Military Observer Group 유엔 이란-이라크 군사감시단	이란, 이라크	1988	1991

약어	임무단	해당국	개시	종료
MINURSO	UN Mission for the Referendum in Western Sahara 유엔 서부사하라 총선지원단	서부 사하라	1991	
UNIKOM-a	UN Iraq-Kuwait Observation Mission 유엔 이라크-쿠웨이트 감시단	쿠웨이트, 이라크	1991	1993
UNIKOM-b	UN Irak-Kuwait Observation Mission 유엔 이라크-쿠웨이트 감시단		1993	2003
OIF, res1511+	Operation Iraqi Freedom 이라크 자유작전	이라크	1994	1994
OIF, res1483	Operation Iraqi Freedom 이라크 자유작전		2003	2003
ADF	Arab Deterrent Force 아랍 억제군	레바논	1976	1982
MFO	Multinational Force and Observers 다국적군 감시단	이집트	1982	
MNF I	Multinational Force I 다국적군	레바논	1982	1982
MNF II	Multinational Force II 다국적군		1982	1984
TMG	Bougainville Truce Monitoring Group 부건빌 정전감시단	파푸아뉴기니	1997	1998
PMG	Bougainville Peace Monitoring Group 부건빌 평화 감시단	파프아뉴기니	1998	1998
IPMT	International Peace Monitoring Team for the Solomon islands 솔로몬 제도 국제평화감시팀	솔로몬 제도	2000	
RAMSI	Regional Assistance Mission in Solomon islands 솔로몬 제도 지역원조단		2003	
COMPAG	Commonwealth Multinaltional Police Assistance Group 다국적 경찰지원단		2000	2000

약어	임무단	해당국	개시	종료
UNTEA UNSF	UN Temporary Executive Authority(West New Guinea) 유엔 서뉴기니아 임시행정기구 UN Security Force(West New Guinea) 유엔 서뉴기니아 안보군	서뉴기니아	1962	1963
UNAMIC	UN Advance Mission in Cambodia 유엔 캄보디아 임무단	캄보디아	1991	1992
UNTAC	UN Transitional Authority of Cambodia 유엔 캄보디아 과도행정기구		1992	1993
UNOTIL	UN Office in Timor Leste 동티모르 유엔사무실	동티모르	2005	
UNTAET	UN Transitional Administration in East Timor 유엔 동티모르 과도행정기구		1999	2002
UNMISET	UN Mission in Support of East Timor 유엔 동티모르 지원임무단		2002	2005
UNMIT	UN Integrated Mission in Timor Leste 유엔 동티모르 통합임무단		2006	
INTERFET	International Force for East Timor 동티모르 국제연합군		1999	2000
UNAVEM Ⅰ	UN Angola Verification Mission Ⅰ 유엔 앙골라 검증단	앙골라	1988	1991
UNTAG	UN Transition Assistance Group 유엔 과도지원단	나미비아	1989	1990
UNAVEM Ⅱ	UN Angola Verification Mission Ⅱ 유엔 앙골라 검증단	앙골라	1991	1995

약어	임무단	해당국	개시	종료
UNOMOZ	UN Operation in Mozambique 유엔 모잠비크 임무단	모잠비크	1992	1994
UNOSOM I	UN Operation in Somalia I 유엔 소말리아 임무단	소말리아	1992	1993
UNOMIL	UN Observer Mission in Liberia 유엔 라이베리아 감시단	라이베리아	1993	1997
UNAMIR I	UN Assistance Mission for Rwanda I 유엔 르완다 지원단	르완다	1993	1994
UNOMUR	UN Observer Mission in Uganda-Rwanda 유엔 우간다-르완단 감시단		1993	1993
UNASOG	UN Aouzou Strip Observer Group 유엔 아조우 스트립 감시단	차드, 리비아	1994	1994
UNAMIR II	UN Assistance Mission for Rwanda II 유엔 르완다 지원단	르완다	1994	1996
UNAVEM II	UN Angola Verification Mission II 유엔 앙골라 검증단	앙골라	1995	1997
MONUA	UN Observer Mission in Angola 유엔 앙골라 감시단		1997	1999
MINURCA	UN Mission in the Central African Republic 유엔 중앙아프리카 임무단	중앙아프리카	1998	2000
UNOMSIL	UN Observer Mission in Sierra Leone 유엔 시에라리온 감시단	시에라리온	1998	1999
UNIOSIL	UN Integrated office in Sierra Leone 유엔 시에라리온 합동사무소	시에라리온	2006	

약어	임무단	해당국	개시	종료
UNMEE	UN Mission in Ethiopia and Eritrea 유엔 에티오피아 에리트레아 임무단	에티오피아, 에리트레아	2000	
MINUCI	UN Mission in Côte d'Ivoire 유엔 코트디부아르 임무단	아이보리 코스트	2003	2004
ONUC	UN Operation in the Congo 유엔 콩고 임무단	콩고	1960	1964
UNOSOM II	UN Operation in Somalia II 유엔 소말리아 임무단	소말리아	1993	1995
MONUC-a	UN Organization Mission in the Democratic Republic of the Congo 유엔 콩고 임무단	콩고	1999	2002
UNAMSIL	UN Mission in Sierra Leone 유엔 시에라리온 임무단	시에라이온	1999	2005
MONUC-b	UN Organization Mission in the Democratic Republic of the Congo 유엔 콩고 임무단	콩고	2003	
UNMIL	UN Mission in Liberia 유엔 라이베리아 임무단	라이베리아	2003	
ONUB	UN Operation in Burundi 유엔 부룬디 임무단	부룬디	2004	
ONUCI	UN Operation in Côte d'Ivoire 유엔 코트디아부르 평화유지임무단	아이보리 코스트	2004	
UNMIS	UN Mission in Sudan 유엔 수단 임무단	수단	2005	
UNITAF	United Task Force 연합임무부대	소말리아	1992	1993
Operation Turquoise 툴쿠이스 작전		르완다	1994	1994

약어	임무단	해당국	개시	종료
MISAB	Inter-African Force to Monitor the Implementation of the Bangui Agreements 아프리카 방구이 협정 이행 감시군	중앙 아프리카	1997	1998
ECOMICI	Economic Community of West Africa States Mission in Côte d'Ivoire 서아프리카 국가 경제 공동체 코트디부아르 임무단	아이보리 코스트	2002	2004
Operation Licome 린콤 작전			2002	
ECOMIL	Economic Community of West Africa States Mission in Liberia 서아프리카 경제공동체 라이베리아 임무단	라이베리아	2002	2003
Operation Artemis 아르테미스 작전		콩고	2003	2003
CHAD I	CHAD I 아프리카연맹 차드 평화유지군 I	차드	1979	1979
CHAD II	CHAD II 아프리카연맹 차드 평화유지군 II		1980	1980
CHAD III	CHAD II 아프리카연맹 차드 평화유지군 III		1981	1982
ECOMOG	Economic Community of West African States Monitoring Group-Liberia 서아프리카 경제 공동체 라이베리아의 감시단	라이베리아	1990	1999
OAU NMOG II	OAU Neutral Military Observer Group II 아프리가연맹 중립국군사 감시단	르완다	1992	1993
OMIB	OAU Observer Mission in Burundi 아프리카 연맹 브룬디의 감시단	부룬디	1994	1996
ECOMOG	Economic Community of West African States Monitoring Group-Sierra Leone 서아프리카 경제공동체 시에라리온 감시단	시에라리온	1997	2000

약어	임무단	해당국	개시	종료
ECOMOG	Economic Community of West African States Monitoring Group-Guinea Bissau 서아프리카 경제공동체 기니비사우의 감시단	기니비사우	1998	1999
OAU Observer Mission 아프리카 연맹 감시단		콩고	1999	2000
AMIB	African Mission in Burundi 아프리카 연맹 부룬디 임무단	부룬디	2003	2004
AMIS	African Mission in Sudan 아프리카 연맹 수단 임무단	수단	2004	
CMF	Commonwealth Monitoring Force 영연방감시단	짐바브웨	1979	1980
OAU NMOG Ⅰ	OAU Neutral Military Observer Group Ⅰ 아프리카 연맹작전 중립국군사감시단	르완다	1991	1992
OMIC	OAU Observer Mission in the Comoros 아프리카 연맹 코모로스의 감시단	코모로스	1997	1999
SADC	Southern African Development Community 남아프리카 발전공동체 임무단	레소토	1998	1999

출처 : 미래 평화활동 프로그램, 헨리 스팀슨 센터, 워싱턴
<www.stimson.org/xls/peace_ops_size1948_2006_web_data.xls>

참고문헌

Aksu, E 2003, *The United Nations, intra-state peacekeeping and normative change*, Manchester University Press, New York.

Andersson, A 2000, “Democracies and UN peacekeeping operations, 1990-1996”, *International Peacekeeping* vol.7, pp. 1-22.

Aoi, C, de Conging, C, & Thakur, R 2007, *Unintended consequences of peacekeeping operations*, United Nations University Press, Hong Kong.

Bellamy, AJ, & Williams, P 2004, “Conclusion: What future for peace operations? Brahimi and beyond”, *International Peacekeeping* vol. 11, no. 1, pp. 183-212.

Bellamy, AJ, & Williams, P 2005, “Who’s keeping the peace? Regionalization and contemporary peace operations”, *International Security* vol. 29, no. 4, pp. 157-95.

Bellamy, AJ, Williams, P, & Griffin, S 2004, *Understanding peacekeeping*, Polity Press, Cambridge.

Berdal, M, & Economides, S (eds) 2007, *United Nations intervention 1991-2004*, Cambridge University Press, Cambridge, NY.

Boehmer, C, Gartzke, E, & Nordstrom, T 2004, “Do intergovernmental organizations promote peace?”, *World Politics* vol. 57, no. 1, pp. 1-38.

Boulden, J 2001, *Peace enforcement: the United Nations experience in Congo, Somalia, and Bosnia*, Praeger, Hartford, CT.

Boutros-Ghali, B 1995, *An agenda for peace*, 2nd edn, United Nations, New York.

Boyd, James 1971, *United Nations peaekeeping operations*, Praeger, New York.

Brahimi, L 2000, “Report of the panel on United Nations peace operations”, viewed July 25, 2007, http://www.un.org/peace/reports/peace_operations/.

Bratt, D 1996, "Assessing the success of UN peacekeeping operations", *International Peacekeeping* vol. 3, no. 4, pp. 64-81.

Bratt, D 1997, "Explaining peacekeeping performance: the UN in internal conflits", *International Peacekeeping* vol. 4, no. 3, pp. 45-70.

Bratt, D 2002, "Blue condoms: the use of internaional peacekeepers in the fight against AIDS", *International Peacekeeping* vol. 9, iss. 3, pp. 65-86.

Brooks, D 2000, "Messiahs or mercenaries? The future of international private military services", *International Peacekeeping* vol. 4, no. 4, pp. 129-44.

Caplan, R 2005, *International governance of war-torn territories: rule and reconstruction*, Oxford University Press, New York.

Cassidy, RM 2004, *Peacekeeping in the abyss: British and American peacekeeping doctrine and practice after the cold war*, Praeger, Hartford, CT.

Center on International Cooperation 2007, *Annual review of global peace operations*, 2007, Lynne Rienner, Boulder, CO.

Claude, I 1971, *Swords into plowshares: the problems and progress of international organization*, 4th edn, Random house, New York.

Cockell, J 2000, "Conceptualizing peacebuilding: human security and sustainable peace", in M pugh (ed), *Regeneration of war-torn societies*, Macmillan, London, pp. 15-34.

Collier, P, Hoeffler, A, & Soderbom, M 2006, "Post conflict risks", Center for the Study of African Economies, University of Oxford, CSAE WAS/2006 12, 17 August 2006.

Commission on Global Governance 1995, *Our global neighborhood*, Oxford University Press, Oxford.

Cousens, E 2001, "Introduction", in E Cousens & C Kumar, with K Wermester (eds), *Peacebuilding as politics: cultivating peace in fragile societies*, Lynne Rienner Publishers, Boulder, CO, pp. 1-20.

Daudelin, J, & Seymour, L 2002, "Peace operations finance and the political economy of a way out", *International Peacekeeping* vol. 8, iss 2, pp. 99-117.

Diehl, PF 1994, *International peacekeeping*, revised edn, johns Hopkins University Press, Baltimore, MD.

Diehl, PF 2000, "Forks in the road: theoretical and policy concerns for 21st century peacekeeping", *Global Society* vol. 14, pp. 337-60.

Diehl, PF 2002. "The political implications of using new technologies in peace operations", *International peacekeeping* vol. 9, iss. 3, pp. 1-24.

Diehl, PF 2006, "Paths to peacebuilding: the transformation of peace operations", in TD Mason and JD Meernik (eds), *Conflict prevention and peacebuilding in post-war societies: sustaining the peace*, Routledge, New York, pp. 107-29.

Diehl, PF, Druckman, D, & Wall, J 1998, "International peacekeeping and conflict resolution: a taxonomic analysis with implications", *Journal of Conflict Resolution* vol. 42, pp. 33-55.

D'Orville, H, & Najman, D 1995, "A new system to finance the United Nations", *Futures* vol. 27, pp. 171-9.

Doyle, M, & Sambanis, N 2000, "International peacebuilding: a theoretical and quantitative analysis", *American Political Science Review* vol. 94, pp. 779-802.

Doyle, M, & Sambanis, N 2006, *Making war and building peace: United Nations peace operations*, Princeton University Press, Princeton.

Druckman, D, & Stern, PC 1997, "The forum: evaluating peacekeeping missions", *Mershon International Studies Review* vol. 41, no. I, pp. 151-65.

Eide, E, Kaspersen, A, Kent, R, & von Hippel, K 2005, *Report on integrated missions: Practical perspectives and recommendations*, United Nations Office for the Coordination of Humanitarian Affairs(OCHA), New York.

Fetherston, AB 1994, *Towards a theory of United Nations peacekeeping*, St Martin's Press, New York.

Ford Foundation 1993, *Financing an effective United Nations: a report of the independent adisory group on UN financing*, Ford Foundation, New York.

Fortna, V 2003, "Inside and out: peacekeeping and the duration of peace after civil and interstate wars", *International Studies Review* vol. 5, no. 4, pp. 97-114.

Fortna, V 2004a, "Does peacekeeping keep peace? International intervention and the duration of peace after civil war", *International Studies Quarterly* vol. 48, pp. 269-92.

Fortna, V 2004b, "Interstate peacekeeping: causal mechanism and empirical effects", *World Politics* vol. 56, pp. 481-519.

Gibbs, D 1997, "Is peacekeeping a new form of imperialism?", *International Peacekeeping* vol. 4, pp. 122-8.

Gilligan, M, & Stedman, S 2003, "Where do the peacekeepers go?", *International Studies Review* vol. 5, no. 4, pp. 37-54.

Goodrich, L 1957, "Efforts to establish international police force down to 1950", in W Frye(ed), *A United Nations peace force*, Oceana, New York, pp. 172-94.

Goulding, M 1993, "The evolution of United Nations peacekeeping", *International Affairs* vol. 69, pp. 451-64.

Green, DM, Kahl, CH, & Diehl, PF 1998a, "Predicting the size of UN peacekeeping operations", *Armed Forces & Society* vol. 24, no. 4, pp. 485-500.

Green, DM, Kahl, CH, & Diehl, PF 1998b, "The price of peace: a predictive model of UN peacekeeping fiscal costs", *Policy Studies Journal* vol. 26, no. 4, pp. 620-35.

Greig, M, & Diehl, PF 2005, "The peacekeeping-peacemaking dilemma", *International Studies Quarterly* vol. 49, pp. 621-45.

Hansen, A 2002, "From Congo to Kosovo: civilian police in peace operations", Adelphi Paper 343, The International Institute for Strategic Studies, Oxford University Press, New York.

Hartz, H 1999, "CIVPOL: the UN instrument for police reform", *International Peacekeeping* vol. 6, no. 4, pp. 27-42.

Heldt, B 2001, "Conditions for successful intrastate peacekeeping missions", Paper presented at Euroconference, San Feliu de Guixols, Spain, October 6-11.

Henderson, H 1995, "New markets and new commons: opportunities in the global casino", *Futures* vol. 27, pp. 113-24.

Hewitt, JJ 2008, "Trends in global conflict, 1946-2005", in JJ Hewitt, J Wilkenfeld, and TR Gurr(eds), *Peace and conflict 2008*, Paradigm Publishers, Boulder CO, pp. 21-6.

Hewitt, JJ, Wilkenfeld, J, & Gurr, T 2008, *Peace and Conflict 2008*, Paradigm Publishers, Boulder, CO.

Higate, Paul 2007, "Peacekeepers, masculinities, and sexual exploitation", *Men and Masculinities* vol. 10, pp. 99-119.

Hong, H, & Koelbl, S 2007, "Peacekeeping is a very ambiguous term", Spiegel Online, viewd 8 May 2007, <http://www.spiegel.de/international/world/o, 1518,481740,00.html>

Jakobsen, PV 1996, "National interest, humanitarianism or CNN: What triggers UN peace enforcement after the Cold War?", *Journal of Peace Research* vol. 33, pp. 205-15.

Jakobsen, PV 2002, "The transformation of the United Nations peace operations in the 1990s: adding globalization to the conventional 'end of the Cold War explanation'", *Cooperation and Confict* vol. 37, pp. 267-82.

James, A 1990, *Peacekeeping in international politics*, MacMillan, London.

James, A 1994, "Internal Peacekeeping", in D Charters (ed) *Peacekeeing and the challenge of civil conflict conflict resolution*, Center for Conflict Studies New Brunswick , Canada, 3-24. pp. 44-58.

Jett, DC 2000, *Why peacekeeping fails*, St Martin's Press, New York.

Lawyer, JF 2005, "Military effectiveness and economic efficiency in peacekeeping: public versus private", *Oxford Development Studies* vol. 33, pp.99-106.

Lindsay, D 2007, *Promoting peace with information: transparency as a tool of security*, Princeton University Press, Princeton.

Mackinlay, J 1990, "Powerful Peace-keepers", *Survival* vol.32, pp. 241-50.

Mackinlay, J, & Chopra, J 1992, "Second generation multinational operations", *Washington Quarterly* vol.15, pp. 113-31.

Maley, W, Sampford, C, & Thakur, R 2003, *From civil strife to civil society: civil and military reponsibilities in disrupted states*, United Nations University Press, New York.

Malone, D, & Wermester, K 2000, "Boom or bust?: the changing nature of UN peacekeeping", *International Peacekeeping* vol. 7, pp. 37-54.

Mansfield, E, & Snyder, J 2005, *Electing to fight: why emerging democracies go to war*, MIT Press, Cambridge, MA.

McQueen, N 2002, *United Nations peacekeeping in Africa since 1960*, Pearson Education, London.

Mendez, R 1997, "Financing the United Nations and the international public sector: problems and reform", *Global Governance* vol.3, pp. 283-310.

Mullenbach, MJ 2005, "Deciding to keep peace: an analysis of international influences on the establishment of third-party peacekeeping missions", *International Studies Quarterly* vol. 49, pp. 529-56.

Neack, L 1995, "UN peace-keeping: in the interest of community or self?", *Journal of Peace Research* vol. 32, pp. 181-96.

Newman, E, & Schnalbel, A (eds) 2002, "Recovering from civil conflict: reconciliation, peace, and development", Special issue of *International Peacekeeping* vol. 9.

Northedge, FS 1986, *The League of Nations: its life and times, 1920-1946*, Holmes and Meier, New York.

Norton, AR 1991, "The demise of the MN", in A McDermott & K Skjelsbaek (eds), *Peacebuliding as politics: the multinational force in Miami Beirut*, 1982-1984, Florida International University Press, Miami pp. 80-94.

Oudraat, C de J 1996, "The United Nations and internal conflict", in M Brown (ed), *International dimensions of internal conflicts*, MIT Press, Cambridge, MA.

Paris, R 1997, "Peacebuilding and the limits of liberal internationalism", *International Security* vol. 22, pp. 54-89.

Paris, R 2004, *At war's end: building peace after civil conflict*, Cambridge University

Press, Cambridge.

Pichat, SK 2004, A UN *"legion": between utopia and reality,* Frank Cass, New York.

Pugh, M 2000, "Introduction: the ownership of regeneration and peacebuilding", in M Pugh (ed), *Regeneration of war-torn societies*, Macmillan, London, pp. 1-12.

Pushkina, D 2006, "A recipe for success? Ingredients of a successful peacekeeping mission", *International Peacekeeping* vol. 13, iss. 2, pp.133-49.

Ramsbottom, O 2000, "Reflections on UN post-settlement peacebuilding", *International Peacekeeing* vol. 7, pp. 167-89.

Ratner, S 1995, *The new UN peacekeeping: building peace in lands of conflict after the cold war*, St Martin's Press, New York.

Rikhye, IJ 1984, *The theory and practice of peacekeeping*, St Martins's Press, New York.

Russett, B 1997, "Ten balances for weighing UN reform proposals", in B Russett (ed), *The once and future security council*, St Martin's Press, New York, pp. 13-28.

Salerno, R, Vannoni, M Barber, D, Parish, R, & Frerichs, R 2000, *Enhanced peacekeeping with monitoring technologies*, Sandia National Laboratories, Albuquerque, NM.

Sambanis N 1999, "The UN opeartion in Cyprus:a new look at the peacekeeping-peacemaking relationship", *International Peacekeeping* vol. 6, no. 1, pp. 79-108.

Schmidl, EA 2000, "The evolution of peace operations from the nineteenth century", in EA Schmidl (ed), *Peace operations between peace and war*, Farnk Cass, London, pp. 4-20.

Schnabel, A 2002, "Post-conflict peacebuilding and second-generation preventive action", *International Peacekeeping* vol. 9, iss. 2, pp. 7-30.

Segal, D 1995, "Give phases of United Nations peacekeeping: an evoutionary typology", *Journal of Polittical and Military Sociology* vol. 22, pp. 65-79.

Skogmo, B, 1989, *UNIFIL: international peacekeeping in Lebanon,1978-1988*, Lynne Rienner, Boulder, CO.

Sullivan, JD, and Cohen, SP 200, *Technology for Peace: Enhancing the Effectiveness of Multinational Interventions*, Report to the United States Institute of Peace, Urbana,

IL: Program in Arms Control, Disarmament, and International Security.

Talentino, A 2004, "One step forward, one step back?: the development of Peacebuilding as concept and strategy", *Journal of Conflict Studied* vol. 25, pp. 33-60.

Thaker, R & Schnabel, A 2001, *United Nations Peacekeeing operations: ad hoc missions, permanent engagement*, Unitied National University Press, New York.

Tobin, J 1978, "A proposal for monetary reform", *Eastern Economic Journa*l vol. 4, pp. 153-9.

"UN Embraces 'robust peacekeeping' including the use of force: a conversation with Jean-Marie Guehenno", 2006 *European Affairs*, Spring-Summer, pp. 14-25.

Urquhart, B 1983, "Peacekeeping: a view from the operational center", in H Wiseman (ed), *Peacekeeping apporaisals and proposals*, Pergamon, New York, pp. 161-74.

Wainhouse, D 1966, *International peace observation*, Johns Hopkins University Press, Baltimore, MD.

Wallensteen, P, and Heldt, B 2008, "International peacekeeping: The UN versus regional organizations", in JJ Hewitt, J Wilkenfeld, and TR Gurr (eds), *Peace and conflict* 2008, Paradigm Publishers, Boulder, CO, pp. 93-106.

Weiss, TG 2007, *Humanitarian intervention: ideas in Action*, Polity Press, Cambridge.

Wesley, M 1997, *Casualties of the new world order: the causes of failure of UN missions to civil wars*, St Martin's Press, New York.

Wiseman, H 1987, "United Nations peacekeeping: an historical overview", in H Wiseman (ed), *Peasekeeping: appraisals and proposals*, Pergamon Press, New York, pp. 19-63.

Zartman, IW 2000, "Ripeness: the hurting stalemate and beyond", in P Stern & D Druckman (eds), *International conflict resolution after the cold war*, National Academic Press, Washington, DC, 225-50.

찾아보기

ㄱ

강대국 • 208

강력한 평화유지 • 25

경제제재 • 41

공평성 • 20

국가주권 • 89, 196

국제 상설부대 • 124

국제공공재세 • 146

국제군 • 122

국제전화된 내전 • 175

국제평화감시부대 • 54

국제평화아카데미(International Peace Academy) • 211

국제해저기구(The Seabed Authority) • 146

군기 및 규율부서(Conduct and Discipline Unit) • 213

군사참모위원회 • 124

군사참모위원회 • 58

긴급파병여단 • 124

ㄴ

내부 유랑민 • 178

노벨평화상 • 155

ㄷ

다그 함마르쉘드 • 123

단일평화기금 • 149

대면(contact) 기술 • 209

동맹국 • 119

ㅁ

무장전투원 • 127

ㅂ

바르샤바 조약기구 • 119

병력 공여국 • 156

부트로스 갈리 • 147

북대서양조약기구(NATO) • 206

분담금 • 132

분쟁관리 • 38

분쟁해결 • 38
브라히미 보고서(Brahimi Report) • 97, 204
비정부기구 • 205

ㅅ

사설업체(private contractors) • 200
상비부대 • 123
상설부대 • 123
세계은행 • 143, 195
시민사회단체 • 179
신속대응군 • 207
실패국가 • 79

ㅇ

아프리카연맹 • 199
안보 딜레마(security dilemma) • 165
안전보장이사회 • 123
역량 과제 • 191
예비군(shadow force) • 123
운영자본기금 • 142
위임명령 • 61, 160
유럽연합 • 199
유엔 부채 • 128
유엔 인도주의업무조정국(UNOCHA) • 195
유엔 정규 예산 • 129, 132
유엔 평화구축위원회 • 203
유엔안보보험공사 • 149
유엔헌장 • 122
인권유린 • 194
인도적 지원 • 36

ㅈ

자원의 선별적 분배(triage) • 192
작전적 • 171
전통적 평화유지 • 16
정전선 • 175
정전협정 • 183
정치적 과제 • 190
정황적 • 171
준국가단체들(subnational actors) • 184
중위권 국가 • 119
지역기구 • 120
집단안보활동 • 42

ㅊ

초강대국 • 119
초국가활동세 • 147

ㅋ

캠프 데이비드 협정 • 119

ㅌ

탈냉전시대 • 120
테러조직들 • 185
토빈세 • 146

ㅍ

평화강제부대 • 124
평화구축 • 21
평화구축위원회 • 97
평화구축임무단 • 116
평화구축지원실(Peacebuilding Support Office) • 204
평화기금 • 134
평화를 위한 과제 • 71
평화유지 • 168
평화유지의 피로(peacekeeping fatigue) • 202
평화유지임무단 • 117
평화유지활동의 3대원칙 • 19
평화조성(peace making) • 168
평화지원활동 • 28
평화협약 • 167
평화활동국 • 98

ㅎ

하이브리드 기구 • 104
합동 다국적군 훈련 • 125
행위적 • 171
현장지원국 • 98
혼성형(hybrid) 평화활동 • 200
환경적 과제 • 190
회전평화기금(Revolving Peace Fund) • 144
희망회복 작전 • 71

국제평화활동개론

– 현대 무력분쟁에서의 평화활동 –

2013년 11월 5일 초판 인쇄
2013년 11월 10일 초판 발행

지 은 이 PAUL F. DIEHL
옮 긴 이 권구순 · 박순향
발 행 인 배영환
편집책임 최경희
디 자 인 김선영 · 안소희
발 행 처 도서출판 현우사
등록번호 제 10-929 호
주   소 서울시 영등포구 당산동 1가 306번지 백양빌딩 501호
Tel 02) 2637-4806, 4863 Fax 02) 2637-4807
홈페이지 www.hyunwoosa.co.kr
정   가 14,000 원
I S B N 978-89-8081-418-3 13390

불법복사는 지적재산을 훔치는 범죄행위입니다.

저작권법에 의하여 무단전재와 무단복제를 금합니다.
이를 위반할 시에는 처벌을 받게 됩니다.